U0133820

大 学 问

始 于 问 而 终 于 明

守 望 学 术 的 视 界

明－朱邦－明代宫城图－大英博物馆藏

明－张路－观画图－大都会艺术博物馆藏

明－陈洪绶－宣文君授经图（局部）－克利夫兰艺术博物馆藏

明－佚名－上元彩灯图（局部）（上），清－冯宁－仿杨大章送院本金陵图卷（局部）（下

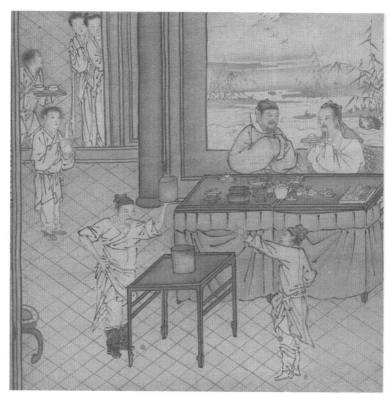

明－戴进－太平乐事图（局部）－台北故宫博物院藏

明－仇英－罗汉图（局部）－大英博物馆藏

近现代－傅抱石－金陵图

朱仙镇《五子登科》木版年画

河南省街市图

THE STREETS MAP OF KAIFENG

民国八年（1919 年）夏河南省议会议员黄荣忠校订－河南省城街市图

琐言赘语

李孝悌 —— 著

明清以来的
文化、城市
与启蒙

GUANGXI NORMAL UNIVERSITY PRESS

广西师范大学出版社

·桂林·

琐言赘语：明清以来的文化、城市与启蒙
SUOYAN ZHUIYU: MINGQING YILAI DE WENHUA CHENGSHI YU QIMENG

图书在版编目（CIP）数据

琐言赘语：明清以来的文化、城市与启蒙 / 李孝悌
著. -- 桂林：广西师范大学出版社，2024.4（2024.6 重印）
ISBN 978-7-5598-6719-3

Ⅰ.①琐… Ⅱ.①李… Ⅲ.①中国历史－研究－明清
时代 Ⅳ.①K248.07

中国国家版本馆 CIP 数据核字（2024）第 018631 号

广西师范大学出版社出版发行

（广西桂林市五里店路 9 号　邮政编码：541004）
（网址：http://www.bbtpress.com）
出版人：黄轩庄
全国新华书店经销
广西广大印务有限责任公司印刷
（桂林市临桂区秧塘工业园西城大道北侧广西师范大学出版社
集团有限公司创意产业园内　邮政编码：541199）
开本：880 mm ×1 240 mm　　1/32
印张：10.5　　　　　字数：306 千
2024 年 4 月第 1 版　　2024 年 6 月第 2 次印刷
印数：5 001~7 000 册　　定价：79.00 元

如发现印装质量问题，影响阅读，请与出版社发行部门联系调换。

简体版新序

　　和原来的繁体字版相比,《琐言赘语:明清以来的文化、城市与启蒙》一书比较大的更动,是将全书的章节作了一番调整,让全书读起来更有层次感。首先,我们将理论相关的两篇文章,提到导论的部分,探讨社会史和文化史带来的诸多影响。其次,我们将四篇与城市文化有关的文章,从上到下,从国家、统治阶层到个人,依序论述,让我们对明清文化中的重要面相——志怪——从国家的统治意理、统治阶层的论辩和个别士大夫的地方视野,有了更复杂而细致的了解。合而观之,这三个层次的实践、论辩和记述,将明清城市文化编织成一份厚实的文本,让后来的研究者可以细细演绎、诠释。

　　经过第五章开封戏曲的缓冲,全书的后半部分探讨本书的另一个主要论题——晚清、民初的启蒙与白话运动。和第二章明清统治阶层对神怪课题的复杂态度相比,新时代的知识分子,可以说是完全站在它的对立面,毫不犹豫地对怪力乱神等宗教迷信严厉批判。在主流论述中，科学就此取代了宗教。

广西师范大学出版社社科分社编辑将原来放在附录的两篇社会史和文化史的文章，提到导论的部分。照我自己的推估，大概是大陆学术界对研究理论的相关课题，仍然有浓厚的兴趣。有人嘲笑美国的中国研究，就像法国时装界一样，每五年换一个潮流。这番言论虽带有极大的不满，甚至鄙视的成分，但也不是毫无道理。从社会史、文化史、妇女史、后殖民到今天席卷天下的全球史，变易频繁，让人目不暇给。前几年，我去美国担任一个基金会的审查委员，在历史项目中，四十几件申请案，几乎没有一件不和全球史扯上关系，看得我瞠目结舌，真正体认到什么是洪流滔滔而至，席卷天下。每一个新的研究典范和研究视野，固然都开拓了新的研究领域，但即使像全球史这么强势的潮流，也不能让过去的典范灰飞烟灭。

事实上，从我这几年有限的阅读经验来看，一些出色的研究，常常结合几个典范，编织成更厚实的文本。以本书中提到的《叫魂》而言，孔飞力（Philip Kuhn）教授运用了中国第一历史档案馆珍藏的相关档案，重建了一个乾隆眼中，以江南群众运动为主的政治运动，该运动目的在推翻清朝统治。叫魂的基础——石匠割人发辫，将其置于兴建中的屋梁或桥头，就可以召唤这些人的灵魂，危害屋主或桥上的行人；甚至将纸人、纸马赋予生命，使其成为供人驱使的千军万马——这在一般民众的心目中，几乎已是一项常识，也和侵入的陌生人一样，构成民众极大的恐惧。这种恐惧和下面提到的悲伤、哀痛等缥缈的情绪，和民间信仰一样，都是文化史的最佳题材。孔飞力结合了社会史、文化史、制度史，乃至思想史，写下了一本典范性的杰作。

孔飞力的学生卜正民(Timothy Brook)著述不断,但其文化史研究的基调和孔飞力的社会史取向,有很大的不同。从1998年出版的 *The Confusions of Pleasure*: *Commerce and Culture in Ming China*①,他已尝试将文化史和其他领域相结合。我们拿这本书的书名和孔飞力第一本成名作中的"社会结构"稍作比较,就可看出时代的转变。卜正民结合了晚明商品经济的蓬勃发展和纷至沓来的海外贸易,重新评价了商人在地方社会中的角色。张仲礼在《中国绅士》这本经典著作中,用"士绅社会"的概念,改写了我们对中国地方社会的理解。但士绅的功能,在卜正民的描述中,几乎大部分被商人的功能取代。作者在本书中处理的其他主题,如印刷业的发达和各式印刷品的普及,旅行、书信、时尚(包括服饰的时尚),以及商业与鉴赏力的关系,充分展现了他在文化史上的造诣。

卜正民在2008年出版的 *Vermeer's Hat*: *The Seventeenth Century and the Dawn of the Global World*②,书名已经明白地告诉了读者,这是一本完全符合时代潮流的全球史论著。这本书的精彩之处,是以荷兰台夫特画家维梅尔的几幅知名画作揭开这个全球贸易序幕。卜正民选择的七幅画作,除了作品中呈现了中国物品,更重要的是,隐藏了一些遥指更雄浑的历史力量的线索③,"检视这些画中的每样东西,从中将看到十七世纪台夫特的复杂过去。而如果有

---

① 此书中文译名为《纵乐的困惑:明代的商业与文化》。
② 此书中文译名为《维梅尔的帽子:揭开十七世纪全球贸易的序幕》。
③ 卜正民著,黄中宪译:《维梅尔的帽子:揭开十七世纪全球贸易的序幕》,台北:远流出版社,2017,第21页。

一个主题曲折贯穿那复杂的过去，那就是台夫特并不孤立。它存在于一个触角往外延伸到全球各地的世界中"①。

这个与世界各地的联系，简单来说，就是和中国与东南亚的贸易。根据估计，在1595到1795这两百年间，有将近百万人从荷兰走海路前往亚洲，其中大部分是宁可在东印度公司觅得工作，即使死在旅途中也在所不惜，也不愿待在拥挤的家乡，靠有限的祖产过活的年轻男子。他们希望到外地打拼，改善生活，而亚洲就代表他们的希望。②

荷兰人启动的十七世纪全球贸易，不经意地将烟草带到中国（从中国东南沿海到北京，香烟很快成为全国上下的新嗜好）。更重要的影响则是卜正民的研究所提示我们的：从维梅尔的画作《军官与面带笑容的女子》中，我们看到怀有身孕的卡塔莉娜（维梅尔的妻子），正拿着一个秤，专注地称着银币。由此，卜正民引发出推动晚明商品经济快速发展的最重要的媒介——白银。

日本固然是十七世纪白银生产的大国，但全球最大的银矿生产地，是在西班牙掌控下的秘鲁境内的玻利维亚。更具体地说，是产量高居世界之冠的矿城波托西。白银的大量输入，对亟需货币供给的中国，不啻天降的礼物。为了购买中国和亚洲其他地区的货物，欧洲不断地输入白银，对中国商品经济的发展和十七世纪的全球经济，都厥功至伟。③

---

① 卜正民著，黄中宪译：《维梅尔的帽子：揭开十七世纪全球贸易的序幕》，第23页。
② 卜正民著，黄中宪译：《维梅尔的帽子：揭开十七世纪全球贸易的序幕》，第33页。
③ 卜正民著，黄中宪译：《维梅尔的帽子：揭开十七世纪全球贸易的序幕》，第188—189页。

除了各个次领域或不同研究取径的结合,也有像梅尔清(Tobie Meyer-Fong)教授那样,从文化史的角度出发,对明清史作出别有创见的研究的。梅尔清从 2007 到 2018 年担任美国最重要的明清史研究期刊《清史问题》(*Late Imperial China*)的主编,清楚地掌握新出版的著作和研究潮流,她自己则一贯采用文化史的视角,对明清之际的历史和太平天国运动作出与众不同的描述和解析。在她的第一本专著 *Building Culture in Early Qing Yangzhou*[①] 中,她透过红桥的修建和清初国子监祭酒王士禛 1662 及 1664 年的红桥修禊活动,来说明清初扬州的重建和对晚明江南文化的联系与认同。

在其他章节中,她同样利用文选楼和平山堂的重建及相关的文学活动,来强化文化延续和文化认同的主题。换言之,透过旅游景点的建构和文人的相关活动,清初的精英阶层得以克服明清易代所造成的文化断裂。这种断裂因为"扬州十日"所造成的扬州几十年历史叙事的消失而显得特别严重。精英阶层的文化认同以及对晚明江南文化的再现,也就像冒襄在如皋水绘园中延续明末江南文化一样,显得特别重要。文化在此超越了政治,弥补了历史的重大罅隙。

在 2013 年出版的 *What Remains: Coming to Terms with Civil War in 19th Century China*[②] 中,梅尔清基本上还是采用了文化史的视野,对太平天国这场运动,作了和前此汗牛充栋的太平天国史研究迥然有别的描述。在这场动乱中,我们惊讶地发现,个人的死亡和痛苦几乎没有被好好处理过。梅尔清对暴力、身体、恐惧、个人丧

---

① 此书中文译名为《清初扬州文化》。
② 此书中文译名为《躁动的亡魂:太平天国战争的暴力、失序与死亡》。

亲的剧痛等文化史的课题,作了全面的描述。作者特别提到她在大致写完 Building Culture in Early Qing Yangzhou 的时候,突然意识到自己漏掉了 1874 年版的《扬州府志》。在美国国会图书馆读完了这套方志后,她不但改写了前书的结尾,并且经由一连串全新的问题意识,开启了这本太平天国的研究。"这本方志描绘了因为回嘴而遭剐、刺、劈、烧,或砍的死节者,以及自沉、上吊、自焚、绝食或服毒的死节者。每个故事皆以死亡发生的那一刻为中心,捕捉与太平军对抗的关键举动。"①全书可以说环绕着这个基本的陈述而展开。

除了前述对西方社会史,特别是文化史研究趋向的补充,在这个版本中,我也对《白下琐言》一文中那些有关魑魅魍魉的神怪部分作了补充,让全文的脉络更为清晰。接下来,我们就可以安心地经由志怪、戏曲、报刊,进入一个完全不同的近代化世界。

李孝悌

2024 年 1 月 26 日

---

① 梅尔清著,萧琪、蔡松颖等译:《躁动的亡魂:太平天国战争的暴力、失序与死亡》,新北:卫城出版社,2020,第 39—40 页。

繁体版序言

这本书里面收集的文章，不管是内容，还是写作年代，都横跨甚广。但细究其论旨，则和我过去多年来处理的几个重要课题（启蒙、宗教、城市）息息相关，可以被视为那几本专书的余论。第一章中关于社会史和文化史的讨论，既有我关切的理论问题，也算是对过去几十年美国的中国研究的一个简单评述。

《胡适与白话文运动的再评估：从清末的白话文谈起》一文，谈的是"五四"新文化运动之前，清末各地大量出现的俗话报。这些俗话报，一方面说明"五四"的白话文不是突然冒出来的新兴事物，一方面也为白话文运动发凡奠基。"五四"白话文的主张能够一出现就风起云涌、席卷天下，和晚清打下的基础有一定的关系。

《建立新事业：晚清的百科全书家》一文，颇有为人作嫁的味道。在我个人的写作历程中，很少有文章写得如此吃力。百科全书在20世纪初的中国，是一种新兴的体裁，要建立一番新事业自非易事。和晚清，特别是"五四"时期的白话文比起来，这些百科全书当然有着浓厚的启蒙意义,但其读者显然有从大众走向分众的趋势。

我在研究南京的文人士大夫时,从冒襄、王士禛开始,就特别注意到宗教在这些人生活中扮演的角色。在写顾起元和甘熙时,我更讶异这两位博学鸿儒——前者是晚明的状元,后者家藏万卷诗书,又深受乾嘉考据学风的影响——对南京家乡里巷、院落、衙署和宅邸的暗处,不可测度的幽灵、鬼魅之事,已经到了迷恋、耽溺的程度。有了这些上层士大夫言之凿凿的证词,我们自不难想象朱元璋为何会把怪力乱神之事,纳入他的统治理念中。

除了宗教,我要特别指出《客座赘语》和《白下琐言》这两本描写南京城市生活的笔记,它们是建构南京历史和城市认同的里程碑式的作品。这两本书虽然被归类为笔记小说,却和南京的方志有着密切的关系。笔记/文学、方志/历史间的界限,竟远比我们想象的更为模糊和流动。

在看了那么多明清士大夫和统治者的狂乱宗教信仰和实践后,再反过来看我这么多年一系列的宗教论述,其中最早发表的《明清的统治阶层与宗教:正统与异端之辨》,我不免有些反高潮的失落。我们,或者正确地说,我,几乎完全把"理性的"儒生们之尊古礼、罢释道的呼声与主张抛到九霄云外了。这自然反映了我对明清思想文化史有意无意的去取和选择。

少数熟悉我过去研究兴趣的同事们,大概听我说过要写一本明清南京城市的专书。但不幸的是,这么多年来,真正花费精力且开花结果的,也只有收于《昨日到城市》一书的《桃花扇底送南朝:断裂的逸乐》这一篇文章。事实上,与此同时,我也花了极大的心力,写了半篇《大报恩寺:历史与神话》。但因缘不具足,随着大报恩寺地宫在 2008 年重见天日,我那重建大报恩寺的志业,也只好永远地束之高阁了。

接下来的顾起元和甘熙,都只写了一半,或只勾勒出眉目,便都匆匆问世。我的明清南京,看来就像六朝烟粉一般,逃不出金陵残梦的宿命。收在本书的几篇文章,就当作对我未尽之志的纪念吧!

我过去十年,致力于明清和近代中国戏曲的研究。但在写作《清中叶以降开封演剧活动》以前,我除了知道豫剧是最大的地方剧种,对 20 世纪前河南的戏曲演出,所知不多。一直到写这篇文章时,我才惊讶地知道明代开封的戏曲活动竟然可以媲美晚明金陵,开封、金陵并称南北歌舞之都。宫廷演剧、士大夫的家班,都和我过去的研究相呼应。清乾隆初年,河南梆子兴起后,也和全国各地的演剧活动一样,以会馆演剧和神庙演剧为主。但与众不同的是,不论在城市还是乡村,豫剧的演出,都是高度流动的活动。而从一开始,以乡村和下层民众为主要对象的河南梆子,就和"粗陋鄙俗"牢牢挂钩,经过了两百年,还脱之不去。到了 20 世纪,就和我研究的上海改良京剧一样,豫剧也出现了一波波的改良运动。

我在上网搜索这些改良豫剧时,儿时的记忆不禁一一浮现。我小时住眷村,隔壁的年轻姑姑,是一位来自河南的寡妇,以卖馒头为生。每次我在帮她揉面时,只要她的黑胶唱片一吼出秦雪梅吊孝,或是穆桂英挂帅的唱腔,我就像听到鬼哭神号一样,立刻放下手中的面团,夺门而出。但这些用生命呼喊而出的声音,是如此强烈而浓郁,竟像模板一样印在我的心头。所以当我听到网络上播出的那些清淡如水,什么都改良掉的现代版秦雪梅吊孝和穆桂英挂帅的唱腔时,心里充满了无限的怅然。

去年在港大的一次会议中,林载爵先生突然冒出一句:"你的中文新书什么时候给我啊?"我一时没有会过意来。等我突然想起来时,时间已经非常紧迫了。我要特别谢谢林载爵先生的好意,让此书得以问世。我更要谢谢胡金伦先生,在时间紧迫的压力下,让本书能顺利问世。葛兆光教授、唐力行教授及"中研院"史语所和近史所的同事,都在这个过程中施予援手,谨此致谢。

目　录

导论　社会史、文化史研究新视野

西方视野与中国观点

一、闭关自守的新史学

中国当代史学的发展,在 1949 年后进入了一个新的阶段。一方面,就像新政权立基于马列思想一样,新的史学似乎引入了新一波最先进、最国际化的理论潮流;另一方面,就像中共所不断强调的民族特色或具有中国特色的社会主义一样,新一波的史学发展,其实有相当长一段时间,是与西方复杂多端的理论、思潮断绝联系的。在那个时代,中国的史学界固然发展出一些具有中国特色的课题(如 16 世纪以降的资本主义萌芽、中国的封建社会、中国的启蒙思想等),但相较于 1950 年代以降,西方史学界的蓬勃、多元发展,中国学者的中国史研究缺少推陈出新的气象与能力。

这种因为画地自限而缺少创新能力的现象,在中国社会史的研究中可以明显地看出。我特别选择中国社会史作为切入点,一方面固然是基于实际的专业考虑，一方面则是因为社会史在20世纪50年代既是中国史学的主流，也是西方史学及西方中国史研究的主要典范。西方的社会史研究在马克思主义等思潮的影响下，对传统偏重少数政治人物和政治制度的政治史研究提出批判，将研究重点移向下层群众和所谓整体历史。中国的社会史研究，同样受到马克思主义的影响，对下层群众寄予无限的同情。但很明显地，中国社会史在20世纪50年代以后，有几十年的时间，因为将理论的重心局限在马克思主义，发展受到极大的限制。

在本章中，我将介绍几本在美国汉学界的中国社会史研究中具有典范意义的作品，分析这些论著的特色及其背后的理论意涵与影响，进一步，我将指出这几本社会史专著中，逐渐向文化史移动的痕迹；最后，我将试图用我自己这几年在中国各地考察的经验及我自己的研究心得，来讨论一下我们可以发展出什么样与西方学者不同的视野，为中国社会史与文化史的研究，增添一些新的图貌。

二、中国社会史研究的典范

孔飞力（Philip Kuhn）的 *Rebellion and Its Enemies in Late Imperial China*：*Militarization and Social Structure*（Cambridge Harvard University Press，1970）①在1970年出版后，得到西方学术界极高的评价，柯文（Paul Cohen）认为此书在相当大的程度上，跳

---

① 此书中文译名为《中华帝国晚期的叛乱及其敌人：1796—1864年的军事化与社会结构》。

脱了传统/近代的思想模式,代表了一种新的趋向,即"从中国,而不是从西方着手来研究中国历史,并尽量采取内部的(即中国的),而不是外部的(即西方的)准绳来决定中国历史哪些现象具有历史重要性"(第165页)。

事实上,美国汉学把眼光移向中国内部和基层社会,并不始于孔飞力。从20世纪50年代开始,第一批移民美国的华裔学者,包括萧公权、何炳棣、张仲礼等人,在各自的著作 *Rural China：Imperial Control in the Nineteenth Century*（Seattle：University of Washington Press，1960）①、*The Ladder of Success in Imperial China：Aspects of Social Mobility，1368—1911*（New York：Columbia University Press，1962）、*The Chinese Gentry：Studies on Their Role in Nineteenth-Century Chinese Society*（Seattle：University of Washington Press，1955）②中,早已经从中国的地方社会及士绅在其中所扮演角色的角度,作了发凡奠基的工作。杜赞奇（Prasenjit Duara）还引用孔飞力及曼素恩（Susan Mann）的看法,简要地为萧、何、张等人所代表的"乡绅社会"（gentry society）的典范,作了一个学术史的定位,认为他们纠正了马克思、韦伯,以及第一代西方史家对中国国家与社会关系的错误看法。③ 孔飞力很明显地是在这些中国学者及其他一些日本学者奠定的基础上,推展他个人的研究,但值得重视的是,作为美国的中国研究者费正清（John King Fairbank）第一

---

① 此书中文译名为《中国乡村：19世纪的帝国控制》。
② 此书中文译名为《中国绅士：关于其在十九世纪中国社会中作用的研究》。
③ Prasenjit Duara, *Culture, Power, and the State：Rural North China, 1900—1942*（Stanford：Stanford University Press，1988），pp. 38—39。中译本参见王福明译：《文化、权力与国家：1900—1942年的华北农村》,南京：江苏人民出版社,1994。

代学生中最杰出的代表人物,孔飞力的这一本著作确实代表了研究典范和研究途径的转移。这个转移,我们固然可以像柯文一样,视其为对费正清所开创的现代化典范的挑战,但换一个角度来看,其实也和西方整个学术界从 20 世纪 50 年代以后,对政治、外交史的反思息息相关。

就像何炳棣利用社会科学家的"社会流动"的概念来研究明清士绅一样,孔飞力的分析模式,很明显地可以看出社会史家所受的社会科学的影响。知名的英国马克思主义学者艾瑞克·霍布斯鲍姆(Eric Hobsbawm)在 1971 年所写的一篇文章《从社会史到社会的历史》("From Social History to the History of Society")中,很清楚地指出从 20 世纪 50 年代开始,社会史就已经强烈地受到社会科学的影响,这些影响一方面来自社会科学专业化的结构(例如,大学生都必修一些社会科学方面的课程)、方法及技巧,一方面也来自他们研究的问题。[1] 更具体一点说,"社会史是要注意社会结构的持续及变迁""社会的历史是研究确定单位的人群""社会的历史指的是人类社会,或是某种形态的社会或社会关系"(例如"中产阶级"或"游牧"社会,或者把人类发展的一般趋向作为整体来考虑)。[2]

而孔飞力的第一本专著,书名中就清楚地标举出"社会结构"一词,在探讨国家民兵的起源府兵制时,也好巧不巧地讨论到府兵制和北方游牧民族的关系。而书中的副标题的另一半"1796—

---

[1] 原文发表于 *Daedulus* 1971 年冬季号,中文译本参见霍布斯鲍姆著,康乐译:《从社会史到社会的历史》,收于康乐、黄进兴主编:《历史学与社会科学》,台北:华世出版社,1981,第 104 页。

[2] 霍布斯鲍姆著,康乐译:《从社会史到社会的历史》,收于康乐、黄进兴主编:《历史学与社会科学》,第 109 页。

1864 年的军事化"则明显地显示出作者其实是要处理中国近代历史上一个重要的整体趋向。两个来自不同学术传统，研究主题也不相同的学者，彼此之间会有这些类同之处，当然不是偶然的巧合，背后其实反映了社会史在当时西方史学界的主流地位，研究中国史的西方学者自然不能自外于这股学术潮流，故在他们的专门研究中，有意无意地反映了整个时代的脉动。

虽然在《中华帝国晚期的叛乱及其敌人》一书中，我们可以看到各个阶层的士绅和武将，在不同的领域和军事活动中扮演重要的角色，但全书中最让人印象深刻的，毋宁说是作者对组织、结构的分析描述。作者详细地介绍了晚清保甲、团练组织的渊源和演变，并进一步分析了 1850 年左右，各个地方团练的基本形态和层级：从单一村落为主体的"小团"到二十个，甚至更多村落组成的"复合团"（或称"大团"），再到一打或更多的复合团组成的"扩大的复合团"，一层一层非人格性的组织、结构，成为晚清集体活动——不论是叛乱军的起义还是中央政府的镇压——的根本动源。在中国史学中以个别战役、活动的细节，敌对双方的领导人物等细琐的事实描述为最大特色的史实记叙，至此转而以非人格性的结构、组织为推动历史发展的主要承载体。换句话说，在同时期中国史学中，依然偏向政治史、军事史的研究途径，在西方同僚手中，被转化成一种典型的社会史的取径。

孔飞力企图建立一套诠释模式与理论的雄心，在他进一步将团体的地方自卫组织形态和家族及市场的组织相结合的努力中，更清晰地彰显出来。在这本书中，他巧妙地将地方自卫武力的层层结构和施坚雅（William Skinner）的集市体系理论及人类学学者莫里斯·弗里德曼（Maurice Freedman）的中华民族的阶层式组织联合在一起，试图在中国基层社会的几个重要组织框架——家族、市场、武装团体间，建立某些呼应、联系。这种企图抓住地方社会的基本规律或组织框架的努力，显然和当时许多中国同僚对历史细节的关注，有极大的区别。

在孔飞力对基层社会的结构和叛乱活动的开拓性研究之后，裴宜理（Elizabeth Perry）关于"捻乱"的研究 *Rebels and Revolutionaries in North China*, *1845—1945*（Stanford：Stanford University Press, 1980）①，将中国基层的暴力活动带入另一个视野。孔飞力在他的书评中，对裴宜理此书的成就赞誉备至，认为是"近年中国学术研究中最好的社会史论著之一"。尽管这本书无所不在的理性主义和功能主义的论调让孔飞力略感不安，但他认为这本在时间上跨越19、20世纪，在课题上从传统的"捻乱"、红枪会到近代的共产党革命活动的论述显示了作者处理重大课题的一流史家的才能。从孔飞力的析论中，我们其实也可以看出裴宜理的著作中除了极强的理性主义和功能主义色彩，还处理了一个孔飞力在自己第一本专书中还不曾触及的课题：民间信仰与宗教。裴宜理对红枪会中神明附身的仪式所作的记叙解释："红枪会的仪式和信仰许多虽然看起来诡异，主要的目的却在支撑社群的防御。"（第195页）"对一个运动的成员，如此明鲜地来自各阶层而言，这些仪式特别有用。"（第196页）和传统士绅的看法（宗教与仪式，是领导者用来动员群众的工具）相似，在孔飞力看来，价值系统和以村落

---

① 此书中文译名为《华北的叛乱者与革命者（1845—1945）》。

为基础的军事化倾向间的互动,远比我们所知道的复杂。① 裴宜理的解释也许仍有所不足,但这个向"民间文化"的转折,就像韩书瑞(Susan Naquin)1976 年对八卦教的研究②一样,为千年至福、刀枪不入、神明附身与民众叛乱的关系,带来了一个新的视野。原来对民众的组织、结构、市场的研究,至此已加入一层文化的因素。

但除了价值、信仰、仪式这些添加物,裴宜理此处的创新之处,在于她导入了另一个近代西方史学研究的重要典范:以年鉴学派,特别是布罗代尔(Fernand Braudel)为代表的生态地理学研究。裴宜理让她的人物——不管是捻军、红枪队还是共产党——都活在一个大的舞台之上。这个大舞台就是因为天灾不断,而成为千年盗贼渊薮的淮北地区。

根据裴宜理在本书序言里的描述,她原来希望从思想传统的途径着手,找出一个长期存在的叛乱传统,在传统的白莲教和共产革命之间建立联系。但在仔细翻阅史料后,她发现其实并不存在这个长期不断的叛乱的思想传统——在中国许多地区,叛乱常常是因为恶劣的地理环境和生存条件所作出的一个"合理的选择"。

相较于中国的同行对叛乱活动和细节的重视,裴宜理用了许多篇幅来描述淮北地区的生态环境、自然灾害、过去的叛乱历史、农民的生存条件和政府不闻不问的政策取向。在这一层一层的铺陈之后,叛乱自然而然地成为她所说的合理的抉择。由于这种研究取径的原创性,下文打算用较长的篇幅,将裴宜理所搭建的舞台

---

① 孔飞力的书评,见《太平洋事务》(*Pacific Affairs*),1981,第 513—515 页。

② Susan Naquin, *Millenarian Rebellion in China: The Eight Trigrams Uprising of 1813* (New Haven: Yale University Press, 1976).

和背景,作一番摘述。

在裴宜理的"捻乱"之外,周锡瑞(Joseph Esherick)的《义和团运动的起源》(*The Origins of the Boxer Uprising*, Berkeley: University of California Press, 1987),是另一本从生态学和地理环境的角度出发,研究大规模民众叛乱活动的代表作品。就像孔飞力的书一样,施坚雅的理论(在此处是地理区划及中心／边缘)明显可见,甚至更为强烈、直接。

周锡瑞对施坚雅将中国分为八(九)个巨区(macroregion)的理论略加修正,将山东全省分为胶东半岛、济南昌邑一带、鲁南山区、济宁和鲁西南、鲁西北等六个区域。再进一步,根据每平方千米的人口数、产量指数、出租土地、非农户的百分比、灾重指数及每5万人中的举人数等六项指标,来判断六个地区的城市化、商业化和教化的程度。这种利用量化的指标来考察区域间异同的做法,相当符合20世纪70年代社会史盛行时,一种力图将史家变成科学家的根本精神。

根据这个量表和一些具体的描述,周锡瑞得出的结论是胶东半岛和济南昌邑一带这两个区域,是山东省经济最发达的地区,同时也是政治上的重心。① 相形之下,鲁南山区作为长江下游边缘地区的角色则相当清楚。但全书真正的重点,则是在鲁西南和鲁西北两区。鲁西南天灾的次数是济宁的2倍,盗匪数量是济宁的3倍,举人数则是济宁的四分之一,每5万人中只有0.81个,是山东士绅最少的地区。歙州更以盛产土匪为名,是《水浒传》草莽英雄

---

① 周锡瑞著,张俊义、王栋译:《义和团运动的起源》,南京:江苏人民出版社,1994,第11—12页。

的老巢。①

义和团运动的中心鲁西北平原，是六个区中面积最大、人口最稠密的地区，人口密度达每平方千米 250 人，其中 93% 是农民，是山东省最纯粹的农业地区，但粮食平均产量是全省最低。和裴宜理描写的淮北地区类似，鲁西北因为黄河改道，天灾不断，其他河流也常常泛滥，水灾和旱灾频繁。②

19 世纪末，一位美国传教士医生经过了义和团运动的中心地山东省平原县，对残破、贫穷的村庄，作了如下带有偏见的描述：

> 我们现在穿过一片平原，那里的人口照样稠密。大约每隔一英里(约 1.6 千米)就有一个村庄，村里有土坯房，屋顶用麦秸或芦苇盖成。这些村庄大都有久经风雨的土围墙，有的甚至还有门楼和笨重的大门。村里有树，但旷野上根本没有任何树木或灌木，每一寸可利用的土地上都种着谷物。这些沉闷的现象令我很想家。到处都是肮脏、行将坍塌的土坯房，一些过年时糊的褪了色的红对联依然残缺不全地留在破败的门洞上。③

就在这片令人昏睡的沉闷土地上，刀枪不入、神明附体的幻术，打破了华北农村平坦、单调，甚至令人绝望的循环和桎梏。周锡瑞冷静、长焦距的"科学式"剖析，也一步步地迫近，利用典型的

---

① 周锡瑞著，张俊义、王栋译：《义和团运动的起源》，第 15 页。
② 周锡瑞著，张俊义、王栋译：《义和团运动的起源》，第 15—21 页。
③ 周锡瑞著，张俊义、王栋译：《义和团运动的起源》，第 1—2 页。

格尔茨（Clifford Geertz）式的探索意义的手法，为荒谬、怪诞的民间信仰和宗教仪式，作了最同情的诠释。年鉴式的生态/环境取径，科学化的数据分析，左派的反帝国主义立场，再加上对大众文化同情的解析，让周锡瑞的这本著作成为另一本西方学者中国社会史研究的典范作品。

　　如果我们接受彼得·伯克（Peter Burke）的说法，把"大众文化"的研究划入"文化史"的范畴①，那么周锡瑞的义和团研究显然已经有了很强的"文化史"的气息。我们知道，"新文化史"的研究，在20世纪80年代开始成为一项显学，并且一度把"社会史"当作批判的主要对象。放在这个大的学术史脉络下来看，周锡瑞在1987年出版的义和团研究，攫取了某些文化史研究的课题，其实是有迹可遁的，并不让人意外。放在同样一个文化史与社会史争雄的学术史脉络下来看，杜赞奇的 *Culture，Power and the State：Rural North China，1900—1942* （Stanford：Stanford University Press，1988）②的文化史取向，尤足耐人寻味。

　　首先，和他的老师孔飞力的第一本专著一样，杜赞奇在全书的破题部分，就已经充分反映出时代学术潮流的影响，唯一不同的是，孔飞力在书的标题中用了"社会结构"，杜赞奇则是用了"文化"一词。在文化史兴起的过程中，"文化"一词就像之前的"社会"一样，变成了一个神秘、无所不包的万能用语。③ 杜赞奇全书的标题

① 见 Peter Burke，*What is Cultural History?* （Cambridge：Polity Press，2004），pp. 27—28.
② 此书中文译名为《文化、权力与国家：1900—1942 年的华北农村》。
③ 相关的讨论，见 William Sewell，*Logics of History：Social Theory and Social Transformation*，（Chicage：University of Chicago Press，2005）。我在《从乡村到城市——社会史和文化史视野下的城市生活研究》一文中，有比较详细的讨论，收于《八方风来：复旦文史讲堂之一》，北京：中华书局，2008，第 205—230 页。

一开始就用了"文化"一词,恰足以反映时代的影响。更进一步,从全书中所建立的两个核心理论——"国家政权内卷化"(State invo-lution)和"权力的文化网络"(the cultural nexus of power)——我们更可以看出文化理论及文化史研究的痕迹。

"国家内卷化"主要指:20世纪中国在现代化过程中虽然扮演越来越多的角色,建立了更多现代化的国家体制,却无助于社会的整体发展,反而加速了乡村社会的解体。而根据杜赞奇自己的说法,"内卷化"这个概念是借自知名人类学家格尔茨(Clifford Geertz),格尔茨最早利用这一概念来研究爪哇的水稻农业。根据格尔茨的定义,"内卷化"是"一种社会或文化模式在某一发展阶段达到一种确定的形式后,便停滞不前或无法转化为另一种高级模式的现象"。[1] 我们都知道格尔茨所提倡的"象征人类学"对新文化史的研究影响至巨,由此我们已不难看出杜赞奇受到"文化转向"的影响。

而全书的另一个主要理论——"权力的文化网络"——更清楚地标示出作者的"文化取向"。我在前文中提到,从孔飞力到周锡瑞都受到施坚雅关于市场体系和地理区划理论的影响,但杜赞奇对施坚雅市场体系的理论提出挑战,而意图用"文化"来取代"市场",对中国基层社会的运作模式,提出一套截然不同的诠释模式。根据杜赞奇自己的定义,"文化网络由乡村社会中多种组织体系以及塑造权力运作的各种规范构成,它包括在宗族、市场等方面形成的等级组织或巢状组织类型"[2]。虽然杜赞奇像孔飞力及施坚雅一

---

[1] 杜赞奇著,王福明译:《文化、权力与国家:1900—1942年的华北农村》,第66页。
[2] 杜赞奇著,王福明译:《文化、权力与国家:1900—1942年的华北农村》,第13页。

样重视村庄社会的组织(不管是垂直的等级组织还是水平的巢状组织),但他认为施坚雅的市场体系和中国村落的社会结构并不完全重合,所以必须用一个更复杂、涵盖面更广的理论来取代之。①

在另一个地方,杜赞奇对他所使用的"文化"一词的意涵作了更进一步的说明:

> "权力的文化网络"中的"文化"一词是指各种关系与组织中的象征与规范,这些象征与规范包含着宗教信仰、相互感情、亲戚纽带以及参加组织的众人所承认并受其约束的是非标准。这种象征性价值赋予文化网络一种受人尊敬的权威,它反过来又激发人们的社会责任感、荣誉感——它与物质利益既相区别又相联系——从而促使人们在文化网络中追求领导地位。②

换句话说,杜赞奇虽然对结构、组织仍有极大的兴趣,却试图用一种看似抽象的感觉(尊敬、责任、荣誉)取代具体,并把带有极强的经济意涵的"市场"作为根本的切入点。而此处所谓"象征",不仅是格尔茨"象征人类学"的基本主旨所在,也是另一位对文化史研究有重大影响的社会人类学家布尔迪厄(Pierre Bourdieu)的核心理论之一。

在全书的后记中,杜赞奇对"权力的文化网络"这一概念的使命,作了更具野心的诠释:

---

① 杜赞奇著,王福明译:《文化、权力与国家:1900—1942 年的华北农村》,第14—15 页。
② 杜赞奇著,王福明译:《文化、权力与国家:1900—1942 年的华北农村》,第20 页。

我们需要创造的是一些兼容并包的新概念——这些概念能够连接社会发展规律和历史偶然性，能够沟通上层文化与大众文化，能够将各个对立方面调和起来而不使任何一方受损。安东尼·葛兰西(Antonio Gramsci)的"文化霸权"和皮埃尔·布罗代尔(Pierre Bourdieu)的"习惯"均是这类概念中的很好事例。虽然这两个概念调和了上层文化与大众文化、结构与功能等对立面，但对研究某一特定文化细节的社会史学者来说，它们过于广泛和抽象。确切地说，我们所需要的是能够将我们观念的普遍性与所研究的特殊文化相连接起来的概念。

"权力的文化网络"正是这样一个起连接作用的概念。它是一位历史学家在某种制度背景中记叙事件展开的方法与社会分析学家对我的发现而产生的，又通过不同社会——时间领域来指导我的假设不断作出评判的长期互相影响的结果。"文化网络"不仅弥补了中国学研究的方法论不足——将帝国政权、绅士文化与乡民社会纳入一个共同框架，并且将权力、统治等抽象概念与中国社会特有的文化体系连接起来。①

有趣的是，虽然这篇后记是以"社会史研究方法浅议"为名，但上面的引文中不论是研究的课题(大众文化)还是引用的人物(葛兰西及皮埃尔·布罗代尔[本文译作布尔迪厄])，其实都和新文化

---

① 杜赞奇著，王福明译：《文化、权力与国家：1900—1942年的华北农村》，第247—248页。

史有更密切的关系。杜赞奇这里要做的是将在西方文化中所产生的他所谓"过于广泛和抽象"的观念和他所研究的特殊文化体系联结在一起,并让他所熟悉的细部的数据和广泛的概念产生密切的辩证关系。虽然表面上是以"社会史研究方法"之名入手,但杜赞奇所受的文化史的影响,比前文所举的每一位社会大众研究者都来得更强烈,也为从文化史的视野切入中国乡村社会,作了开拓性的工作。

作为西方中国社会史研究的杰出代表人物,孔飞力的第二本专著 *Soulstealers : The Chinese Sorcery Scare of 1768*(Cambridge : Harvard University Press,1990)①,出版时间上距他的第一本书,相隔了二十年。这二十年间,西方史学的发展,也历经了翻天覆地的改变,文化史快速崛起,以社会史作为标靶,骎骎然有取而代之的态势。以我个人的了解,孔飞力虽然对许多文化史研究的教条和口号抱持着不屑一顾的态度,但对格尔茨的人类学研究,深有体悟,也许正因为这个,我们在《叫魂》一书中,其实看得出极强烈的文化史取向。我们都知道,格尔茨的象征人类学对西方文化史的研究有极大的影响,在罗伯特·达恩顿(Robert Darnton)的 *The Great Cat Massacre and Other Episodes in French Cultural History*(New York : Basic Books,1984)②一书中,我们清楚地看出格尔茨的巴厘岛斗鸡的影子。如果我们了解到格尔茨对 20 世纪八九十年代西方文化史的深刻影响,那么在《叫魂》中看出《屠猫记》的影子,也就不足为奇了!

---

① 此书中文译名为《叫魂:乾隆盛世的妖术大恐慌》。
② 此书中文译名为《屠猫记:法国文化史钩沉》。

　　《叫魂》一书,讲的是乾隆三十三年(1768)在杭州以北六十多
里的德清县城,首先发生了一件石匠叫魂案,类似的叫魂、剪辫案,
随即在南方各地扩散开来,而引发出本书副标题所谓"乾隆盛世的
妖术大恐慌"。和孔飞力在 20 世纪 60 年代开始研究中国晚清社
会时不同的是,经过了二三十年的发展,美国汉学早已跳脱费正清
的现代化及西方冲击的典范,而对前现代(或更精确地说,1840 年
以前)的中国社会积累了丰富的研究成果。《叫魂》第 2 章中对乾
隆盛世的描写,在极大程度上,可以看成美国学术界对清代盛世帝
国的研究的回顾与综述。

　　在这个盛世帝国中,我们看到了全国性的整合市场、高度的商
业化、全国性的信息网络,也看到了人口的快速增长、米价的上扬、
流入白银的急遽增加,以及因此衍生的各种社会问题。在经济扩
张的同时,我们看到人口持续向外与向下流动:"移民与过客,商人
与江湖骗子,僧人与进香者,扒手与乞丐,壅塞在 18 世纪的道路
上。人们外出旅行,有的是为了雄心勃勃的事业,有的是基于献身
精神,有的则是出于绝望与无奈。"[1]而与叫魂案有关的嫌疑人,多
半是社会向下流动的过程中所产生的流浪者。他们多半是一些来
历不明、没有根基的陌生人,社会中对陌生人的恐慌,很容易就与
和尚、乞丐等邪魔外道的惑人妖术牵扯在一起。最终一场延及十
三省的群众歇斯底里爆发了。

　　孔飞力在结论中借由韦伯的专制权力和常规权力的理论,对
乾隆与官僚的关系作了许多深入的分析,让原本的一个对下层民

---

[1]　孔复礼(孔飞力)著,陈兼、刘昶译:《叫魂:乾隆盛世的妖术大恐慌》,台北:时英出
版社,2000,第 56 页。

众的巫术信仰的小历史式描述,一下子具备了更宏大的政治史与
制度史的意涵;全书核心部分关于叫魂、剪辫妖术的分析,和达恩
顿的《屠猫记》一样,都对看似荒谬的行为的文化意涵,作了格尔茨
式的意义的诠释,因而显现出极强的文化史气息。而对"恐惧"等
飘忽不定的群众感情的分析,纯以研究课题而论,更足以让该书跻
身文化史的前沿作品之列。

三、文化史的转向

在社会史的理论预设中(不管是马克思、韦伯还是现代化理
论),都蕴含着一个普世的标准,或一套以西方为中心的价值准则。
这种硬套西方模式的研究取向,不论是在费正清所开启的美国的
中国研究,还是在中国自己在1949年后所奉行的马克思史学中,都
可以明显地看出来。

但另一方面,社会史研究在实践过程当中,发展出一种反启
蒙、反单一标准的取向。透过对非主流、下层民众或边缘性人物
(如妇女、黑人、清教徒、劳工、罪犯)的研究,社会史家往往对人性
提出不同的假设,并发展出对歧异、纷杂性的重视。这样的取向和
态度,又和文化史的根本主张,有不谋而合之处。

柯文20世纪80年代"在中国发现历史"的呼吁,相当程度上
反映了整个美国及西方史学界对以西方为中心的启蒙史观的批
判。而由他举的例证来看,我们也确实看到像孔飞力等新一代的
美国的中国社会史学家,尝试着发展出以中国为中心的视野。

作为一个受过美国训练的华人历史学家,我对近年来中国史

学界陆续形成的中国视野观或由中国人来诠释中国历史的论述，既能理解，也深表同情。但我想强调的是，西方学者对诸如视野、观点之类的议题，不论在理论上还是在实践上都作过极深刻的省思，这些省思也反映在他们的实际著作中。我们似乎不宜简单地从民族情绪的角度出发，低估西方学者在中国研究上的贡献，以及他们对中国社会、文化的理解。

不过作为一个深受美国的中国研究启发的华人学者，我确实也感觉到西方的中国研究，特别是主流的社会史研究，似乎缺少了什么东西。这份不足之感，随着我自己研究方向的改变和这几年在中国内陆对村落的考察，而日益清晰、突显。简单来说，我觉得美国的中国史研究，在过去半个多世纪，在社会史和乡村研究上，贡献良多，但在文化史和城市史上，明显不足。过去的研究，在社会（村落）组织、民众叛乱及非人格的力量与面向上，弥补了中国人自己研究的不足，但对个人的、生活的、感情的及文化的面向，较少关怀，对中国人生活中的色彩、声音、温度，以及中国文学、艺术经典作品中蕴含的丰富资源，也明显地忽略。

事实上，西方中国学者也注意到将焦点集中在社会史及中国乡村的研究范式的不足，在过去十几年间，掀起了一股新的文化史研究风潮，将城市、日常生活乃至戏曲、饮食都纳入中国史的研究中。如何利用我们在语言及对中国文化的感知能力上所具有的优势，对中国人的生活、文化、美感经验和传统世界作更深入而同情的理解，也许是我们这一代中国学者必须面对的课题。

从乡村到城市

一、社会史和文化史的脉络

我去年去了徽州，这是一个完全被唤醒的过程，去了六七个村落，社会史的训练完全被唤回来了。特别是到了那个汪口，我们走了一条从山路到村落的路线，山路走到一半，我的同事突然说山路下面有一个墓碑。讲的是一个女人偷采了山里的树，后来为了给她一个严厉的教训，就把她的墓碑变成阶梯，千人骑万人跨。这给人一种很强烈的感觉，就是中国村落的束缚力、制约力是这么强。虽然我读了各种关于中国宗族、组织的东西，对我来说当然是个非常大的启发；但是这些启发与我过去两年所有的田野经验是有差距的。看了六七个村落，我对中国社会史的传统，开始有了更真切的体认。这些经验，加深了我原有的看法：我的研究越来越偏向文学，与社会史越来越远。

芝加哥大学的一位教授小威廉·休厄尔（William H. Sewell）曾用计量的方法研究法国社会史，研究马赛、劳工，然后到了 20 世纪七八十年代有了极强的文化史转向。他虽然做的是这么科学的计量与社会史，可又转向了文化史，中间不断地省思。2005 年他把过去写的所有的作品都结集成书。

这是我今天第一个要讲的部分：社会史与文化史的脉络。我希望把我所读到的关于西方学者对中国社会史的这些研究，放在西方本身更广大的学术的脉络中来看。休厄尔由社会史转向文化

史再转回来社会史,给了我非常多的理论上的启发,跟我过去两年
在中国大陆做的田野和文学性比较强的文化史跟城市研究,刚好
是一个相当鲜明的对比,我就想我要怎么调和这个差异。

其实今天第一部分我想先来介绍社会史与文化史,这两个20
世纪60年代美国最主要的学术思潮,它们背后的演进过程。"社
会"跟"文化"如果照传统的讲法都好像是天经地义的,然而在当时
的美国,所有文化史学家和后现代主义者最为看重的就是给你另
外一个超越的观点让你去检讨,他们重视观念本身演变的历史,即
观念怎么被创造出来。休厄尔引介了另外一位在美国斯坦福大学
非常有名的凯思·贝克尔(Keith Baker)教授,他的学术地位非常
崇高,专研法国大革命,他其实是非常激进的后现代主义者。先前
他的一本书叫 *Inventing the French Revolution*,我没有看过那本书,
大概知道讲的就是法国大革命是如何被建构出来的。

凯思·贝克尔还有一个贡献是追溯了"社会"这个观念是怎么
演变出来的,他认为社会史本身是跟自然科学紧密牵扯在一起的。
在17世纪之前,"社会"原来的拉丁文意思是紧密的人际关系,指
代两三个人或者朋友,是非常私人(personal)的关系。可是从17世
纪下半叶开始,"社会"的观念就开始变化。因为17世纪到18世
纪的启蒙运动,最重要的是卢梭的契约观,所以社会的观念也开始
慢慢地转变,从原来只是两三个人的关系,变成一个群体的关系。
而这个群体很重要,它有一个前提,它是要对抗专制王权,所以社
会从两三个人的简单的观念变成群体(totality)的契约论,是一个整
合的东西,其背后非常大的意涵"社会跟国家是对抗的",是这些自
由主义者用来对抗国家的。

社会这个词原来只是很简单的东西，而在后来两个世纪的发展过程中，它变成非常神秘的庞然大物。你真的去追究社会跟文化到底有什么意义，就会发现它是非常神秘、有各种可能、无所不包的东西。"社会"有不同的意涵，在18世纪它慢慢发展出一个"社会对抗国家"的自由主义观点。

到了马克思主义所谓社会或下层人民的研究，"社会"便有了非常强的道德意涵。20世纪50年代之后，西方出现了社会史的最根本的意涵："关怀下层社会。"它是一个重要的源头。社会史处理的议题有几个不同的源头，一个是国家社会，这是自由主义者提出来的；一个是19世纪下半叶，马克思主义对"社会"的解释。

过去20年，整个社会史的发展受到社会学的影响非常大，而各位知道社会学的创始者是18世纪的孔德（Auguste Comte）。孔德当然受到了圣西门（Saint-Simon）的影响，孔德创建社会学最重要的背景是自然科学已经发展到极端复杂的程度，物理学开始出现，数学开始出现。18世纪的启蒙哲学家就想怎么样在人世间建立一套学问，可以像物理学、数学一样精准地描写我们这个社会。"社会学"这个名词因此慢慢地被创建出来，社会学原来最根本的性质是要去模仿自然科学。

整个社会学从创建之初，目标就是建立一套像自然科学这么精准，可以用法则来解释人世现象的学问，这对20世纪50年代社会史发展有极强的影响。我们仔细去回顾过去几十年各位所熟悉的社会史研究便会发现，不管是在中国大陆还是在西方，其实马克思主义是最大的影响。而所有马克思主义影响下的社会史学，就是要追寻基本的律则，跟自然科学一样。

哈佛大学西达·斯考切波（Theda Skocpol）是女性社会主义的代表,在其最杰出的作品《国家与社会革命》(*States and Social Revolutions*)中,她对历史表现出相当的同情。对于社会科学家来说,人文学科是不值一提的,因为人文学科整个运作中的自由,历史或文学或是艺术,完全违背了自然科学精神。它不追求律则,而追求个体性。

她在导言里特别反驳所有过去对革命的,不管是从意识形态,还是从文化,从宣传,从心理层次的解释,她觉得都是错的。革命不是这样的,革命的背后一定有一套不变的性质。

20世纪50年代到70年代,社会史是西方学界一个最主要的史学学派,它的理念是要反对以前的政治史的研究,要开始做下层社会。

二、社会史学家的文化转向

20世纪70年代有一个极强的变动,就是所谓"文化转向",其中最重要的代表就是人类学,而人类学的代表当然就是克利福德·格尔茨（Clifford Geertz）。这些人最重要的贡献就是把文化的概念提出来了。20世纪70年代文化转向之后,在人文科学或整个社会科学,特别是在历史科学里面,文化基本上取代了科学这个范畴。可是文化这个概念基本上和社会一样,是非常神秘的,有各种不同的解释。为文化下定义最根本的前提就是要反驳这些社会史学家极强的自然科学或所谓实证主义的倾向,格尔茨把文化抬到最重要的位置,他觉得真正建构人类经验的不是一些普遍的社会历程，而是一种"文化"。

格尔茨有一个重要的论证：在人的世界里，文化是一种程序化。就是人除了有一些动物的本能，其一生的行为都由这些基本的程序决定。

另外，我觉得非常重要的就是民族志，这是社会史学家非常了解的。这也是我过去两年不管是做中国城市，还是做中国社会，一直在重读格尔茨的原因。

三、文化史研究

社会史充满了道德的内涵，这引起不安，因为它假设人完全沉浸在美学的经验里。可是美学经验或它所建构的中国城市的回忆是假的吗？

社会史处理民众、处理下层是一个重大的发现。社会史学至此是一个极大的进步——发现这个边缘的下层社会。社会史学家原来的议题里面其实是没有女性的，文化史学家来告诉你，所有白人、所有统治者建构起来的历史，是你们自己建构的历史，还有一大群人因为你们所建立的范畴（像阴阳、像天地，或者像国家，或是像三纲五常）而牺牲掉，这些范畴在后来人看起来都是那么天经地义，可是文化史学家最大的贡献就是跳出来，告诉你，这些东西是有生命的。就像我讲的社会的观念，它是演进的观念，它背后有跟类似权力这样的要素的结合，许多观念都可能是被建构出来的，这是极端的文化史的发展。

四、社会史视野下的乡村

西方研究里面除了士绅社会这个典范，另外一个让我觉得非常震撼的，就是人民起义。简单地举几个例子，一个是周锡瑞的义和团研究，另一个是裴宜理做的捻军起义研究。

裴宜理在书的序言里面讲，她想这个地方之所以不断地发生叛乱，一定是因为有一个结构性的或是有一个传统的存在，她在没有看档案前先假设，这背后是有一个思想的传承在的，是有一个传统，即一个思想性的东西影响了这个地方。可她后来看了数据，她修正了之前的观点，她觉得这个地方之所以会变成起义和动乱渊薮(陈胜、吴广起义是在这个地方，宋代的一些叛乱也是在这个地方)，就是因为生态环境，她用了一个非常结构性的分析。整个淮北是一个鸡不生蛋、鸟不拉屎的地方，就是因为黄河、长江，或是淮水的不断改道，所以这个地方的土质是非常贫瘠的，这里的人再努力也种不出庄稼来。

我刚刚特别提到了在所有结构性的分析里面没有个人的因素在。长时间的结构是真正影响人的结构。从裴宜理的研究是可以很清楚地看到年鉴学派对她的影响的，就是聚焦于大的舞台、大的生态环境、长时间不动的因素，她觉得这个地方的生态环境的结构性因素是造成这个地方变成千年盗贼渊薮的最根本因素。

我觉得她分析得非常精彩的一点在于她不是结构决定论的。她最大的贡献是分析不同的团体，他们为什么在同样的环境之下会有不同的选择，像红枪会，跟"捻乱"就完全不一样，"捻乱"是同一区域里的民众，有的选择保家卫国，有的选择去做土匪，做叛徒，她觉得到最后就是个人主观选择，或是团体的主观选择。

在同样的结构性因素之下，人的反应并非完全被制约，不是只有一种反应。人的抉择当然根据很多因素，可能根据经济的计算，根据家族的考虑，有不同的抉择；在裴宜理看来，所有这些抉择都是理性的，都是基于生存考虑的合理性的选择，而个人性的选择会影响到结构带来的制约性力量。

休厄尔最后强调，他有几个论点，其中最重要的是社会史学家可以跟文化史学家对话，就是把人格因素、人的因素放入结构之中，不是单面相的，而是人的一些抉择，一些事件，如何影响到这个结构。

西方的汉学研究，独立起来看当然贡献和启发非常大，可是如果你能够了解它的来龙去脉，了解到它背后复杂的学术渊源，我觉得非常大的好处就是不会随便跟着这个潮流去走。

五、文化史视野下的城市

我们比较熟悉的文化是属于下层的东西，它们是慢慢地增加到社会史的研究中的。它的对象基本是乡村，我觉得乡村是西方汉学、西方社会史研究里非常重要的领域和典范。

回到传统中国，传统中国是不是只有乡村？这是我要问的一个问题，就是中国文明除了悲苦性的东西、压迫性的东西，难道就没一些辉煌性的，让你觉得比较快乐的东西吗。

这些东西在艺术史、在文化、在城市里面是有的，可是传统学者都不去做,所以我看到李欧梵研究"上海摩登"觉得非常兴奋。

最近几年,有一些从比较文化史或者是结合社会史与文化史的角度来做明清城市史的,其中一个就是梅尔清。梅尔清的研究理路当然文化史的成分非常强,而且背后现代性的因素是若隐若现的。她处理了四个非常具体的目标,开始进入城市。

澳大利亚的一位学者安东篱,出了一本书叫《说扬州》,有一些社会史的东西在里面,也有文化史的东西,所以我觉得这代表一个新的转向。当然还有韩书瑞(Susan Naquin)研究的北京,是另外一个做明清北京的重要文献。

所以我们目光之下的城市其实已经开始出现了不同。第一有现代城市,对于现代城市我们可以有完全不同的两个视野,一个是卢汉超怎么看上海,一个是李欧梵怎么看上海。一个是标准的文化史视野下的上海,一个是非常标准的社会史视野下的上海。然后在这个之外慢慢有人开始做明清。我跟一些同事开始慢慢地转向明清、转向城市,我们中也有一两个社会史倾向比较强,我们原来的训练有的是社会史,有的是经济史,其中有一个比较强的是文化史,我们做文化史比较大的特色是做士大夫。这个是传统上不太做的,而且我们用了很多文学性的数据,用了戏曲的数据。一开始时我读那些东西就觉得非常愉悦,于是做下去了,我们也写出了一些新的作品,可是做了几年之后我就开始检讨,到底这些文学性的数据所建构出的明清的士大夫文化,它背后真正的意涵是什么。做这些戏曲、做园林、做逸乐、做名妓、做宗教,到底它跟这个中国城市的所谓真实面有什么差别? 这是我刚才一再提起的一个问题。

我现在觉得这个问题在这个方向上大致有一个解决：要把这些社会史的东西，还有比较理论性的、结构性的因素带来。当然这跟我这几年做的田野考察也有很大关系。

六、社会史与文化史视野下的城市

在这样的结构、这样的重重的组织、这些网络的限制之下，城市到底还代表什么东西？我刚开始做城市史时，背后有一个很大的原因，就是要逃离各种组织的束缚，我们幻想在城市中可以找到更多的自由，更多的选择，这个感觉在我几次进入中国乡村考察时格外强烈。村落的束缚感，从它具体的结构，到宗族的庞大的力量，压迫性其实是非常强烈的，让你觉得你无所遁逃。可能千年以来中国的村落都是一样的，有各种各样的组织结社把你限制起来，或是有各种各样的封建道德把你层层限制起来。所以你要问，在这个乡村里面到底有多少的自由，我其实不觉得在乡村里面完全没自由。我自己在做 18 世纪妇女的情欲研究的时候，觉得有另外一个不同的世界，跟我们看到的道德论述的世界、礼教的束缚不太一样，我觉得乡村里面也可能有自由。可是这两年的乡村考察给我最大的震撼其实是乡村的束缚性，就是它有各种组织性的力量把你限制住，当然可能还有经济生活的限制。你其实选择性不太多的，你的文化构不构成对你行动的制约？在城市里面是不同的，你有更多的空间，因为那个结构变了，它可能具有开放性，跟乡村不一样。你是不是有更多的对抗这些组织跟道德束缚的自由？这个自由很大程度是从文学作品、诗词作品里面看出来的，这是第一个要问的。

第二个就是对西方人来说,城市象征着什么。城市象征更多的自由。当然马克斯·韦伯也问过这个问题,到底城市代表什么东西。城市可能最重要的意义是让你有更多的选择,更多的自由,城市可能有更多的商业活动,城市也可能有更多的艺术活动,这些是处理乡村、处理聚落、处理民众的我们都避不掉的,这也是我一再要问的问题。其实跟我刚才讲的裴宜理,或者休厄尔理论,背后的关怀是有一些类似的。我们不能因为做了文化史,做了这么结构性的东西,因此以为文化史是完全超越的,没有背后的结构性的东西。你看原来人类学家,我举的例子,他们不断地强调,虽然人类学对历史学的影响这么大,把自由变成一个非常前卫的、抗议继承体的这样一个非常重要的学科,可是人类学家很重要的关怀,是要追寻一个不变的结构。除了这些结构,如果太过偏向城市里面的文学、美感、经验,太偏于士大夫的文化,我们就可能会把社会史学家问的这些结构性的因素忽略掉,而这对士大夫来说,本身的限制是非常大的。

原来有些团体不管是限制性还是制约性的,进入城市后可能还是有限制性的、结构性的因素在里面。所以进到城市里面,还是同样的问题,就是结构跟自由,自由的空间。

还有另外一个问题是:城乡的差异。如果悲观一点,完全从社会史学家,从卢汉超或是史谦德(David Strand)对北京黄包车的研究去观察,你会觉得中国的城市跟乡村没有差别。特别是十年前,恕我冒昧,进入中国的城市,感觉跟进入中国的乡村没有什么差别。

可是城市真的没有意义吗？再看休厄尔，他认为城市其实是对整个人类的发展而言非常重要的出现、非常重要的经验，甚至他根据英国人的研究，认为城市其实是整个文明最重要的发展的象征，原始的人类只有聚落。回到半坡去看村落，村落里面很空，仅有墓葬和一些基本经济生活的遗迹。如果回到五千年前的聚落里面，你会发现很多聚落就是被一些结构性因素限制在那个地方，它没有发展高度的文化。而进入城市之后，原来乡村具有的一些扁平组织已经不能应付城市庞大的需要，城市要统治，得有文字，有宗教，慢慢发展出各种各样的文化的成分。而这些文化的成分都使城市的生活跟乡村的生活大大地不一样，所以城市在人类整个历史发展中代表文明的高度发展。

我回到中国，看见中国的城乡没有差别。可是再进一步分析，我们会问几个问题：在城市里面，生活方式是不是不一样？城市里面，不管士大夫还是现代上海城市市民，他们的生活品位是不是不一样，他们的感官经验是不是不一样，他们是不是有更多的耳目之愉？城市是不是给你更多建筑上的可能性、更多建筑上的美学体验？建筑基本上也是一个结构，大大限制了生活的可能性。

当然我可以把问题搞得更复杂：难道说这些东西只有城市里有，乡村里没有吗？乡村也有戏曲啊，乡村的老百姓有没有他的美感的经验呢？有没有他的耳目之愉呢？这就是我到宏村最大的震撼。我去了中国的几个村落，一方面它们有非常强烈的结构的限制，让你觉得非常窒息，被管控；可另外一方面它又提供了极大的美感经验。这个美感经验是不是只有乡下民众有，到底有多少士大夫生活在其中？

　　我听说整个宏村是一位女性设计的。去到汪口，村里的一些建筑同样非常令人震撼，是因为两方面：一方面它竟然发挥这么大的制约性作用，村落里面的宗族对人们起了很大的规范作用；另一方面，它在美学上给予了人极大的享受。在乡村里面，它可能有两个完全不同的面貌，我越讲这个问题越复杂。

　　我们一方面想探讨城市生活中各种特殊的经验，想将其拿来跟乡村作对比，可是另外一方面我们马上想到，城乡在中国的差距到底有多大，还是真的也没那么大，或者是以不同的形式出现？我们在城市中看到的各种生活的可能性，在乡村里面到底有多少？差异的同义词是连续性，中国的乡村跟中国的城市到底有多大的连续性？而特别重要的是，在城乡中间可能还有一个过渡性的，所谓"镇"的组织。

　　二三十年前，普林斯顿大学一位很有名的汉学家牟复礼写过一篇非常重要的文章，讲明清的南京。他问了一个问题，就是中国的城乡差异真的就有这么大吗。特别拿来欧洲、俄罗斯重要的城市，像巴黎或是莫斯科相比，在这些城市里，城市跟乡村是有极大落差的，你进入城市等于是真正进入了另外一个世界。

　　而这些做中国城乡研究的西方汉学家，他们一直觉得中国是一个相对整合性很高的地方，整合性的因素当然有很多，其中的市场是很重要的因素。市场跟宗教的祭祀，从不同角度来探讨中国的城乡性、中国的整合，中国的城乡的连续性，所以这也是我们在未来的探讨里面要问的问题。我不断强调中国城市生活，是觉得它有非常特殊的东西，这也就是为什么我们在做明清的城市史时觉得这么感动，这感动不是自我陶醉，我也不觉得是因为那些文学作品建构出的完全虚幻的世界。我还是觉得中国的城市有一些特殊性的东西，是我们传统的研究没有看到的。还是要把社会史研究的面向带回来，再来看中国的城市，这样的整合让我们看中国的城市，跟看中国的乡村会有一些不同的看法。

第一章　天道与治道
明太祖统治意理中的神怪色彩①

一、问题与资料

  我在另一篇文章中，曾经提到"五四"时期的"科学论述"如何遮盖住明清时期的"宗教论述"，而影响到我们对明清统治阶层的宗教观的判读。我也简要地讨论过明清士大夫对超自然力量及民间信仰的态度。② 在这篇文章中，我将继续针对相关议题作更进一步的探讨，不过讨论的中心，将从士大夫对民间信仰、仪式的态度转到明朝中央政府，特别是皇帝本身对超自然力量的信仰。讨论

①　本文是香港研究资助局（RGC）拨款资助项目"明清南京的宗教生活"（GRF Project no. 11405614）的部分研究成果，谨向该局致谢。我也要特别谢谢审查者的各项宝贵建议。
②　李孝悌：《明清的统治阶层与宗教：正统与异端之辨》，《近世中国之传统与蜕变：刘广京院士七十五岁祝寿论文集》，台北："中央研究院"近代史研究所，1998，第83—102页。

的时段集中在明朝，而非明清两朝，并不意味着这两个朝代的宗教取向有任何本质上的差别，而主要是因为处理的方便和篇幅的限制。

我在这里用的几种主要资料，都是由明朝政府或士大夫编纂的典章和大政纪要。我的目的是要证明，即使在具有强烈官方色彩或趋近正式官方文书的文献记载中，也可以发现大量类似笔记小说或稗官野史的神怪记叙。这种神怪的记叙出现在笔记小说中，也许可以被轻易地解释成文人狂野、荒诞的想象，但当它们重复出现在记载国家典章制度和朝政大要的文献中时，我们就必须重新思考帝国统治意理的构成部分。

在以四书五经取士的明清两朝，这个问题的意义尤其突显。一般的说法认为：制度化地以四书五经取士，意味着程朱理学成为明清两朝的主导意识形态。如果从忠孝、伦常、经世济民的基本现世取向——所谓“内圣外王”——来看，这样的说法当然没有问题。但如果我们透过“五四”“科学论述”的折射镜片，刻意地突显明清这一套统治意理的现世、人文和“理性”成分，那么我们所看到的势必是一个片面、不完整的明清统治意理图像。本文的目的，就在于说明明朝统治意理中一个没有受到重视的面向——一套充满神秘、“非理性”色彩的天道思想。

明朝统治意理中的神怪色彩，当然有一大部分袭自盛行于汉代的“天人感应”哲学。在这一套哲学中，君主的施政和天道的奖惩密切结合在一起。董仲舒所谓“孔子作春秋，上揆之天道，下质诸人情；……故春秋之所讥，灾异之所加也，春秋之所恶，怪异之所施也。书邦家之过，兼灾异之变，以此见人之所为，其美恶之极乃与天地流通而往来相应"(《汉书·董仲舒传》)。董仲舒的说法，固然是对孔子思想的极大扭曲，但这套灾异思想，为天道与治道的相互流通、呼应作了最佳的注释。①

我们在下文的讨论中，可以看到这种以灾异为主干的天人感应说，在明朝统治意理中所占的分量。明朝统治意理中的神怪色彩不仅是对天人感应说的演绎，还纠杂了其他的宗教信仰。我们都知道，在天人感应的哲学体系中，天道依照阴阳五行的力量，规则而有韵律地运行。自然现象因为可以和人世现象完全对应、共鸣，所以可以为人所理解乃至操纵。李约瑟认为这套系统是经由合作的过程，而促成天人的和谐、一致。换言之，这个天道是人能够理解、言说的。②

这种可以言说的哲学思想，一种可道之道，既不同于老庄哲学中恍兮惚兮、不可言说的神秘思想，也不同于以巫术/魔术为主干的古代宗教信仰。史华慈(Benjamin Schwartz)教授对看似神怪的天人感应体系与一般所谓宗教信仰间的差异，作了精辟的分析。在他看来，汉代的天人感应思想，在操作层面固然不像列维·斯特劳斯(Claude Lévi-Strauss)所言，可以和无限、不可知宗教信仰完全区分；但在本质上，和一般我们所言的宗教，确实是有极大的区别。并且，他以秦始皇和汉武帝为例，说明这些君主不愿完全接受天人之说的禁锢，不断试着透过方士等天人间的中介者，求取更直接而

---

① 劳思光：《中国哲学史》第 2 册，台北：三民书局，1981，第 22—25 页。
② 冯友兰：《中国哲学史》，香港：太平洋图书公司，1956，第 497—514 页。Benjamin Schwartz, *The World of Thought in Ancient China* (Cambridge：Harvard University Press, 1985), p. 369.

立即显化的神圣力量。①

　　这种非天人感应式的宗教成分，在明代的统治意理中，也随处可见。对古代的巫术信仰②、天人感应哲学和灾异谶纬之说的实际例证，我们已经有相当充分的了解。但天人感应的思想和"怪力乱神"的宗教信仰，在帝制后期，究竟是以什么样的面貌出现，我们没有全面的掌握。这篇文章的目的，一方面是要用具体的例子，说明天人感应说和各种宗教信仰以什么样的形式，在帝制后期体现；一方面则希望进一步指出，在明（清）的统治意理中，儒家思想和天道观都占有重要的位置。只着重现世、"理性"的一面，而忽略了对神秘、超自然力量的信仰，势必无法掌握传统帝国统治者的思想全貌及其与现代世界的断裂。关于本文使用的数据，除了《大明会典》《明太祖御制文集》是标准的官方文献，其他几种著述也都是由上层士大夫根据官方资料辑纂而成的。合而观之，正足以显示在主流论述中，什么样的事件被视为"朝政大要"而记录下来。其中有部分记载，或是因为事涉玄怪，又没有确切的出处，而受到《四库全书总目》（以下简称《四库总目》）作者的批评。但在本质上，这些记载并不比其他事有所本的记载更不可思议。同时，这些著述以典章的名义被士大夫选录，正足以显示在一般统治阶层的心目中，"国政"的疆界可以延伸到何种境域。

　　《皇明典故纪闻》的作者余继登是万历朝进士，官至礼部尚书。本书记载洪武至隆庆朝大事，大抵以记注、实录为本，加有作者的

---

① 见 Benjamin Schwartz, *The World of Thought in Ancient China*, pp. 369—378.

② 关于古代的巫术观和巫者的职掌，见林富士《汉代的巫者》，台北：稻乡出版社，1999。

润色之词。《四库总目》的作者对这本书略有微辞，认为所记"颇及琐屑杂事，不尽关乎政要。如太祖攻婺城时，见五色云，无论其事真伪，总不在法戒之列"。①

《四库总目》的这番评论值得再加以评注。从作者的口气，我们知道他并未完全断定太祖攻城时的轶闻为伪，重点是在琐屑小事、不关政要上。换句话说，作者似乎认为"怪力乱神"的事情可能发生，却不应该在这样的脉络下被记录下来。但站在礼部尚书余继登的立场，这则轶事，正足以突显先帝天与人归的能耐，自然要大书特书。

有意思的是，在《四库总目》的作者看起来，余继登的纪闻有些不关政要，甚至是真伪莫辨的"琐屑杂事"；但在与他同时代的士绅官僚眼中，这本书正好可以纠正野史中不雅驯的传说。同样是进士出身，做过侍读学士、经筵日讲官，负责编撰起居注的冯琦，在这本书的序言中说作者余世用（继登）曾经和他同官史局，写作本书期间，征用了"列圣之典谟"和"故府纪所见闻"，就像是"躬入山而寻斧""非官师所材，则弗取也"。这和一般记录本朝事的野史，"其书不雅驯，又递相祖述转传，转失其真。譬之贸薪者，转相贸也"，大不相同。换句话说，冯琦认为和他同样任职于国家史局的余继登，凭着一手的见闻，对本朝的"文谟武烈，识大识小"，作了真实的记叙。②

《国朝典汇》卷帙浩繁，达 200 卷，记载了洪武到隆庆朝的典

---

① 余继登：《皇明典故纪闻》，《四库全书总目》卷五十四《史部十 杂史类存目三》上册，北京：中华书局，1965，第 485 页。
② 见余继登《皇明典故纪闻》序文。

故,根据的资料"上自实录,下讫稗乘"。《四库总目》虽然认为其中的某些资料"未免无征不信",但也承认其记载"颇为繁富"。本书作者徐学聚也是上层士绅,万历年间进士,官至副都御史、福建巡抚。①

《皇明经世实用编》由冯应京总纂。从"经世实用"之名,我们知道这是一本以儒家经世、外王之旨编成的政书。书首收录了太祖的心法和祖训,然后是取士、任官、重农、经武等日用政事的大端。除了卷首的太祖心法、祖训,各个门类也"大都禀祖训为律令,而以历朝沿革附之"。太祖的影响,在此可以进一步看出,我在下文中还会论及。②

《明大政纂要》共 63 卷,《四库总目》将之归在史部、编年项下。全书从洪武元年(1368)开始,按年记叙,直到穆宗隆庆六年(1572)。作者谭希思是万历年间进士,官至四川巡抚。③

《皇明通纪》系列。《皇明通纪》的作者陈建是广东东莞人,嘉靖年间进士,曾在南闽作过邑令④,是一位知名的理学家。他先是撰写《皇明启运录》,记明太祖事,后来续辑永乐至正德八朝事,成《通纪》一书,复将二书合为一书,题为《皇明通纪》。⑤ 这本书问世后,应该受到极大的重视,有些人就以陈建的《皇明通纪》为基础,

---

① 《国朝典汇》,《四库全书总目》卷八十三《史部三九 政书类存目四》上册,第 714 页。

② 《皇明经世实用编》,《四库全书总目》卷八十三《史部三九 政书类存目一》上册,第 714 页。

③ 《明大政纂要》,《四库全书总目》卷四十八《史部四 编年类存目》上册,第 435 页。

④ 陈建:《学蔀通辨》前附小传,《丛书集成》第 23 册,台北:新文丰出版公司,1985,第 14 页。

⑤ 陈建:《皇明通纪》,明末刊本,傅斯年图书馆善本室,序 1—2 页。

陆续增补。由沈国元订补的称《皇明从信录》，共40卷，到万历朝为止。由江旭奇补订、在崇祯间刊刻的本子，称《皇明通纪集要》，共60卷，增补了天启年间的大事。

从上面的简单介绍，我们可以看出：上述诸书大量征引实录、邸报和起居注的记载，相当程度地反映了最正式的官方观点。但和直接探讨实录记载不同的是，透过这些士大夫和上层官员的描绘，我们不仅可以了解到最正式、最核心的官方统治意理，还可以进一步掌握更宽广的统治阶层的心灵图像。在个别的事件上，某些士大夫的某些记叙也许显得狂野不驯，但在交互参照之后，我们发现各家的记载不仅在精神上类同，在论述的架构上也无二致。他们其实是用同样的语言，说了一些大同小异的故事。

二、意理篇

明太祖朱元璋对整个明帝国的影响，不仅见于对世俗政治秩序的规划与维系，也同样表现在他的天道思想和神明崇祀上。在他的御制文（心法九章）中，有两篇文章——《甘露论》和《鬼神有无论》——系统地揭示出他的天人感应思想和宗教观，为我们理解他在超自然领域中的各种言行措施，提供了最好的理论背景，值得详加描述。

《甘露论》作于洪武八年。这一年的十一月十八日，太祖在圜丘祭祀上帝。在检查坛场的道路时，太祖从一棵松树下走过，忽然看见松枝上挂满了像明珠一样的露水。本来他以为是晨露未消，但随即了解到："此必天垂甘露矣。""采而啖之，入口甘如饴糖。诚然天恩下坠，未审祯兆何因而何人矣！"太祖因召随行诸臣，审问缘故。好不容易等到逢迎的机会，儒臣们纷纷赋诗歌咏。但"生年不满百，常怀千岁忧"的洪武皇帝，对臣下缺乏忧患意识感到不满。他马上想到"近日以来，鸡鸣半夜，乖逆之气不数日见"。种种异象，皆"上帝之所恶，惟恐不答。心惊昼夜，如履薄冰，岂敢以甘露之降祯祥以为必然者也"。他还举了几个例子来说明为什么不敢以祯祥为必然：虽然舜因为得凤凰来仪而天下安，孔子却获麟而绝笔；元末天下将亡，却见河水清，正至年间还降下甘露。

前面提到，天人感应的理论基本上认为天道和人事两个领域彼此对应，自然的灾祥皆有一定的人事与之对应。但对明太祖来说，天道其实并不容易测度："静思祯祥妖孽，可不令人日夜忧惶？所以忧惶者，正为鬼神之机，人莫可测。"为了趋吉避凶，太祖得出一个重要的结论，即宁愿相信恶兆的警告，而不轻易接受祯祥的麻痹："若以祯而非我之兆，或福渐臻；若以妖之为害，必逼其身，肯日新其已，其祸消矣！前代忠君硕士，若有妖魅之作，必致君宵衣旰食，以回天意；若见祯祥之见，急奏恐兆他人，非天恩于己也。特以警省，务在四海咸安。"①

洪武的这段结论，让我们清楚地看出天道如何与治道结合在一起。在下面的叙述中，我们也会看到他如何不断要求百官奏报灾异而不要锦上添花地歌颂祥瑞。作为一个身经百战、创业垂统的旷世雄主，太祖在取法天道、礼事神明上表现出的戒慎恐惧，令人印象深刻。在这个敬神事天的恭谨形象之后，我们看到的，实际

---

① 此处的引述，俱见《太祖高皇帝御制文·甘露论》，冯应京编纂：《皇明经世实用编》第 1 册，台北：成文出版社，1967，第 36—38 页。

是一个对帝国的安危、政事的良窳、天命的维系和人民的福祉念兹在兹，须臾不敢忘的踏在土地上的统治者。

如果祯祥妖孽都不能获得正确无误的解读，那么鬼神更是幽渺不可测了。但洪武不同意儒臣不信鬼神的看法。他不但相信鬼神确实存在，还从人事出发，建立了一套独特有效的鬼神观。

事情的缘起是，有臣下上奏："野有暮持火者数百，候之倏然而灭。"又听说井里有人汲水，但"验之无迹，俄而呻吟于风雨，间日悲号于星月。有时似人，白昼诚有"。有人投石头下去试探，人形忽现忽隐。出现时像人形，隐藏时则"寂然杳然"。这个奇怪的物体有时祟人以祸，有时又佑人以福，一般人都认为是鬼神。

皇帝看到奏折，询问左右。左右用理学家气之升降、聚散加以解释，洪武不满意地批评道："尔所言者，将及性理而未为是，乃知肤耳。其鬼神之事，未尝无，甚显而甚寂，所以古之哲王立祀典者，以其有之而如是。"洪武认为左右用理学家气之升降聚散来解释鬼神，是一种肤浅的看法。古代圣王立祀典祭拜鬼神，就说明鬼神确实存在，只不过有的现形，有的隐身。对于现身、隐形的缘故，洪武也有一番说辞，认为和人是否得其死、得其时有关。"壮而夭"和"屈而灭"都是不得其死，这些人"因人事而未尽，故显"；得其死而人事尽者，则隐。

接下来，洪武从人事的角度，对鬼神的出现作了详尽的阐释。在上古尧舜之时，人民生有家、死有墓，野无鏖战，所以没有游鬼。但汉以后，野有遗恨：

自秦汉以来，兵戈相侵，君臣矛盾。日争月夺，杀人蔽野。

> 鳏寡孤独于世，致有生者死者，各无所依。生无所依者，惟仰
> 君而已。死无所依，惟冤是恨。以至于今，死者既多，故有隐
> 而有现。

对这个从人事失序的角度阐明鬼神出没的论点，文章结尾又作了一次扼要的叙述：

> 卿云无鬼神，将无畏于天地，不血食于祖宗，是何人哉？
> 今鬼神忽显忽寂，所在某人见之，非福即祸，将不远矣！其于
> 千态万状，呻吟悲号，可不信有之哉？①

太祖的意思，其实蕴含在字里行间：如果不相信鬼神能施加祸福，人民很可能就不会畏天法祖，人间秩序的维持也将受到威胁。将鬼神和人事等量齐观的主张，在洪武的言论中不断出现。洪武二年正月，他告诉中书和礼官说："明有礼乐，幽有鬼神。"②在某些场合，两者的联系更紧密。洪武二十年正月，皇帝下诏修阙里孔子庙宇。在表彰了孔子阐述先王之道的功绩后，他进一步说明修建阙里的目的："而阙里又启圣降神之地，庙宇废而不修，将何以妥神灵。"③从文意判断，此处的神灵不管指的是孔子还是其他神明，其意涵已不是简单的圣贤崇祀，而有了宗教的内容。人事、治道的重

---

① 以上引述，俱见《太祖高皇帝御制文·鬼神有无论》，冯应京编纂：《皇明经世实用编》第 1 册，第 48—51 页。
② 朱睦㮮：《圣典》卷一，《续修四库全书》第 432 册《史部·杂史》，上海：上海古籍出版社，1995，第 267 页。
③ 朱睦㮮：《圣典》卷二，《续修四库全书》，第 299 页。

要源头，和幽明的鬼神，在洪武的诠释下，有了不同寻常的接轨。

不语怪力乱神的孔子的圣殿可以成为降神之地，更古远的三代圣王，自然也可和神明同日而语。嘉靖十四年（1535）八月，皇帝认为"西海水神，祭于道侧，非礼"，因此命大学士费宏在北闸口设祠祭之。费宏称赞皇帝"无时不敬，与尧舜同"，皇帝谦虚了一下后说："但敬者，圣学始终之要。"①靠着"敬"字，祀神和圣学、尧舜都有了关系。

除了和圣贤交通，鬼神也和更切身的政事发生关系。洪武元年十月，太祖打算举行籍田礼，为了强调这次仪式的重要，他举了几个理由："欲财用之不竭、国家之常裕、鬼神之常享，必也务农乎。"②作为俗世生活基础的耕种，其目的不仅是国家、财用，还包括让鬼神常享。太祖对幽明世界主宰的重视，不言而喻。

鬼神由于和人事、治道有密切的纠葛，而且对后者产生重大的影响，必须得到恭谨的对待。洪武元年正月大祀南郊之前，皇帝特别对百官进行了一次精神讲话：

> 人以一心，对越上帝。毫发不诚，怠心必乘其机；瞬息不敬，私欲必投其隙。夫动天地、感鬼神，惟诚与敬耳！人莫不以天之高远，鬼神幽隐，而有忽心。然天虽高，所监甚迩；鬼神虽隐，所临则显。能知天人之理不二，则吾心之诚敬，自不容于少忽矣！③

---

① 吴瑞登：《两朝宪章录》，《四库全书存目丛书》，台南：庄严文化公司，1996，第638页。
② 朱睦㮮：《圣典》卷一，《续修四库全书》，第270—271页。
③ 娄性：《皇明政要》卷十九，《续修四库全书》第424册《史部·杂史》，第117—118页。

诚、敬是理学家修身的基本功夫，太祖却将之转化成动天地、感鬼神的不二法门。相应地，诚敬不足，也将带来可怕的后果："见前代帝王，当祭祀时，诚敬或有未至，必致非常妖孽，天命亦随而改。"每想到这一点，他就"心中惕然"。①

为了表达对神明的崇敬，洪武二年三月，皇帝命令翰林学士朱升等撰写了一篇斋戒文。在文章中，他一再强调祭祀天地、社稷、宗庙、山川等天地百神的目的，是替天下生灵祈福，是"祷祈福祉，以佑民生"，而不敢为自己求取恩惠。接着，他说明斋戒的目的，是要表达诚意，而"诚之至与不至，神之格与不格，皆系于此"。为了期盼神明降临，他自己每次斋戒时，"不敢有一毫懈怠"。原来斋戒的时间是大祀七天，中祀五日，太祖怕时间太长，人心容易倦怠，所以改成祭前三天斋戒："务致专精，庶几可以感格神明矣！"②

三、典章制度篇

太祖除了在理念层次，对天道、鬼神观作了详细的阐述，还进一步制礼作乐，为天地、鬼神的崇祀，制定了行之久远的制度，让礼敬天地、神明的思想，成为具体可行的国家经制。这套崇祀制度，虽然在日后作过一些细部的增减，但大体的格局没有变动。

洪武元年，天下初定，皇帝就下令中书省、翰林院等机构议定礼仪制度。三年九月，礼书修成，名《大明集礼》，包括了吉礼、凶

---

① 余继登：《皇明典故纪闻》卷一，第26—27页。
② 朱睦㮮：《圣典》卷一，《续修四库全书》，第267页。

礼、军礼、宾礼、嘉礼等各种名目。对这套礼制的结构进行分析后,我们可以看出一个有趣的现象,就是祭祀天地鬼神的礼制项目,所谓"吉礼"部分,在重要性上似乎超过俗世的典礼。世俗礼仪的部分包括了嘉礼、宾礼、军礼、凶礼及相当细琐的冠服、车辂、仪仗之礼。嘉礼有五种,分别是朝会、册封、冠礼、婚礼、乡饮酒礼。宾礼有两种:朝贡、遣使。军礼有三种:亲征、遣将、大射。凶礼有两种:吊赙、丧仪。其中,婚丧、喜庆、冠礼、乡饮酒礼都可以划归到儒家的礼制范畴,朝贡、遣使、亲征、遣将则是国家的军政大事。

吉礼的部分共包括十四个项目,除了最后一项祭三皇、孔子,其他均与超自然力量有关。这些祭祀分别是天,地,宗庙,社稷,朝日,夕月,先农,太岁,风、云、雷、雨师,岳镇、海渎、天下山川,城隍,旗纛,马祖、先牧,祭厉和祀典神祇。[1] 在祭祀的规格上,作为国家主导意识形态的儒学的宗师孔子,低于一些超自然力量。在明朝初年,郊庙、社稷、先农属于大祀,后来先农被降一等,和山川、帝王、孔子、旗纛并列为中祀,诸神为小祠。这个时期,孔子的地位高于一般神祇,和山川、帝王甚至旗纛之神并列。到了嘉靖中期,朝廷礼制经过一番变更,朝日、夕月、天神、地祇都被改为中祀。[2] 孔子的地位从某方面讲,和山川、帝王并列,不可谓不高,但另一方面,世俗的孔子和超自然力量,甚至旗纛之神并列,显示儒家思想

---

[1] 徐学聚:《国朝典汇》卷一一四,北京:北京大学出版社,1993,第5188—5189页。
[2] 《大明会典》卷八十一,台北:华文书局,1964,第1265页。

在国家的统治理念中，并不是唯一的主导力量。① 至少从礼制的结构来看，世俗、"理性"的儒家思想，其实和超自然的、"非理性的"信仰，一起构成了国家的统治意理。此外，虽然诸神祭祀在位阶上是小祀，低于孔子的中祀，但在实际操作过程中，帝王对诸神的重视显然高过孔子。

《大明会典》（以下简称《会典》）中明白规定"凡郊庙社稷、山川诸神，皆天子亲祀"。祭孔庙则和祭帝王陵寝一样，"传制特遣"②，换句话说，就是派特使前往。这里的诸神究竟何指，这条记载有些笼统。另一条记载则说得相当清楚："（洪武）六年二月癸酉朔，上谕太常寺臣曰：今后祭太岁、风、云、雷、雨、岳镇、海渎、山川、城隍、旗纛诸神，朕亲行。"③皇帝对各种超自然力量的重视，显然超过了对孔庙的兴趣。在中央的层次，孔子崇祀的位阶低于山川神祇；在地方，则是一体祭拜，不分轩轾："洪武二十六年，再度着令天下府州县合祭风、云、雷、雨、山川、社稷、城隍、孔子及无祀鬼神等。"④。虽说是一体祭拜，但如果严格依照排名顺序追究，孔子的

---

① 黄进兴的研究显示，明太祖其实是有意压低孔子在国家礼制中的位阶，原因是他认为人臣之祭不得享受帝王之礼，否则即是僭越。世宗嘉靖九年，孔庙改制，祭祀礼仪更进一步降级。详见黄进兴：《道统与治统之间：从明嘉靖九年（1530）孔庙改制论皇权与祭祀礼仪》，收入《优入圣域：权力、信仰与正当性》，台北：允晨文化公司，1994，第124—163页。

② 《大明会典》卷八十一，第1265页。

③ 朱睦㮮：《圣典》卷一，《续修四库全书》，第267页。

④ 《大明会典》卷九十四，第1469页。

地位只比无祀鬼神略高一筹,而在各种超自然力量之后。①

　　为了表达对神明的虔诚崇祀,明太祖对祭祀的细节作了详细的规定,下面择要言之。洪武三年,明太祖首先定大祀之礼,命百官沐浴更衣,在自己的衙门内过夜,第二天听完誓戒,开始吃斋三天。洪武九年再度规定,郊祀大礼时,"虽有三年之丧亦不敢废",天地崇祀又一次高过儒教的仪节。对于祭祀的牺牲,也有明确的规定。洪武初年,定"神牲所",设官牧养神牲;三年改"神牲所"为"牺牲所",中间的三间牲房养郊祀牲,左三间养宗庙牲,右三间养社稷牲,剩下的房间养山川百神之牲。郊庙用的牺牲,如果进入规定的洗涤程序,受伤的必须请出去,死掉的埋起来,生病的则"养于别所,待其肥腯,以备小祀中祀之用"②。慎重可见一斑。

　　除了牺牲,音乐是祭祀进行中必不可缺的部分。这一点在《会典》中也有相关的记载。③ 有趣的是,为了慎重其事,太祖还专门设立了一处"神乐观",专门培养祀礼时的乐生。在解释设置此观的目的时,他特别表示不是要学古代帝王,求长生之法,而是要"备五

---

① 我们观察朝廷对某项祀典的重视与否,大中小祀的排列是一个指标,是否天下通祀(从中央到地方)是另一个指标。这也是为什么洪武二年,太祖下令不必通祀孔子,引起极大的争议,刑部尚书钱唐、吏部侍郎程徐都疏言力争。不过根据程徐的说法,古今祀典中,独社稷、三皇与孔子是通祀。如果再加上洪武元年指示的天下普祀城隍,通祀的对象共有四种。见黄进兴:《道统与治统之间:从明嘉靖九年(1530)孔庙改制论皇权与祭祀礼仪》,第148—150页。我们拿这四种通祀的祀礼和其他崇祀相比,会发现前者的地位未必就比非通祀的祀典重要。旗纛之祭是一个例子,下文会提到的永乐皇帝大力提倡的真武神是另一个例子。所以在观察某项祀典受重视的程度时,我们必须同时考虑其在礼制中的位阶、通祀与否、皇帝个人的偏好等因素。
② 《大明会典》卷八十一,第1266页。
③ 《大明会典》卷八十一,第1266页。

音以奉上下神祇"。观的主事,由朝廷命正官,下面的乐生,洪武却希望由道士出任,这里道教和神仙信仰的影响显而易见。礼拜诸神的目的原来就是要与神通,讲求神仙之术的道士,则是理所当然的通神人选。太祖先解释设"观"的原因,是"观者,皆慕仙之士,其仙之教也"。道士在精挑细选的幽渺之地,经过虔心的修行,"则倏然忽然,蹑云衢而神游八极,往无不达,交无不接。如此者,安得不与神通"。现在的道士,虽然无法像汉天师张陵那样"致神倏忽""斡旋造化",但仍然可以训练:"今之道士,祖而效之,虽未若是,人皆清净,斯可职而奉神,彼得乐于修炼之者也。"①礼乐、牺牲之外,祭祀的地点因为是神圣的界域,更不能有所轻忽。太祖即位之初,就命儒臣遍览群书,对周以降到宋元的祀事之典,作了通盘的研究。可是在实际举行祀礼时,太祖发现除了宗庙合乎人情,南北二郊和社稷的祭所,都有不合人情之处。以社稷来说,一是五土之神,一是五谷之神,关系密切,却"各处坛而祭",实不合人情。难怪祭祀时,总是风雨不断:

> 朕自即位以来,祀天享地,奉宗庙、社稷。每当斋期,必有风雨,临祭方敛,每常忧之。京房有云,交祀鬼神,必天道之雍和,神乃答矣。若有飘风骤雨,是为未善。

洪武十年,太祖决定把社稷改在阙右,一坛合祀,以奉二神。结果是"神乃我答,人事欢悦"。

---

① 此处的叙述,分见《谕神乐观敕》《神乐观提点敕》《神乐观知观敕》,俱收于《明太祖御制文集》,台北:台湾学生书局,1965,第 260—262、270—272 页。

天地之祀的情况也一样。古人的礼制，天地是分开祭祀，南郊祭天，北郊祭地。洪武十一年，太祖命三公率领工部匠人，在京城之南建立大祀殿，合祀皇天后土。这年冬天，大功告成。洪武十二年正月十一日，洪武合祀天地。天地以种种祥瑞之象回应太祖明智的抉择：

> 三日正斋，风和日暖。及夜升坛，山川草木不摇。江海息波涛而浪静，轻云缥缈于昊穹，独露大降于天中，纤尘不动。

对于这样的异象，太祖的结论是："斯必神之降临，合祀之宜也。"为了报答神休，自己虽然"失学无文"，还是将事实经过写下来，并作九歌咏之。①

对于像太祖这样的虔信者来说，对仪式大端细节的讲究，绝不是烦琐的具文，而是获取神明感应的先决条件。经由诚敬的奉祀，太祖得以不断和神明及超自然力量接轨，并记载下各种切身的神秘体验。

一切准备停当，皇帝在陪祀官员陪同下，进入祭坛，行礼如仪，并宣读告文。洪武九年，大祀的拜礼规定是迎神四拜，饮福受胙四拜，送神四拜，共十二拜。至于祭告的赞词，嘉靖十七年一个极有趣的文本可为范本：

大明嗣天子（御名）谨文移告于

---

① 《大祀文并歌九章》，《明太祖御制文集》，第389—395 页。

　　大明之神。

　　夜明之神。

　　五星列宿周天星辰之神。

　　云雨风雷之神。

　　周天列职之神。

　　五岳五山之神。

　　五镇五山之神。

　　基运翔圣神烈天寿纯德五山之神。

　　四海之神。

　　四渎之神。

　　际地列职祇灵。

　　天下诸神。

　　天下诸祇。

　　戊戌太岁之神。

　　十月神将直日功曹之神。

　　郊坛司土之神。曰：朕祇于来月朔旦，躬率臣民，上尊
皇天上帝泰号。仰
高玄九重，预告于
诸神众祇，烦为朕运尔神化，昭尔灵显，通朕微衷于
上帝。①

　　仿佛，我们来到众神的国度，"未能事人，焉能事鬼""不语怪力

---

① 《大明会典》卷八十二，第 1291—1292 页。

乱神"的圣贤明训都被遗留在尘世。

太祖亲祀天地、社稷和世宗大祀诸神,都是国家最重要的祭祀行为。其他的一些祀礼,规模也许不大,却有特殊的意义。譬如太祖在底定天下之初,就特命功臣代替自己前往祭祀岳镇海渎之神,答谢百神协助攻克天下的功绩。

> 朕与卿等,当群雄角逐之时,战胜攻取,非上天后土之眷命,岳镇海渎之效灵,安能如是。今者新秋在迩,岳镇海渎之祀,理当报谢。古者君狩方隅,诣祠而祭。朕为新造邦基,民生方始,未获亲往,特命卿等代朕以行,奉牺牲祝帛于神所。[1]

此外,为了真正达到通神的目的,他又不止一次地命令道士祭拜岳镇海渎之神:"今年秋报之礼,特命尔效仙人等诣神所在。尔其一乃心志,必欲神交。""尔诸效仙人等,律己修身,道法清虚之玄,去贪嗔,绝妄想,一精英以步昂霄。为斯清净,特命奉神于岳镇海渎。"[2]开国十年之后,在另一次祭告北镇医无闾山的场合,他干脆派功臣和道士一起主祭。[3]

除了天地、山川、云雨、风雷、岳镇、海渎的大祀之礼,对于某些攸关国家大政的特殊神祇,朝廷也制定个别的祭礼。洪武元年,太祖首先令诸臣斟酌古礼,制定亲征遣将的礼仪:"古者天子亲征,则于上帝,造于祖,宜于社,祃于所征之地,祭所过山川。若遣将出

---

① 《命功臣祀岳镇海渎敕》,《明太祖御制文集》,第181—182页。

② 两篇《命道士祭岳镇海渎》,分见《明太祖御制文集》,第224—225、269页。

③ 《遣功臣等祭北镇医无闾山文》,《明太祖御制文集》,第549—550页。

师,亦告于庙社,祃祭旗纛而后行。"然后根据诸儒议定的仪节,将"牙旗六纛藏之内府,其庙在山川坛。每岁仲秋祭山川,日遣官祭于旗纛"。永乐以后,又别有神旗之祭,专祭火雷之神。[①] "国之大事,惟祀与戎",难怪旗纛之祭的规格要高于祭孔。

为了求取胜战,在旗纛以外,再祭火雷之神,大概是现代人难以想象的吧! 祭火雷神的文告是这么写的:

> 维年月日,皇帝遣具官某致祭于天威神机火雷无敌大将军之神。维神威勇猛厉、刚劲精强。訇雷掣雷,欻火奔风。护国庇民,厥功显著。……遇有征讨,惟神是赖。驱锋遣镝,端直奇妙。万发万中,叠贯连穿。[②]

事实上,在别立火雷神祭之前,太祖已经在洪武二十六年制定的《仲秋祭仪》中,将和战争有关的一干神明全部纳为祭祀对象。这项祭仪属中祀,斋戒时长是两天,用的是牛、羊、豕三牲;奉祀的神有七位,分别是旗头大将、六纛大将、五方旗神、主宰战船正神、金鼓角铳炮之神、弓弩飞枪飞石之神、阵前阵后神祇五昌等众。[③] 这种接近原始宗教的泛灵信仰,大概是我们在高谈儒教立国时,难以想象的吧!

要祭祀这么多的神明且经常维持恭敬的礼数,诚非易事。洪武为此还特地想出一个警省自己的办法:"太祖因享庙谓礼部臣

---

① 《大明会典》卷九十二,第 1457 页。
② 《大明会典》卷九十二,第 1460 页。
③ 《大明会典》卷九十二,第 1459 页。

曰:经言鬼神无常享,享于克诚。人谨方寸于此,而能格神明于彼,由至诚也。然人心操舍无常,有所警而后无所放。乃命礼部铸铜人一,高尺有五寸,手执简书,斋戒三日。凡致斋之期,则置朕前,庶朕心有所警省而不敢放也。"①这种铜人牙简,和禅师的响板及太祖另一项四处宣讲圣谕六言的木铎老人,有异曲同工之妙。洪武五年,铜人牙简的精神进一步扩充,太祖令各衙门放置一块木制斋戒牌,上面刻着"国有常宪,神有鉴焉",在祭祀之期陈设出来。②

为了让天下百官和后世子孙在祭祀天地诸神时,维持一贯的诚敬肃穆,太祖可说是费尽心机。除了新创铜人牙简和木斋戒牌,太祖还下令臣下编了一本关于事神不敬的可怕后果的教材《存心录》,以昭炯戒。洪武四年七月,《存心录》成,太祖看后,特别说明编纂此书的原因:

> 朕观历代贤君事神之道,罔不祗肃,故百灵效祉,休征类应。及乎衰世之君,罔知攸敬,违天慢神。非惟感召灾谴,而国之祸乱,亦由是而致矣!朕为是惧,每临祭必诚必敬,惟恐未至。故命卿等编此书,欲示鉴戒。……是编所以彰善恶,岂惟行之于今,将俾子孙,永为法守。③

这不是洪武帝第一次说他祭神时是如何毕恭毕敬,却是第一次把违天慢神的后果说得这么严重。他还特别举了《存心录》中两

① 余继登:《皇明典故纪闻》卷三,第33页。
② 《大明会典》卷八十一,第1266页。
③ 朱睦㮮:《圣典》卷二,《续修四库全书》,第280页。

个例子来印证灾谴的说法：一是慕容超在郊礼时，有异兽出坛侧；一是隋炀帝在祀圆丘时，因为有暴风，未成礼而退，结果"二人皆不旋踵而亡"。太祖对此的评论是："古人言惟德动天，夫不德亦动天。善则降祥，不善则降殃，但各以类应之。"①

《存心录》原书有 10 卷，根据《四库全书总目》的说法，这本书记载的都是"明初坛庙祭祀之制，而附以灾祥物异"。书前有序，称"臣等承命作此录，以坚诚敬之心"②，正好和太祖的本意相合。但可惜的是，这本书在四库全书编集时，已经残缺不全。我现在看到的，是藏在傅斯年图书馆的二卷本残本。这个本子只有卷十、十一两卷，里面没有任何有关"明初坛庙祭祀之制"的记载，而都是附录的"灾祥物异"，包括了地异、山异、水异、水灾、地生异物等项目，分朝代条列。这些记叙，和我们在各地方志灾异项下所见的记载相仿佛，但由儒臣奉皇帝之命编纂而成，予人不同的感受。再加上长篇累牍的摘引条列，格外能达到撼人耳目的效果。我们如果将视野集中在上述的祀神之礼和此处血肉淋漓、天摇地动的灾谴感应上，势必要对儒教清明理性的影响产生深刻的怀疑。

---

① 谭希思：《明大政纂要》，《四库全书存目丛书》卷十四，台南：庄严文化公司，1996，第 546 页。在另一个场合，他又举了一个祀神不敬而招亡的例子。这个故事的主角是成肃公，他和刘康公会晋侯伐秦前，祭于社稷之神，然后出师。祭祀完毕，照例有一项"受脤之礼"。成肃公在受脤时，出现"慢神而不恭之貌"，结果在伐秦时死掉。太祖的按语是："是以知敬者，必有动作礼义威仪之则，以定命也。于斯祀神之道，能者养之以福，不能者败以取祸。"（《谕神乐观敕》，《明太祖御制文集》，第 261 页）

② 《存心录》，《四库全书总目提要》卷八十三《史部三九 政书类存目一》上册，第 715 页。

四、垂训后世

太祖对礼敬神明的重视,在前面的叙述中已经显露得很清楚。作为一位创业垂统的开国皇帝,他的治国理念及奠立的典章制度,当然会对后世产生重大的影响。但除了透过各种敕令、文告和礼制表达自己的信念,为了强化对后世朱姓子孙及中央、地方官员的规范、制约,他还是不断地利用各种机会,表达自己的看法。我们从《皇明祖训》中,就可以清楚地看出他为后世立法的意图。

在《皇明祖训》的序文里,太祖说他为了开导后人,特地写作祖训一篇。因为要立为家法,所以他慎重其事地"大书揭于西庑,朝夕观览,以求至当"。前后共花了六年时间,七次誊稿,方告底定。① 他对这篇文章的期待,由此可见。

这篇精心制作的训诫文,共分 14 章。在首章之后,接着是持守、严祭祀、谨出入、慎国政、礼仪、法律等。仅仅从章目的字义来判断,14 章中,就有两章和祭礼、礼制有关,其重要性不言而喻;细究内文,我们则发现讨论超自然力量的文字,远远超过我们望文生义所得的第一印象。

在祖训首章,洪武提到帝王平日行止应注意的要项时说:"凡夜当警省,常听城中动静,或出殿仰观风云星象何如。不出,则听市声何如。"②仰观天象和俯察人事一样,都成为帝王训练中的一部分。在《谨出入》一章,仰观天道的重要性再一次为太祖所强调,他

---

① 《皇明祖训·序》,冯应京编纂:《皇明经世实用编》第 1 册,第 69—70 页。
② 《皇明祖训》,冯应京编纂:《皇明经世实用编》第 1 册,第 81 页。

在这一章开头说："凡动止有占，乃临时之变，必在己精审，术士不预焉。"告诫子孙，作为帝王，必须有不仰仗术士，自己就能判读异象的能力；接下来说的马忽有疾，饮食、衣服、旗帜、甲仗的变化和"匙箸失，杯盘倾"，都在提醒子孙注意可能的人为奸伪祸患；然后重点转到天道："或烈风迅雷，逆前而来，或飞鸟走兽，异态而至，此神之报也，国之福也。""设若不信而往，是违天取祸也。"他还用自己的亲身经历，说明这个警语的有效性："朕尝临危几凶者数矣！前之警报皆验，是以动止必详人事、审服用、仰观天道、俯察地理，皆无变异，而后运用。"①对于明太祖这种仰观天象的本领，下面会有具体的例子进一步说明。

在《严祭祀》一章，太祖再一次强调诚敬的重要性："凡祀天地、祭社稷、享宗庙，精诚则感格，怠慢则祸生。故祭祀之时，皆为极其精诚，不可少有怠慢。"他还告诫子孙，对于风云雷雨师、山川等神，必须亲自祭祀，不可遣官代祀——虽然他自己也不能完全做到这一点。他还详细罗列了不同祭祀的不同要求。祭天地，要前五天午后沐浴更衣、吃斋三天；享宗庙、祭社稷，前四天沐浴更衣、吃斋三天；祭太岁风云、山川城隍等神，则前三天沐浴更衣、吃斋两天；祭历代帝王、旗纛、孔子等庙"则前一日沐浴更衣，第二天遣官致祭"。五祀中的户神、灶神、门神、井神，在孟春四月遣内官致祭，中雷则在夏天土旺时，遣内官致祭。② 在篇幅不长的祖训文字中，如此不厌其烦地写下每种祭礼的要求，可见太祖的终极关怀。

《礼仪》一章的开头，同样先交代在各王国宫城外，立宗庙社

---

① 《皇明祖训》，冯应京编纂：《皇明经世实用编》第 1 册，第 91—92 页。
② 《皇明祖训》，冯应京编纂：《皇明经世实用编》第 1 册，第 88—90 页。

稷、风云雷雨山川、旗纛、五祀的坛庙,接下来才叙述百官朝贺、朝臣奉使、亲王朝觐等世俗性的仪节。①

祖训的对象是朱姓子孙。对于一般中央、地方官员,太祖则借着告谕和官箴重述他的关怀。在一篇给礼部的告谕中,太祖借非常具体的祭物问题,对祭祀之礼,作了一次原则性的通告。告谕开头,他首先强调各级官员的工作,"首以祀戎为先"。然后指责天下有司,近来不以诚心奉祀"该祀之神",以致怠忽祀礼的大事。既不能祀神,"其于人事,又何惧焉?""儒者在任,不明于理。或粗俗者居官,亦不访于贤。"孔子"未能事人,焉能事鬼"的先后顺序,在此被太祖完全颠倒过来。

明太祖对近来天下有司不虔心敬神的指责,主要是针对溧水县县官的怠忽。这位县官在举行祀礼时,因为缺少鹿醢,就自作主张,以牛醢代替,因而被人检举。虽然礼部表示:"凡祭品缺者,曾许以他物代之。"太祖却认为溧水县并不是真的缺鹿,只是地方官员不用心罗致。经御史查明真相后,依律治罪。太祖为此,作出下面的指示:

> 朕思人之在世也,若不畏神,人是不可教者也。世之所以成世者,惟人与神耳,岂可慢耶!今令天下有司,凡四时祭祀之物,若在典故,境内所产及商人货而有之者,务备,不许有缺。若境内不产及商人无贩卖者,从缺毋代。

① 《皇明祖训》,冯应京编纂:《皇明经世实用编》第 1 册,第 94—100 页。

然后命令礼部遍告诸司。[①] 用鹿肉酱还是牛肉酱，在现代人，甚至明初的地方官员看起来，也许是细枝末节的烦琐仪节，但在讲求诚敬的洪武皇帝看来，是丝毫不能马虎的原则，必须慎重其事地周告天下百官。

深究其事，溧水县县官的轻忽，确实是罪有应得。因为地方官在履任之初，都应该熟读《到任须知》《责任条例》中的训示。在这些训示中，太祖明白地告诉地方官员上任时应该注意的事项，首先是"首祀神"，然后分别是"次恤孤""次田土""次制书""次印信""次仓库""次会计""次公廨""次学校"。[②] 所有日常庶务的推动，和祭神比起来，都是次要的。

在"首祀神"项下，首先说明祭祀是国家的大事，因为它攸关人民的福祉。接着规定官员到任后，应该先索知社稷、山川、风云雷雨、城隍诸神及地方无祀厉鬼的祭祀日期，境内有几处坛场、祠庙，并调查祭器、什物有无完缺，"务以时修饰，副国家事神诚慎之意"[③]。

设想周到的洪武皇帝，甚至连祝文都帮地方官员准备好了。祭风云雷雨、山川、城隍之神的格式是：

---

① 《命礼部谕有司谨祭祀》，《明太祖御制文集》，第248—250页。

② 《履任》，冯应京编纂：《皇朝经世实用编》第2册，第990—998页。

③ 《履任》，冯应京编纂：《皇朝经世实用编》第2册，第990—991页。根据滨岛敦俊的研究，朱元璋即位后，进行了一系列的礼制改革，城隍是其中之一。虽然从宋以来，城隍祭祀即"遍天下"，但一直要到洪武二年，城隍神才被纳入整个国家的祭祀制度中："城隍祭祀作为一种完整的制度，第一次出现在国家的祭祀体系中。"（滨岛敦俊：《朱元璋政权城隍改制考》，《史学集刊》1995年第4期）

维洪武　　年,岁次　月　朔　日

某官某等敢昭告于

风云雷雨之神。

某府州县境内山川之神。

某府州县城隍之神。曰:惟神妙用神机,生育万物。奠我民居,足我民食。

某等钦承上命,(职守方面——布政司用)(忝职兹土——府州县用)。今当仲春/秋,谨具牲醴庶品,用申常祭。尚享。①

连布政司用"职守方面",府州县用"忝职兹土"这么细微的差别,都预为设想,可见其周到与用心。城隍除了和其他自然神祇一起祭祀,在某些场合也可以单独祭祀:

某府遵承礼部札付,为祭祀本府无祀鬼神,该钦奉皇帝圣旨。普天之下,后土之上,无不有人,无不有鬼神。人鬼之道,幽明虽殊,其理则一。今国家治民事神,已有定制,尚念冥冥之中,无祀鬼神。命本处城隍,以主此祭。镇控坛场,鉴察诸神等类。其中果有生为良善,误遭刑祸,死于无辜者,神当达于所司,使之还生中国,永享太平之福。如有素为凶顽,身死刑宪,虽获善终,亦出侥幸者,神当达于所司,屏之四裔。善恶之报,神必无私。钦奉如此,今某等不敢有违。谨于某年某月某日于城北设坛,置备牲酒羹饭,享祭本府无祀鬼神等众。然

① 《大明会典》卷九十四,第1472—1473页。

幽明异境，人力难为，必资神力，庶得感通。今特移文于神，先期分遣诸将，召集本府阖境鬼灵等众，至日悉赴坛所，普享一祭。神当钦承敕命，镇控坛场。①

前述地方官履任须知项，原本就包括了祭祀"郡邑厉无主后者"一项。这篇《告城隍文》，显然就是针对境内无祀厉鬼而发。如果只看"特移文于神，先期分遣诸将，召集本府阖境鬼灵"，我们还以为这是道士打鬼、捉妖的檄文，实际上却是出现在国家最正式典制中的记载。天道与治道的紧密纠葛，在此再度表露无遗。城隍在此担负的职责，不仅是用神力帮助俗世的政府超度亡魂，驱除冤厉之气，还要进一步根据人间的道德法则，对幽冥众生作出善恶的鉴别。在此，天道反而是根据治道的准则在运作。

事实上，对山川诸神和厉鬼的祭祀，并不仅从中央延伸到地方政府。明太祖希望垂诸后世的帝国宏规，还进一步扩展到每个乡村："凡各处乡村人民，每里一百户内，立坛一所，祀五土五谷之神，专为祈祷雨旸时若、五谷丰登。""凡各乡村，每里一百户内，立坛一所，祭无祀鬼神，专祈祷民庶安康，孳畜蕃盛。每岁三祭：春清明日，秋七月十五日，冬十月一日。"②在太祖精心绘制的治国蓝图中，

---

① 《告城隍文》，《大明会典》，第 1475—1476 页。

② 《告城隍文》，《大明会典》，第 1476—1477 页。从《明史·礼志·厉坛》的记叙，我们知道这套从中央到地方、到乡村的厉鬼祭祀制度，在洪武三年规划完成。林富士认为这套从中央到地方，在各级政府辖区内设置厉坛的做法，是明太祖首创。清政府入关后，便接受了这套制度。林富士还用康熙年间通用的《邑厉坛祝文》，对清代官府祭厉的动机，作了细致分析。见林富士：《孤魂与鬼雄的世界：北台湾的厉鬼信仰》，新北：台北县立文化中心，1995，第 209—213 页。

人民不仅是帝国的子民,同时也是诸神的子民。

五、洪武的神秘经验

太祖对超自然力量和鬼神的虔诚信仰,驱使他在制度层面,作了宏大而细致的规划。从前面的叙述中,我们多少可以看出这些制度规划的影响。在理念、制度层次之外,关于这位开国皇帝在神怪领域的亲身体验,也有非常丰富的数据,值得特立专节讨论。下面将分别条目,加以叙述。

(一)求雨

在即位前的吴元年(1366)五月,朱元璋因为天久不雨,亲自"减膳素食",同时也令宫中上下吃素,以体会民生艰难。同时为了不再烦扰百姓,宫中需要的"蔬茹醯酱",原来皆由大官供给,现在也一律改由内官来解决。这次的干旱持续了一段时间,到六月戊辰大雨方结束。群臣请太祖复膳,朱元璋则以有德之君的口吻回答道:"亢旱为灾,实吾不德所致。今虽得雨,然苗稼焦损必多,纵肉食,奚能甘味。"①"得乎民心,则得乎天心。"②还没有正式即位,洪武已经对天人感应的哲学有了清楚的掌握。

---

① 朱睦㮮:《圣典》卷二十一,《续修四库全书》,第480—481页。
② 娄性:《皇明政要》,第22页。另明太祖祷雨研究,可参陈学霖:《朱元璋祀龙祷雨纪事小考——兼述地方官〈祷雨文〉》,《宋明史论丛》,香港:香港中文大学出版社,2012,第199—222页。

洪武二年春天,又是久旱不雨。太祖这次亲自演练各种祀神之礼,告祭风云雷雨岳镇海渎等神一十八坛。[1] 但真正让我们印象深刻的还是三年之后的这一次。太祖告诉中书省的官员说,仲夏不雨,他为农民担忧,所以选在六月初一这一天,亲自赴山川诸坛祷雨。他命令皇后和诸妃亲执爨,为"昔日农家之食",并令太子、诸王"躬馈于斋所"。天还没有亮,太祖就穿着素服草鞋,徒步走到山川坛所,在地上铺了草席露坐。白天任凭太阳曝晒,片刻不移;晚上则睡在地上,衣不解带。皇太子捧着餐盒给皇帝,里面装的是蔬食杂麻麦粟。这样经过三天,"既而大雨,四郊沾足"[2]。对一位帝国天子来说,用这样自苦的方式祈神,当然不是容易的事。除了强烈的求治之心,恐怕还需要坚定的信仰,才能驱动他作这样的牺牲。

这些在帝国京师祭告山川的祀神之礼,固然让我们看到洪武的事神之诚,但真正让我们感受到一个血肉之躯的神秘经验的,还是一些更具体的场景和更私密性的记述。在太祖文集中,两篇祷雨的文章,是很好的例子。一篇请城隍先转告诸神自己的祷雨心愿,一篇是祷雨后的谢文。在前面一篇文章中,他先说天久不雨,是自己的过错,本来应该亲自祈祷上帝、后天,但"虑恐烦听,以致因循至今"。结果使得良民失望,皆有忧心。他不敢径行与天地沟通,只好层层转达:"不敢径达 上帝、后土。于今月十一日,亲告

---

① 余继登:《皇明典故纪闻》卷二,第25页。

② 朱睦㮮:《圣典》卷二十一,《续修四库全书》,第480—481页。余继登《皇明典故纪闻》也有大致相同的记载,只在中间加了一段,说太祖露宿三天之后,始还宫,仍斋宿于西庑,"遂大雨,四郊沾足"。(余继登:《皇明典故纪闻》卷二,第29—30页)

于钟山之神，望神转达于上帝、后土。惟京都城隍之神，先期与报。至日祝焉。"①但还没有来得及亲告钟山之神，雨已经下了。太祖猜想一定是因为城隍善尽转告的责任，所以特别赴钟山谢神：

> 天久不雨，烝民怀忧。予将告神而未施，乃先城隍。必城隍善予所云，故告旱之辞未诉，神其我知，即日大雨时行。今来诣山而谢神，神正无私，佑我烝民，谨谢。②

这两篇祭神文，虽经过儒臣文字的润饰，却不像其他华丽繁缛的礼仪性文字，遮掩住质朴跃动的信仰。太祖觉得必须通过城隍转告，经过钟山之神，再上达天地的想法，似乎更贴近一般庶民的信仰。

这种贴近一般"愚夫愚妇"鬼神信仰的文字，在另一篇关于求雨的文字《祭柏子潭龙文》中，显现得更清楚：

> 昔兵驻滁阳，适当秋首。正禾苗畅茂，时乃无雨，军民惶惶，予亦甚沮。询及土人，言丰山之东，潭有神龙，每遇旱患，祷之辄应。予亲诣恳切于祠，神不我弃，后三日乃答。俄风生万壑，倏墨云遍于太虚，须臾霖雨，济我军民。③

这里说的"昔兵驻滁阳"，应该是元至正十四年（1354），朱元璋

---

① 《祷雨咨京都城隍文》，《明太祖御制文集》，第579—580页。
② 《祷雨有应谢钟山神祭文》，《明太祖御制文集》，第580页。
③ 《祭柏子潭龙文》，《明太祖御制文集》，第570—571页。

南下攻占滁州时的事，距离他1344年第一次在皇觉寺出家和1348年再回到皇觉寺立志勤学佛经①的经历都不太远。少年出家、勤读佛经的经验，必定让平民出身的朱元璋，比一般"愚夫愚妇"有着更强烈的宗教情操。这份情操，在神潭求雨的过程中可以看出。

这篇文章的后半段，写的是二十年后，已经称帝多年的洪武皇帝，遣官祭神的因由：

> 然虽去此而常想：二十年间，凡旱患，犹极目于神方。今年群牧在斯，掬渊泉饮。有告我者，蛇入神祠，予想非蛇，必神有所为而至。岂牧竖亵渎而有所恶欤？抑神心悦而至欤？呜呼！倏然忽然，予所不知。特遣官致祭，并禁掬水，神其鉴焉。②

一般无知牧童，以为是蛇入神祠，平民出身的洪武皇帝，却坚信是"神有所为而至"，慕道之心，果然迥异常人。

(二) 感应、天象与兵象

洪武二年，侍臣谈到医生吮痈的行为，太祖因而想到人子和父母的关系，并进一步用自己的亲身经验来说明。原来洪武的母坟，在兵乱之际，被敌军破坏。洪武后来回来收拾遗骸，少了一根指骨，在坟墓附近遍寻不得。忽然找到一根骨头，却不敢确定是母亲

---

① 杨国桢、陈支平等编：《明史新编》，台北：云龙出版社，1995，第18—22页。
② 《祭柏子潭龙文》，《明太祖御制文集》，第571页。

的指骨。这时,他想到一种"以指血相验"的习俗,"遂啮指滴自其上,果透入其中。及以他骨验之,则血不入,乃知亲之气血相感如是"。他的结论是:"常思人子于其亲,一体而分者也。思念之笃,精诚之至,必相感通。"①

很多的感应都在梦中出现。吴元年,太祖梦到有人把一块璧放在他的颈项下。之后,颈部的肉稍稍突起,隐隐作痛。最初怀疑是疾病,擦了药也没有效果。"后遂成骨,隆然甚异。"②

这个梦虽然诡异,却只带来个人身体的变化。有的梦,却意味着有大事要发生。太祖文集中,有一篇题为《纪梦》的长文。文章的前半部,描述他在元末为僧时,曾为了将来的出路,多次在神前卜玟,终于决定加入濠州红军。后来转战四方,底定江南,准备在戊申年(1368)称帝。在称帝前一年秋天,他忽然做了一个怪梦,梦

---

① 朱睦㮮:《圣典》卷一,《续修四库全书》,第 273 页。

② 余继登:《皇明典故纪闻》卷一,第 15 页。留传至今的朱元璋画像中,有一类是容貌丰伟的帝王像,另一类则将朱元璋画得丑陋不堪。历来对朱元璋的"异相"有不少讨论。一派认为朱元璋生性多疑,为了方便自己微服出行,考察民情,特别假造了一种面貌,以混淆视听,方便自己外出时,不被识破。另一派说法认为朱元璋真的长得容貌不堪,用的证据,就是此处梦人置璧于项,后遂成骨的记载。太祖实录吴元年戊申条下的原文是:"上梦神人以璧置于项,既而项肉隐起微痛,疑其疾也,以药敷之,无验,后遂成骨,隆然甚异。"(索予明:《明太祖画像考》,《故宫季刊》1973 年第 3 期)王正华认为明太祖"异相"的出现,在明中叶以后。一般对此有两种解释:一是太祖的多疑,以此故布疑阵;另一种说法则认为太祖的容貌显示他有超凡的能力,注定成为帝王。见 Wang Cheng-hua, " Material Culture and Emperorship: The Shaping of Imperial Roles at the Court of Xuanzong," (Unpublished Ph.D. thesis, Yale University 1998), pp. 126—129。王耀庭则从相法的角度,解释异相的含义。根据传统的相法,朱元璋的异相是"七十二煞(痣),猪龙形",乃大贵之相。猪就是朱,龙是天子。朱元璋的异相,展示了他的神性,也注定他是真命天子。见王耀庭:《肖像、相势、相法》,《美育》1998 年第 99 期。不管是梦中以璧置项,还是天生异相,都说明朱元璋神秘非凡的属性。

见"群鸟如燕大小，数不可量"。然后又在群鸟中看见一只仙鹤。随着梦境转移，他看到西北天上，有一处木制的朱台，上面站了两个人，好像庙里的金刚。镜头又转了几转，他看到台上"中立三尊，若道家三清之状，其中尊者，美貌修髯，人世罕见"。

梦到一半，朱元璋回家转了一趟后，再度出门。他问旁边的人说："昨来天神何往？"回答说到朝天宫去了。他急忙赶去，没走多久，中途碰到几个紫衣道士，以绛衣授之。朱打开细看，但见五彩，问道士这是什么东西，一个道士回答道："此有文理真人服。"朱元璋穿上，"忽然冠履俱备"。还有一个道士给他一把剑，教他行走。他走了一阵子，过了一条小河，河南山北，有房子十余间，见东宫太子穿着青衣站在那里。"忽然而梦觉，明年即位于南郊。"[1]梦中的仙鹤、道士、金刚、道家真人、神仙，都为太祖称帝的天命提供见证。亲授绛衣的一幕，更为太祖日后的披上龙袍，作了一次暖身的预演。

另一次事关紧要的"太祖之梦"发生在洪武三十一年。这一年，太祖享太庙。礼成，皇帝步出庙门，徘徊不去，指着前面的桐梓对太常侍臣说，以前种下这些树，不觉成林。说着说着竟"感怆泣下"。接着又说道，当年太庙落成时，把神主迁到室内，"礼毕，朕退而休息，梦朕皇考呼曰：西南有警。觉即视朝，果得边报"[2]。年迈的皇帝也许显得有些感伤，但他总不怠于和近臣谈论自己的神秘

---

[1] 《纪梦》，《太祖御制文集》，第447—454页。美国学者 Romeyn Taylor 曾将《纪梦》一文翻译成英文，并对照其他数据，作了许多考证。大体而言，他认为朱元璋在这篇文章中的记叙相当坦白真实，这种记梦、解梦的做法，在当时也相当流行。见 Romeyn Taylor, "Ming T'ai-tsu's Story of a Dream," *Monumenta Serica* 32(1976):1—20.

[2] 朱睦㮮：《圣典》卷二十一，《续修四库全书》，第480—481页。

经验,不管是来自他的父皇,还是来自他的母后。洪武五年,他就和近臣说过另一个关于兵象的故事。不同的是感应并非来自梦中,而是来自不能入梦:

> 朕前数日心中弗宁,夜不安寝,若有所惊者。忽闻中都皇城万岁山雨雹甚大,其在是乎。索占书冰雹乃兵象,宜遣人戒饬守御官,严加防护,以备不虞。①

洪武告诫子孙要时时仰观天象,俯察地理,绝不是徒托空言,而是身体力行的肺腑之言。

天象之所以重要,在于它和边防、征伐有密切的关系。洪武九年九月,太祖命吴英到北平告诉徐达,七月火星犯上将,这个月金星再一次犯上将,根据占法,表示有奸人刺客。太祖要徐达小心戒备,同时传谕诸将提高警觉,即使左右的将校,也不可让他们近身,特别要防范元朝的阉官。②

十二年四月,太祖遣使敕告李文忠、沐英最新的天象消息:"四月庚申日,交晕在秦分,主有战斗。己未,太白见东方,至于甲子,顺行而西,西征大利。尔等宜顺天时追击番寇。"③这么专业的知识,皇帝理当有所凭依,这点我们在下面讨论到永乐皇帝时会进一步交代。但从下面的记叙来看,洪武似乎自己就具备一些观天的能力:

① 朱睦㮮:《圣典》卷二十一,《续修四库全书》,第482页。
② 徐学聚:《国朝典汇》卷一一四,第5497页。
③ 徐学聚:《国朝典汇》卷一一四,第5499页。

洪武三十年五月庚申夜，有星大如鸡子，尾迹有光，自天厨入紫微。垣下有二星随之至，游气中没。上观天象，占在北房。遂敕晋代辽宁各诸王曰：验之历代天象，若此者，边伐不宁，往往必验。今天象与往者正同，不可不慎也。[1]

天象虽然常常和征伐、兵险有关，却不局限于此。洪武二十六年，皇帝发现原来凝聚在奎壁间的黑气突然消失，非常高兴。原来他"每观天象"，自洪武初年，就有黑气凝于奎壁间，"奎乃文章之府，朕甚忧焉"。现在黑气没有了，表示文运当兴。洪武因此命令群臣应"有所述作，以称朕意"。[2]

（三）灾异

灾异、祥瑞是天人感应思想中的根本要素，明太祖对这套哲学有深刻的掌握。前面提到的为了求雨而减膳食素的例子中，朱元璋用的就是典型的感应哲学中的术语。在称帝前的吴元年，他就曾经因为居住宫殿的兽吻被雷震坏、雷火烧掉备倭战船、大风又吹翻了海舟，而忐忑不安，下诏修省。他自我反省后得到的结论是，在战争期间，他失之严切、喜怒任情、仓促行事，造成了一些冤屈。[3]
即位之初，他又因为京师失火、四方水旱频仍，而夙夜不宁。

---

[1] 徐学聚：《国朝典汇》卷一一四，第5502页。
[2] 朱睦㮮：《圣典》卷二，《续修四库全书》，第279页。
[3] 谭思希：《明大政纂要》卷一，第347页。

他检讨这些灾异的可能原因是刑罚不中、武事未息、徭役屡兴、赋敛不时,因而要求中书省的重臣,和他一起修省,"以消天谴"。① 这些罪己的内容,似乎成为一种格套,但对有企图心的君主来说,是革新吏政的契机。

这次的修省在洪武元年八月。事实上,在七月,皇帝已经历另一次震撼。这次的灾异和吴元年一样,是雷震宫门兽吻,不同的是留下了印记——"得物若斧,形而石质"。太祖把这个天谴的石斧收藏起来,"出则使人负于驾前;临朝听政,则奉置几案,以祗天戒"②。从木铎、铜人到石斧,教育程度不高的朱元璋似乎发展出一套特有的道德教化工具。

洪武不仅自己对灾异、祥瑞异常敏感,还以此告诫子孙。洪武二十四年,他命皇太子巡抚陕西,以"省观风俗、慰劳秦民"。没有多久,他又命特使告诉皇太子他对天道的观察。先是在太子渡江之际,"天道赫然有变,雷起东南"。太祖分析之后,认为是吉兆:"尔征西北,以造化言之,雷,天威也。尔前行,雷后从,威震之兆也。"但是十天之内,出现久阴不雨的现象。依照占法,久阴不雨,"主阴谋事"。太祖因此告诫皇子:"尔宜慎举动、节饮食、严宿卫、亲君子、远小人。务在存心养性,施仁布惠,以回天意。雷之嘉兆,未可恃也! 尔其慎之。"③对天道的重视,真到了"造次必于是,颠沛必于是"的地步。

君王失德,固然会导致天降灾异;官员失职,同样也会导致异

---

① 娄性:《皇明政要》卷三,第 22 页。
② 朱睦㮮:《圣典》卷二十一,《续修四库全书》,第 481 页。
③ 朱睦㮮:《圣典》卷三,《续修四库全书》,第 289 页。

象。洪武十年正月丁酉,浙江全境"夜雨黑水如墨汁,池水皆黑"。
而根据占法,"黑霭雾下天下冤"。第二年,按察使司经历王尚贤到
浙江全境视察,发现因为酷刑扰害而死亡、迁徙的有五百家,找出
了此次天人感应的症结所在。①

(四)祥瑞

太祖告诫皇太子"雷之嘉兆,未可恃也",应该留心灾异的意
涵,相当一贯地反映了他对灾异、祥瑞的整体态度。他不断要求各
地官员留心灾异之象,而不要锦上添花地用祥瑞的报道取悦他。
这种重灾异、抑祥瑞的立场,与他的后世子孙有相当大的差异,一
方面显示了他的求治之心,一方面未尝不反映出他对自己的信心,
即不需要利用各种祥瑞来证明自己是天与人归的真命天子。②

洪武四年十月,皇帝要求天下报忧不报喜,对他在天人之际上
的立场,作了明确的宣示:

---

① 徐学聚:《国朝典汇》卷一一四,第5498页。
② 君王过于重视祥瑞和统治危机间的关系,在雍正身上可以看出。他即位的合法性
　一直受到质疑,在明清的皇帝中,雍正对祥瑞的偏好似乎有些让人侧目。专研雍
　正的杨启樵教授就说:"世宗性喜祥瑞。"(杨启樵:《雍正帝及其密折制度研究》,
　香港:生活·读书·新知三联书店,1981,第26—28页)但雍正的好祥瑞,显然有
　很强烈的政治意涵和现实取向。他接受、利用某些祥瑞,却对某些官员的奏报不
　以为意,甚至加以驳斥。他还特地点名批评明世宗嘉靖皇帝的嗜谈祥瑞。事实
　上,作为一位励精图治的统治者,雍正对灾异和天人感应的关系,也相当重视。参
　见杨乃济、冯佐哲:《雍正帝的祥瑞观与天人感应说辨析》,收于中国社科院历史研
　究所清史研究室编:《清史论丛》第5辑,北京:中华书局,1984,第192—220页。

上谓省臣曰:祥瑞、灾异,皆上天垂象。然人之常情,闻祯
祥则有骄心,闻灾异则有惧心。朕尝命天下勿奏祥瑞,若灾
异,即时报闻。尚虑臣庶,周体朕心,遇灾异或匿而不举,或举
而不实,使朕失致谨天戒之意。中书省其行天下,遇有灾异,
即以实上闻。①

在《圣典》卷二十三中,有一节题为"抑瑞",记录了十件太祖对
官民献瑞持保留和批判态度之事。其中一则说,洪武二年,淮安、
扬州等地献瑞麦十二本,群臣称贺。皇帝不满地评论道:汉武帝时
曾经获得一角兽,产九茎芝,大家都认为是祥瑞,武帝因此变得骄
傲,"卒使国内空虚,民力困竭"②。洪武三年,又有人献瑞麦十余
本,有的一禾二穗,有的三穗,有的五穗。皇帝告诉廷臣说:凤翔几
个月前才发生饥荒,我还派人赈灾,现在却来献瑞麦。"借使凤翔
民未粒食,虽有瑞麦何益? 苟其民皆得所养,虽无瑞麦何伤?"③

洪武五年,又有句容县民进献两个"同蒂而生"的嘉瓜。洪武
先是说:"纵使朕有德,天必不以一物之祯祥示之。苟有过,必垂象
以谴告。"接着又说:"即使有嘉祥的草木生于土地上,也应该是对
当地人士的响应,和我有什么关系。"④

这些例子即说明笃信神异力量的明太祖,在祥瑞现象上,采取
了非常实际的态度,不断从人事的观点,提醒自己不要被天道的异

① 朱睦㮮:《圣典》卷十五,《续修四库全书》,第 422 页;娄性:《皇明政要》卷三,第
23 页。
② 朱睦㮮:《圣典》卷二十三,《续修四库全书》,第 497 页。
③ 朱睦㮮:《圣典》卷二十三,《续修四库全书》,第 498 页。
④ 朱睦㮮:《圣典》卷二十三,《续修四库全书》,第 499 页。

象麻痹，招致像汉武帝那样乐极生悲的不幸后果。从这些文字来看，太祖并不否认"嘉禾并莲""两岐之麦""同蒂之瓜"是一种"草木之瑞"。[①] 但一旦君主对祥瑞采取来者不拒的态度，曲意迎合上意的佞幸之臣，就会用更多的祥瑞将君主团团围住。对这样的发展趋势，太祖有清楚的认识，所以不时告诫自己和百官对祥瑞要抱着警醒之心。[②]

但即使像太祖这样对祥瑞的腐蚀性意涵保持高度警觉的君主，也不能完全抗拒异象带来的诱惑。他即位之前，将群臣推戴的意思告于上帝，说："如臣可为生民主，告祭之日，帝祇来临，天朗气清。"相反地，如果不配当皇帝，为天下主，"当烈风异景，使臣知之。"结果，在告祭上帝前几天，"连日雨雪阴沍"。到正月初一，雪突然停了。再过三天，宰割牺牲时，"云阴悉敛，日光皎然"。到正式行礼时，"天宇廓清，星纬明朗，众皆欣悦"[③]。相对于其他在位的皇帝利用祥瑞来锦上添花，这里的天清气朗，星宇澄明，似乎有

---

① 朱睦㮮：《圣典》卷二十三，《续修四库全书》，第 498 页。

② 洪武四年，太祖就以史为鉴，对臣下说明不能沉溺于祥瑞的理由："上谓汪广洋曰：朕观前代人君，多喜佞谀，以饰虚名。甚至臣下诈为瑞应，以恣骄诬。至于天灾垂戒，厌闻于耳。如宋真宗亦号贤君，初相李沆，日闻灾异，其心犹存警惕。厥复澶渊既盟，大臣首启天书，以侈其心。群下曲意迎合，苟图媚悦，致使言祥瑞者继于途，献草芝者三万余本。"（朱睦㮮：《圣典》卷二十三，《续修四库全书》，第 498 页）一个君主可以容许臣下献草芝到三万多颗，显然已对祥瑞陷溺到不能自拔的地步。《宋史》中记载，宋真宗搞天书封禅运动，担心王旦反对，"会幸秘阁，骤问杜镐曰：'古所谓河出图、洛出书，果何事耶？'镐老儒，不测其旨，漫应之曰：'此圣人以神道设教也。'帝由此意决，遂召旦饮，欢甚，赐以尊酒，曰：'此酒极佳，归与妻孥共之。'既归发之，皆珠也。由是凡天书、封禅等事，旦不复异议"。（《宋史》卷二八二《王旦传》，北京：中华书局，1977，第 9545 页）我要感谢范家伟教授提醒我用这则史料。

③ 余继登：《皇明典故纪闻》卷一，第 16—17 页。

些雪中送炭的意味，对一位亟待证明自己确实得到天命的统治者
而言，有无与伦比的重要性。

前面提到，洪武十一年，太祖下令修改礼制，合祀皇天后土。
十二年春正月，皇帝第一次祀天地于南郊，自斋誓至祭祀之夕，天
宇澄霁，风和日丽，太祖大悦。① 这是太祖统治期间，对象征祥瑞的
天象，少见的正面反应。

即位后的朱元璋，用戒慎恐惧的心情排斥臣下的祥瑞奏报。
但在和群雄逐鹿天下时，他曾屡屡借着特殊的天象和对象，来显示
自己不同于群雄的帝王之气。龙凤二年(1356)，朱元璋在江南建
立地方政权后，"以汉高自许"。龙凤七年，朱元璋被封为"吴国
公"。② 这个时候，就开始出现祥瑞的记载："辛丑年十一月，黄河
清，自平陆三门碛下至孟津五百里皆清，凡七日。命秘书少监程徐
记之。"③接下来，在朱元璋攻婺城时，我们又看到五色云的记载：
"太祖攻婺城未破。先一日，有五色云见城西，氤氲似盖城，中望
之，以为祥。及城下，乃知为驻跸之地。"④

这种在战争时的神助，格外有加以渲染的必要。朱元璋在攻
陈野先时，有一天正在假寐，一条蛇沿着他的臂游走，左右惊慌地
禀告。朱元璋端详了一下，得到的结论是"蛇有足，类龙而无角，意
其神也"。他向神蛇祝祷说："若神物，则栖我帽缨中。"蛇果然慢慢
地爬到帽缨中。太祖戴上帽子，奔向敌营，向敌军劝降。回来后，

---

① 余继登：《皇明典故纪闻》卷四，第 48 页。
② 杨国桢、陈支平等编：《明史新编》，第 24—25 页。
③ 徐学聚：《国朝典汇》卷一一三，第 5432 页。
④ 同上。

朱元璋忘了刚才看到的神蛇，过了很久才想起来，脱帽视之，蛇神色自若地待在帽缨中。朱元璋倒了些酒，自己喝起来，拿给蛇，蛇也照喝不误。后来蛇蜿蜒绕着神柜爬到神主牌顶，好像是雕出来的物品，过了很久，才升屋而去。[①]

在战争的过程中，不管是像龙的蛇还是真正的龙，都可以用来鼓舞士气，营造神话。朱元璋占领太平后，陈野先企图再抢攻回来："太祖按兵城上，令徐达等转战至城北。忽有双龙见于阵上云端，敌众惊愕仰视，我师因大破之，遂擒野先。"[②]这种稗官野史式的情节，由出身官史局的上层士大夫传述出来，自然有不同的意涵。

(五) 志怪

有些灾异的表征和天象无关，给人更强烈的怪诞之感，值得独立讨论。洪武八年八月，京师大旱。库钱库银纷纷向外飞出，大家都认为是阴盛阳衰的征兆。有一天，南台民家的屋顶上，发现有钱竖立瓦上，民众纷纷用竹条穿过钱孔，"或得一二十文，始知皆库钱也"。库钱飞到民宅屋顶，让民众赚了些小钱。更不可思议的是大块的库银，飞向更远的稻田中，让一位有识见的儒生坐享横财：

> 又广积库内镇库银，重数百斤。忽穿库飞出。有一儒生夜坐，见田间火起，曰此必有宝，因标识其地。比旦，往视标在秧田中，去土尺许，得白银。有朱填广积字，重不可举，遂告相

---

① 余继登：《皇明典故纪闻》卷一，第3页。
② 同上。

识者十八人,同掘取。

这件事迅速传开是因为这些前往寻宝的人分赃不均,起了争议,而被官府知悉,并传到皇帝那里。洪武上体天意,作出下列慷慨的裁决:"此银已失三块矣! 殆天所以畀是儒也,其赐之,余止与佣工钱。"①在这段充满怪诞色彩的纪录中,最让人惊异的是,皇帝也绘声绘色地卷入其中——虽然用的是审案,而非下诏罪己的方式。

下面这段记载的前半部分,属于相当典型的灾异论述:"十一年元旦早朝,文武已集。鸣鼓,数扣忽断为二。上怒甚,欲罪工部官,得胡丞相奏,始免。及朝,有鸥鹢自天而陨,死于丹墀,见者异之。"精彩的是后半段:"又,瑞昌县奏有大声如钟,自天而下,无形,盖妖鼓也。次年,官民皆灾。"②我们因此得知,灾异发生时,会从天上掉下来的,不只有鸥鹢,还有库银和妖鼓。

现代读者,在士大夫关于国政大要的记叙中,看到这些神怪的情节,难免有突兀的感觉,但如果我们知道作为统治集团首脑的皇帝,是如何严肃认真地对待类似的情节,我们就应该更认真地思考神怪之说在这一套统治意理中占有的分量。

洪武十一年四月十四日,永嘉侯差百户上奏于皇帝:"安东县沭阳县地方,民人暮惊,谓野有夜持炬者数百。或成列,或星散。巡检逐之,无有。击之,有应。朕不敢听而匿,特差人致牲醴,会尔鬼神于现形所在。"除了人到现场致祭,洪武还特地写了一篇《祭安

---

① 徐学聚:《国朝典汇》卷一一四,第5496—5497页。
② 徐学聚:《国朝典汇》卷一一四,第5498页。

东县沭阳县鬼火暮繁文》，对事件的来由，作了详细的交代。

在祭文中，他首先表明"幽有鬼神，朕尝信之不惑"。阳世的君主、百官、庶民都应该按照一定的礼数，祭所当祭。在阴间的各种神明，也应该本着"福善而祸淫"的原则行事，而不应倒过来"祸善而福恶"。接下来，他就想打听清楚，这些持炬的鬼神，为什么要到人世间恐吓百姓。

照洪武的说法，中原之地，"因有元失政，生民涂炭者多，死者非一而已"。这些持炬的鬼魂，必定是在这个大环境下，因为某种原因，结伙出来示警。他共列出四种具体的状况，询问这些漂泊的鬼火：

> 尔持炬者，莫不五牲无主孤魂，而欲祭若此欤？正为悬隔父母妻子，而有此欤？乃无罪而遭杀，冤未伸而致是欤？莫不有司怠恭而怒之念欤？朕切问尔持炬者，四事果属何耶？

如果这些鬼魂真的是因为某些具体原因而来，洪武自问无愧于心，要求他们不要为人民带来灾害，自招天谴：

> 朕自即位以来，凡前王载在祀典者，各有时而奠。他不敢妄，于正直鬼神之礼，未曾缺焉。尔持炬者，祸应祸而福应福，勿妄为民害，自招天宪。①

---

① 《祭安东县沭阳县鬼火暮繁文》，《明太祖御制文集》，第566—568页。

朱元璋少年出家为僧的经历，让他对鬼神之说，有异于常人的敏感，也让他对一个看似魔幻的地方传说，这么慎重地遣官致祭，并专文和这些为数众多的持炬者，煞有介事地论辩起来。但换个角度看，这其实是出于对人间秩序的关切，他愿意以帝王之尊，出面代表地方民众和荒野中数百个持炬的漂泊鬼魂交涉，扮演起人鬼间仲裁者的角色。

（六）异能

洪武对超凡神秘的天道深信不疑，除了和僧人出身的背景有关，其实还可以远溯到他的先人。洪武二年，太祖追封他的外王父（外祖父）为扬王，并在京师立庙。在祭祀时，他穿着通天冠和绛纱袍。这样的穿着，似乎引起群臣的议论。祭礼完毕后，洪武问宋濂为什么这样的穿着会引起大臣的议论。宋濂回答到，只有祭天地和宗庙才如此穿着，其他的场合，礼制规格都该降低。但对太祖来说，外祖父的特异能力，似乎配得上这样的礼制。

原来这位外王父叫陈其祐，在元末的一场战役中，同袍多半战败溺死，他侥幸逃脱。由于粮食断绝，一同逃出来的人打算将死马煮来吃。陈这时正倒地而睡，梦中看到一个白衣人，对他说，你千万不要吃马肉，晚上会有船来载你。陈恍惚之间，不相信梦中所闻。不久，又做了同样的梦。晚上睡梦中，听到橹声，一个穿紫衣的人告诉他："船来了。"陈惊吓而起，突然发现已在船中，以前指挥他的统领官也在船上，但已降元。后来船遇飓风，统领官知道他会巫术，就向元将推荐。他"仰天叩齿，风涛顿息"，因此得到元将喜

爱。陈没有儿子,生了两个女儿,次女就是朱元璋的母亲。宋濂在
评论时说:"王之平生,其详虽不可知,即此神人之佑,则其积德之
深厚可想矣! 是宜庆钟圣女,诞育皇上,以启大明亿万年无疆之
基。"①原来在朱元璋血统中,就有一份巫师的因子,难怪他对神怪
之说迷恋不舍。

天道在太祖统治理念中占有的分量,从他下诏设卜筮之官也
可以看出。洪武十二年十二月,他对中书省下令:"卜筮者,所以决
疑。国有大事,必命卜筮。""朕观往古终日乾乾履道不息之君,虽
其视听聪明,犹不能无疑焉。故必以不息之诚,决疑于龟筮者,所
以通神明之意,断国家之事也。"因此他打算设卜筮之官,并命中书
礼部令天下广询博访,由皇帝亲自考验后任用。②

洪武对卜筮之术和卜筮之士的重视,和他举兵期间的几次神
秘体验有关。他在攻克金华后,曾经找了一个叫刘日新的术士来
算命。刘说:"将军当极富极贵。"又对诸将校说将来或为公,或为
侯。朱元璋对他不说出自己的官职感到愤怒,在屏去左右后,刘日
新告诉他说:"极富者,富有四海。极贵者,贵为天子。"朱元璋听
完,龙心大悦。洪武四年,太祖召刘日新至朝,问他愿不愿意变成
富贵之人,刘说自己既不愿贵,也不愿富,只求一符,可以游遍天
下。太祖因此在自己手挥的白扇上题了几句话:"江南一老叟,腹
内罗星斗。许朕作君王,果出神仙口。赐官官不要,赐金金不受。
持此一握扇,横行天下走。"

---

① 谭思希:《明大政纂要》卷二,第 360 页。
② 朱睦𣓌:《圣典》卷九,《续修四库全书》,第 355—356 页。《明太祖御制文集》中有
  一篇《命中书省礼部求访卜士》的文章,意思相同,见第 226—227 页。

刘日新拿这把盖有御玺的扇子，游遍天下十二年后，回家告诉妻子，自己即将死于非命，而且当死于京师。原来他帮都督蓝玉算命，算出蓝当为梁国公，但七天后，当有一劫，自己也会和蓝一起送命。太祖听到刘日新帮蓝玉算命的消息后，把他逮到朝廷讯问："汝与蓝玉算命？对曰："曾算。"又问："汝命尽几时？"曰："尽今日。"因杀之。为了证明真有其事，记事者还在故事最后申明："今其家子孙犹在，赐扇尚存。"①

另一个铁口直断的例子是铁冠道人张中。相传朱元璋有一次微行到一座寺庙，看见群僧跪伏门道旁迎接。他诧异地问众僧人如何知道他造访，僧人说是铁冠道人说的。洪武因召道人至，手上的饼还吃剩不到一半，随手赐给铁冠道人，对他说："你既然能预先知道我来，就试着说说国事。"道人信口诵十句，中有曰"戊寅闰五龙归海，壬午青蛇火里逃"。至洪武建文间始验。② 戊寅年是1398年，是洪武在位的最后一年，五龙归海指的是太祖驾崩。壬午年是1402年，这一年燕王攻陷京师，自立为帝，火里逃指的显然是惠帝出亡。铁冠道人看起来似乎确有特异的预知能力。

然而真正让这一则乡野传奇具有非凡色彩的，是洪武二年皇帝亲自写下关于张中的十件事，然后命宋濂作传。下面就是张中在宋濂写的传记中呈现的面貌。

原来张中是江西临川人，曾以《春秋》应进士举，不中，遂放情山水。后来碰到异人，授以太极数学，因而有了特异的预知能力。1362年，在朱元璋称帝前六年，他受到荐举，和朱元璋有如下的

① 徐学聚：《国朝典汇》卷一三六，第6539—6541页。
② 徐学聚：《国朝典汇》卷一三六，第6547—6548页。

对答：

> 问曰："予定豫章，生民自此苏息否？"中对曰："未也。旦
> 夕此地当流血，庐舍焚毁殆尽，铁柱观亦为灰烬，惟一殿
> 存耳。"

后来指挥康泰造反，一切果然像张中预言的那样发生。接着，陈友谅围豫章三月不解，朱元璋举兵伐之，特地询问张中的意见。张中说："五十日当大胜。亥子之日，获其首领。其战必在南康。"朱元璋命张中随行，船行到一处孤山，无风不能进，张中说应该祭拜一下。祭完，风大作，朱元璋部队顺利到达彭蠡湖。

接下来，常遇春和敌军大战于康郎山，被敌军包围，情势危殆。张中却很笃定地预言："亥时，当自出。"到时，常遇春果然突围而出。在此后的战役中，朱元璋的部队都获得大胜。陈友谅被箭射死，部众五万人出降。在最初豫章被包围时，朱元璋曾问张中何日可以解围，张中铁口直断在七月丙戌。战报传来，却是乙酉日，差了一天。再仔细推究，原来是日官推算错误，实际上是在丙戌解围。"其他奇中，往往如此。"①

类似太祖的经历，在现代的政治人物中，也时有所闻。不同的是，太祖命儒臣将铁冠道人张中的神奇事迹载之史册。而在当代科学论述的影响下，这一类事迹，只能不见天日地在口耳之间流传。

---

① 谭思希：《明大政纂要》卷二，第 361—362 页；徐学聚：《国朝典汇》卷一三六，第 6549—6550 页。

　　下面这则关于周颠仙的记载，和张中相仿佛。不同的是，周颠仙似乎有更大的法力，在个性上也不似张中拘谨守分，反而让人想到疯疯癫癫的济公和尚。

　　周颠仙的名字不详，自称是建昌人。"身长壮，貌奇崛，举止不类常人。"他十几岁的时候，得过癫病。他曾经跑到省府，说"告太平"，人皆异其言，遂呼为癫。几年之后，天下果然大乱，陈友谅入南昌，周颠仙则隐迹不见。

　　等到朱元璋平定南昌，要回金陵的时候，颠仙从道路旁跑出来拜谒，并悄悄地跟着朱元璋来到金陵。每碰到朱元璋外出，颠仙就跑过来"告太平"。有时扪虱而谈，击节而歌，言辞多隐讳。朱元璋非常厌恶，命他喝下烧酒，"酣畅不辍"，第二天再度现身。朱元璋赐以新衣，看见他的旧衣带上挂着一条三寸长的菖蒲，便问内中缘由，颠仙又语带玄机地说："细嚼饮水腹无痛。"颠仙尝自言入火不热，"上命巨瓮覆之，积芦薪五尺许，燔瓮四旁。火尽灭发而视之，端坐如故，如是者三"。

　　朱元璋有一次问他能不能一个月不吃饭，颠仙说可以。于是朱元璋命他坐在密室中，他果然不吃不喝二十多天。朱元璋后来来到寺里赐食，走的时候，颠仙在路旁画地作圈，曰："破一桶成一桶。"这时中原尚未平定，陈友谅复围南昌。朱元璋欲率兵往援，问颠仙道："陈氏已僭号，吾此行何如？"颠仙仰视良久，说："可行，上面无此人分。"朱元璋要求颠仙同行。舟行至皖城，无风不能进。颠仙说："行则有，不行则无。"朱元璋前行不数里，果然风大作。行至马当，见江豚戏水，颠仙说："水怪见前，损人必多。"朱元璋认为他说话狂妄，要将其投到江中，颠仙回答说自己能"入水不濡"。太祖遂命人投之于江。过了很久,他又跑来谒见求食,太祖将他放回到庐山。

陈友谅败死后,朱元璋派人到庐山找周颠仙。到太平宫旁边,一个老人说:"我告太平来,不食且半月,今去不见。"

洪武十六年秋天,有一个僧人自称受庐山一老人差使前来求见,太祖觉得所言虚诞而不见。接着,"上不豫,饮药未瘳。前僧复徒跣至,云周颠仙遣进药。上不纳,僧具言前事,乃饵其药。觉有菖蒲丹砂之气,是夕疾愈。僧亦去不知所之"。

上面这些片片断断、事涉玄怪的记载,因为太祖的背书,而不致流于全盘的荒诞。根据记载,太祖病好后,在庐山立了一座周颠仙碑,"亲为文勒石纪其事,命员外潘善应,司务谭孟良往祠焉"①。

上面的记载,不管多么玄怪,都和整个帝国肇建过程中的征战,以及太祖的健康,有密切的关系,因而具备强烈的现实意涵。下面这则记载,和实际政事没有太大的关系,但因为牵涉朝廷的命官和皇帝的审讯,仍然能让我们看出关于统治阶层的记叙中的超凡色彩。

故事的主角冷谦引人注目,一方面是因为他尝遇异人传仙术,一方面因为他官至礼部尚书。冷谦有一个朋友,贫苦不能自存,向他求救。冷谦说:"我可以指点你到一个地方,不过你千万不要多取。"朋友答应后,冷谦在壁上画了一扇门、一只鹤,令友人敲门。门应声而开,友人走到房间里,发现都是金银珠宝,原来是朝廷的内帑。这个人"恣取以出",却不小心把票引遗留下来。没有多久,

---

① 这里的叙述,是综合《明大政纂要》和《国朝典汇》两者的记载而成,见谭思希:《明大政纂要》卷九,第477页;徐学聚:《国朝典汇》卷一三六,第6544—6547页。

守库的官吏发现金子遗失,根据留下的票引,逮到这个人。因为供词中提到冷谦,所以将他一起逮捕。

冷谦对逮捕他的人说:"吾死矣!安得少水以救。"逮捕他的人用瓶子装了一些水给冷谦,冷谦一边喝,一边将脚插入瓶子,身体也渐渐隐遁。前来逮捕的人惊慌莫名,说你不要这样,否则我们会一起连坐而死。冷谦说不要怕,只要把瓶子带到御前。

> 至御前,上问之,辄于瓶中应如响。上曰:"汝出见朕,不杀汝。"谦对:"臣有罪,不敢出。"上怒,命击其瓶碎之,片片皆应,终不知所在。自是不复见,移檄四方物色之,竟不能得。[①]

在士大夫的记叙中,出现这样狂野的情节,实在有些令人难以置信。但按诸史籍,也不能径然斥之为无稽。明史对冷谦的记叙和《国朝典汇》前半部分关于冷谦通音律的记载,大致相符,说他"知音,善鼓瑟,以黄冠隐吴山,召为协律郎"[②]。但不曾提到他作过礼部尚书,也没有各种关于特异功能的记载。但《四库总目提要》中,《修龄要指》项下,有这样的描述:"旧本题明冷谦撰。谦字

---

① 徐学聚:《国朝典汇》卷一三六,第6550—6551页。《国朝典汇·异术》中,还有一则约略相仿的记载。主角于梓人是洪武乙丑年进士,他的父亲曾经夜梦梓橦神,遂能雕塑神像。梓人长大后,有隽才,且多异术。在做登州府知府时,有虎伤人,梓人命衙役持牒至山中将老虎带回。老虎服服帖帖地走进城里,至庭下伏,不动,梓人厉声叱,杖之百。后来梓人被仇人构陷,说他用妖术惑众,下刑部治罪,数月后死于狱中。但他死而复生,又回到家中,"不自晦匿,日与故旧游宴,或泛舟不用篙楫,逆水而上以为乐"。接着,他设计让控诉他的仇人入罪。报了仇后,就此消失不见踪影。(徐学聚:《国朝典汇》卷一三六,第6542页)
② 张廷玉等:《明史》卷六十一《乐志》,北京:中华书局,1974,第1500页。

启敬,嘉兴人。洪武初,官太常协律郎。世或传其仙去,无可质验也。"①显然,冷谦求仙或成仙而去的传说,传布得相当久远,到几百年后,还被另一批士大夫传述下来。

结论

我们在讨论古代中国的思想风貌或政治运作时,大概不会轻易放过巫的影响。到了汉代,焦点转移到天人感应哲学和谶纬之说。魏晋有玄学,4 世纪到 8 世纪的中古,则呈现"外儒内道"或"外儒内佛"的生命基调。② 到了宋代,随着儒学的复兴,我们的目光几乎全都转移到理学上面。明清科举取士,则让学者在讨论国家的治道基础时,将注意力完全放在儒学身上。在这个不断被强化的以儒术治国的论述影响下,我们几乎无法想象"国之大事,惟祀与戎"的说法,可以跳越古代,应用在与我们贴近的现代(西方)世界有过直接交涉的明清帝国。换言之,当代学者对明清帝国的大量研究,让我们不知不觉误以为这个我们熟悉的、被西方学者称为"帝制中国晚期"(late imperial China)的历史时段,因为可以随意进出,而弭平了彼此之间的鸿沟,成为和我们身处的现代世界没有

---

① 《修龄要指》,《四库全书总目提要》卷一四七《子部五七 道家类存目》下册,第 1263 页。

② 陈弱水:《柳宗元与中唐儒家复兴》,《新史学》卷五,1994 年第 1 期。

断裂的连续存在。[①]

但如果我们仅从和现代世界理性、世俗的基调相契合的儒家思想入手，是否真能穷尽帝制晚期中国的底蕴呢？我前面的叙述，就是试图透过大量而近乎重复的数据，来突显超自然、非理性、不可知的神怪力量在明帝国统治阶层——特别是皇帝们——的言行举止间所占有的分量。

以现代的眼光回顾明帝国统治意理中的神怪成分，我们不难发现现代世界与明帝国的断裂。如果把明朝的各项祀礼放在整个中国的礼制传统中考察，我们会发现明朝的超自然崇拜，其实承继了一个悠久的传统。像是圜丘祀天、祭风师雨师，以及山川渎镇之礼，都可以远溯到《周礼》。[②] 洪武三年修成的《大明集礼》，就是立基在这个悠久的礼制传统上，损益修补而成的。近代的学者，或是有意无意地忽略这个传统，或是无法体会制度条文背后的实际意涵，自然无法真正掌握当时统治阶层的心灵结构。

从上面的叙述中，我们可以清楚地看出，对明代的帝王，特别

---

① 最近也有西方学者渐渐注意到国家祭仪的问题。Evelyn Rawski, *The Last Emperors: A Social History of Qing Imperial Institutions* (Berkeley: University of California Press, 1998). Angela Zito, *Of Body and Brush: Grand Sacrifice as Text/ Performance in Eighteenth-Century China* (Chicago: The University of Chicago Press, 1997). Rawski 在第 6 章、第 7 章中分别讨论了郊礼、祈雨、巫术、藏传佛教等。不过她的重点还是从儒家的立场出发，探讨君王在祀典中应尽的职责。此外，她也认为清帝王有意借着一些典礼来维持满人特有的、有别于汉人的文化认同(见第 295—299 页)。这些都和本文的主要关怀不同。Zito 在第五章中讨论到郊礼，重心放在郊礼的空间背景和安排，她把郊礼看成一个以君王为中心的文本和表演，并未触及意识形态的问题。

② 可参考秦蕙田《五礼通考》卷一、二、三十六、四十六的记载。林素英《古代祭礼中之政教观：以〈礼记〉成书前为论》，第二章、第三章对祭天和望祀山川之礼，有深入分析。

是对明太祖而言,对天地、山川、鬼神的崇祀,绝不像我们现代人所推想的,只是繁缛、装饰性的具文,而是和帝国的兴衰、人民的福祉及一家一姓的存灭、安危息息相关的现实政治中的首要工作。透过国家的典制和太祖本人的训诫,对鬼神和超自然力量的崇敬,更变成地方官日常政务的一部分。

在一般常规性的日常政务中,儒家思想也许提供了一个规范性的指引,但落实到实际的事务,不论是征税、用兵、审判、地方秩序的维持还是公共建设的推动,靠的都是官僚体制长久累积下来的专业知识,和儒家思想本身也没有太大的牵涉。这是我们在讨论儒学和国家意识形态间的关系时,必须特别注意的一点。

崇祀神明固然也被纳入中央和地方政府的经常性行政事务中,但显然又和一般政务有所区别。一般日常琐屑政务的推动,靠的是吏胥或律令。具有超凡能力的神明,则必须用在非凡的时刻。祀典中将"能御大灾,能捍大患"作为国家进取神明的准则,正说明了神明工作的特质。

在实际运作的层次,神怪力量固然是在战乱、灾异和各种犹疑不决的特殊时刻介入。但如果提升到理念层次,我们就会发现对神怪和超自然力量的敬畏、崇祀,实际上和整体的治道密不可分。从太祖的例子中,我们可以看出,他对超凡能力的渴慕,让他在面对政事或俗世事务时,有更强烈的信心,因为他觉得神明总是会在他需要时出现。另一方面,他对政事和人民福祉的强烈关怀及责任感,又强化了他对天道的依赖和坚信。他越是希望在重大的时刻,作出正确的抉择,或是在一般的日常政务上顺利推展,就越渴切期望天地山川和鬼神的庇佑。天道和治道在此互相加强,形成正面的循环。

朱元璋对超自然力量的信仰，除了和他的出身、家世有关，还与他二十几岁重回皇觉寺出家为僧时的社会环境有关，当时正是元末天下大乱、群雄并起的年代。其中，韩山童等人创建的红军，信奉白莲教，大力鼓吹"明王出世""弥勒降生"的信仰。朱元璋深信这样的说法，随后自己也加入了红军。①

在理论上，朱元璋的出身和信仰，都使他的观念和儒家思想存在一定的紧张性。他有意压低孔子在国家礼制中的位阶，在某种意义上，正是这种紧张性的显现。但他对天道的强烈信仰，因为全盘导入对现实政治的关切，大体符合儒家外王之道的理想，使得天道与治道的潜在冲突，被压缩于无形。

明中期以后，帝王沉溺于宗教和神怪的领域，严重影响到现实政务的推动。儒臣罢释道的呼声，此起彼落，统治意理中儒家的成分和超凡的神秘成分，产生明显的矛盾。不过，即使在这个时候，儒臣所坚持的儒家式礼教，也不必然处在怪力乱神的对立面。只要能够主导仪礼的进行，儒臣就完全不在乎将神怪的力量引进。② 在这里，国家统治理念中的现实关怀和超凡取向，理性因子和神怪色彩，又交融在一起而难以断然割裂。事实上，对张居正、王锡爵等绝大多数朝廷命官来说，皇帝借着郊礼与神秘的力量感通，或借着各种仪式回应上天的惩戒，原本就是统治意理和君主职责中不可分割的要项，并无所谓理性和神怪的分野。

---

① 陈梧桐：《洪武大帝朱元璋传》，贵阳：贵州人民出版社，2005，第50—51页。
② 李孝悌：《明清的统治阶层与宗教：正统与异端之辨》，《近世中国之传统与蜕变：刘广京院士七十五岁祝寿论文集》，第83—102页。

这套天道与治道交融的统治义理，不只被帝王尊奉、百官推行，也被不同时期的明代官员、士大夫记叙下来，而广为流传。这些官员、士大夫，根据核心的官方史料，将帝王事涉神怪的言行再次记载下来，固然增加了这些记载的可信度。即使某些记叙不像其他记叙那样有权威的官方色彩，但它们一旦被这些曾经参与国家统治的士大夫，用朝政大端或国事纪要的名目记载下来，也就具有和笔记小说、稗官野史不同的意义。加在一起，这些出处不等，被不同时期的士大夫记载在不同典册上的神怪事迹，共同界定了国家统治意理的内容和疆界。

第二章　明清的统治阶层与宗教

正统与异端之辨

一、明清的宗教论述

　　杨庆堃在 1961 年出版《中国社会中的宗教》一书时,特别提到一些中外学者对这个课题的看法。像理雅各(James Legge)和翟理斯(Herbert Giles),都强调儒家思想中"不可知论"的色彩。受这两个人影响的下一代汉学家像卜德(Derk Bodde),仍然不认为宗教在中国社会中占有什么重要地位。中国学者像胡适、梁启超或认为中国大体上没有宗教,或认为本土的道教是一大耻辱。[①] 杨氏以开拓性的研究,打破了这种对中国传统社会的"迷思",指出宗教在传统儒家社会中无所不在的渗透力量。

---

① C. K. Yang, *Religion in Chinese Society*：*A Study of Contemporary Social Functions of Religion and Some of Their Historical Factors*（Berkeley：University of California Press,1961）,pp. 3—6.

20 世纪 70 年代以降，西方学者对中国近世社会史和文化史的研究，让我们对民间宗教在民众日常生活和社会动乱中扮演的角色，有了更深刻而系统性的了解。统治阶层在"神道设教"上的积极努力，更使中国至少在宋以后，建立了一个相当牢固的以儒家思想为主导的"文化霸权"。但让人感兴趣的是：统治阶层的"神道设教"难道只是一种"因缘说法"的权宜性统治手段吗？在从上而下的"教化"过程中，充满"怪力乱神"的民间信仰是否只是单方面被上层社会利用，而不曾对精英文化的内涵产生冲击？或者，在所谓士大夫文化中，是否原来也充斥着"非理性""超自然"的色彩呢？

从陈弱水对中古时代士大夫心态的研究中，我们清楚地看出，所谓"不可知论"的儒家思想，从 4 世纪初到 8 世纪末，一直居于缘饰性的位置。在这个"外儒内道"与"外儒内佛"的思想形态中，中古士大夫的人生观和世界观基本上受道教和佛教的主宰。[1] 换句话说，宗教是构成士大夫心灵世界和日常生活的基本要素。宋代理学的复兴，相当程度上改变了这种态势，儒家思想再度成为主导的意识形态。但我们感到好奇的是：在现世的、人本的、"理性的"儒家思想重新取得主导地位后，一度是士大夫文化重心的宗教，在官方认可的知识范畴之外，如何继续存在？或是根本成为官方认可的知识体系的一部分？在清末，特别是义和团运动以后，在科学主义的影响下，一个新的论述典范出现，宗教从此成为一个不能登上层文化大雅之堂的知识体系。在此之前的士大夫文化，是否如"五四"以来的知识分子所诠释的，是一个以理性精神、不可知论为

---

① 陈弱水：《柳宗元与中唐儒家复兴》，《新史学》卷五，1994 年第 1 期。

骨干的俗世文明呢？晚近的一些研究显示，连儒家思想本身，都存在着相当程度的宗教色彩①，更不用说道释二教及民间信仰对士大夫文化的共同影响了。

在我们对中国近世的民间信仰有了突破性的认识，对以儒家意识形态为主导的"文化霸权"和"神道设教"的教化措施有了基本的了解后，如何重新解析近世士大夫与宗教的复杂关系，无疑是不可避免的课题。要解析这个问题，文集和笔记小说当然是极其重要的数据。但笔记小说一向被认为是稗官野史，文集则属于比较

① 芬格莱特(Fingarette)早在 20 世纪 70 年代就主张儒家思想中的核心观念之一——"礼"有相当的宗教色彩，他用"holy rite""sacred ceremony"来翻译"礼"这个字。芬格莱特甚至认为孔子的一些言行有着强烈的魔术力量(magical power)，见 Herbert Fingarette, *Confucius: the Secular as Sacred* (Harper & Row, Publishers, New York, 1972), pp. 1—18。史华兹(Schwartz)教授则在他的著作中特别提到芬格莱特的论点，他虽不赞成芬格莱特的某些看法，但同意儒家思想中的礼，基本上合乎西方宗教中的仪式，也完全同意用"holy rite"和"sacred ceremony"来翻译"礼"这个字。史华兹更进一步指出孔子思想中的宗教面向。首先他认为"现世取向"和"宗教"并不是两个相反的命题、范畴。接着他从祖先崇拜、葬礼和"天"的概念几方面，探讨孔子思想中的宗教色彩。史华兹教授细致有力的论述，对廓清西方汉学界长久以来对儒家思想的"迷思"有相当大的贡献。见 Benjamin Schwartz, *The World of Thought in Ancient China* (Cambridge: Harvard University Press, 1985), pp. 67, 117—127。陈来则将儒家思想放在巫觋、卜筮、祭祀、天命、礼乐的脉络下重新观察其意义。他特别强调孔子和早期儒家思想与西周文化一脉相承的联结关系，而西周文化又是三代文化漫长演进的产物。很明显地，陈来认为除了从伦理、道德的面向了解儒家思想，我们还应该注意到古代宗教对儒家思想的影响。见陈来：《古代宗教与伦理——儒家思想的根源》，北京：生活·读书·新知三联书店，1996，第15—16 页。黄进兴认为对儒教是否是宗教的质疑，其实是一个晚近的课题。他依据传统文献中对"三教"的评比，相当具有说服力地证明在中国传统中，儒家如何被当成一个和佛教、道教相对称的宗教。黄进兴：《作为宗教的儒教：一个比较宗教的初步探讨》(上、下篇)，《亚洲研究》，香港：珠海学院亚洲研究中心，1997。

个人和私密的知识类别。士大夫选用这些非正式(或多少受到轻视)的知识类别、范畴来记载与宗教有关的神秘或琐屑的信息,本身就是一个饶有意味的课题,这些文献中呈现出的宗教世界也必须被分开处理。本文将以明清的一些官方文献和《皇明经世文编》《皇朝经世文编》中收集的奏章、议论为主,分析在官方的、正式的统治意理中,超自然的信仰所占的位置。

将《经世文编》作为一个知识类别加以处理,用意相当明显,因为《经世文编》反映的正是儒家思想中核心的入世、外王思想。① 此类书中的许多文章都收集在原作者的文集中,但既经编者的刻意挑选,显然是因为其议论切乎"经世"、治国的宏旨。所以不论是从官方认可的意识形态还是从正统的知识、思想范畴来看,这些文献都足以让我们重新了解宗教在明清主流论述中的重要地位。

从这些"正式的"文献中,我们发现明清统治阶层的"宗教论述"呈光谱状排列,一端是充满"怪力乱神"的泛灵信仰,它们不仅为"愚夫愚妇"所奉持,也被统治阶层一体遵行。从古礼衍生出五祀之祭(祭户神、灶神、土神、门神、井神)开始,神明几乎无所不在、无所不能。另外,我们还看到在儒家入世、外王的思想取向影响之下,神道如何与治道结合在一起,超自然的力量又如何被纳入人事的范畴中,而为后者服务。在这个"宗教论述"光谱的另一端,则是对流行的宗教信仰、行为的批判。这些批判,有的固然站在比较理

---

① 关于经世思想与儒家入世思想及治道的关系,参见张灏:《宋明以来儒家经世思想试释》,"中央研究院"近代史研究所编:《近世中国经世思想研讨会论文集》,台北:"中央研究院"近代史研究所,1984,第3—19页。

性的立场,论证各种宗教崇拜的荒谬性;有的则是站在正统(儒家、国家)的角度,对异端竞争者(佛、道、民间信仰)大肆抨击。但值得注意的是,相当多的批判言论,其对象并不在超自然的信仰本身,而在信仰的操控者。即使是这些倾向儒家的士大夫的言论,也往往摆脱不了神怪的色彩。由于篇幅的限制,本文将只对士大夫挟正统以攻击异端的部分进行分析。

二、罢释道

明朝诸帝多半崇信佛道,寺观坛庙林立[1],斋醮常有。这些宗教信仰一方面受到皇帝、官僚的积极赞助,一方面也招致廷臣的严厉攻击。宪宗朝的张宁认为三代虽无释道之教,却能做到"君主寿考,世运灵长";下至汉唐,其法寖盛,却是"衰乱相仍,年祚少永",释道之无益,由此可见。只不过因为其"能以祸福轮回之空谈,警劝于人,可以化导愚昧",所以历代君主才"姑将存之以为治化外之一术"。[2]

但这种用来"化导愚昧"的权宜措施,被视为经制。由僧道主导的斋醮,由礼部尚书姚夔(1414—1473)出面,"于各衙门敛会财物,收办烛香",并"约以至期赴坛行礼",更不幸的是这种"儒者自失其守业"的行动,赢得"通朝之人,靡然相从"。有趣的是,张宁所

---

[1] 明孝宗弘治朝的鸿儒倪岳(1444—1501)就曾列举当时北京城内各种"淫祠",参考倪岳:《正祀典疏》,收于《皇明经世文编》卷七十七,第 6 册,台北:台联国风出版社,1968,第 253—275 页。

[2] 张宁:《斋醮进香·谏止进香》,《皇明经世文编》卷五〇,第 4 册,第 744—745 页。

谓"儒者自失其守业"，并不是针对敬事鬼神而发，而是认为人臣不以进德修业劝诫君王而诉诸僧道末术，是失其大体："未闻有以祷祠得福，丹药致寿，假符瑞以永天命者。今乃不能尽所当为，徒以瓣香尺楮，列名其上，宣扬于佛老之神，相率而拜，曰为朝廷祈福祝寿。天地鬼神，山川河岳，昭布森列，可厚诬如是哉？"①对张宁来说，天地鬼神乃至山川河岳（之神）赫然存在，却不是僧道术数所能感通企及的。

在孝宗、武宗两朝出任大学士，并一度贵为首揆的刘健（1433—1526），也对在宫闱中建立坛场、聚集僧道一事大肆挞伐。他认为皇帝为了取悦母亲、祈求福寿，只要能够"问安视膳，无间朝夕"，自能以"纯诚至孝，通于神明，自天降祥，有愿必遂"；"岂必假异端之术，干宫禁之制，然后为孝哉？"他要求皇帝降旨"将所建番坛，即时撤出。各寺胡僧尽行斥出，使宫闱清肃，政教休明"。② 用孝道取代僧道法术，本是要用简单可见的人伦日用之理取代幽不可测而耗费庞大的宗教仪式，但所谓"纯诚至孝，通于神明，自天降祥，有愿必遂"，给儒家现世的伦理规范也涂上了一层神秘的色彩。我们固然可以将刘健的说法看成他对笃信神佛的皇帝的"因缘说法"，但这也未尝不反映出宗教论述的深入人心，以致以捍卫儒学正统自任的宰辅，也不得不以感应神通之说来加强日用人伦之理的说服力。

刘健一方面用"纯诚至孝，通于神明"的说法说服皇帝回归正统，一方面又对僧道异端的效力提出根本的质疑："前代人主信佛

---

① 张宁：《斋醮进香·谏止进香》，《皇明经世文编》卷五〇，第 4 册，第 746—747 页。
② 刘健：《论崇佛老疏》，《皇明经世文编》卷五十二，第 5 册，第 1—3 页。

者,无如梁武帝,而饿死台城,宗社倾覆。信道者,无如宋徽宗,而身被拘囚,毙于虏地。本欲求福,反以致祸。"这样的道术还可以凭恃吗? 但偏偏统治者执迷不悟,仍然妄图以幽渺之道救燃眉之急:

> 今寺观相望,僧道成群,斋醮不时,赏赉无算,竭天下之财,疲天下之力,势穷理极,无以复加。夫以天纵圣明,洞见物理,乃空府藏而不惜,竭民膏而不恤者,盖谓其能祈福消灾,庇民护国也。近年以来,灾异迭见,南畿、浙江、湖广、陕西诸处大旱,人民失所。江西各府,盗贼纵横。……四川番夷,扰害边境,达贼在套,复图寇掠。祸患之多,难以枚举,不知其所祈者何福? 所消者何灾? 护国庇民,其功何在?[1]

刘健此处对皇帝"竭民膏而不恤"的指控是相当严厉的,一方面反映出儒臣外王之道的终极关怀,一方面则反映出皇室在宗教事务上的投注和奢靡。在承平时代,"官有余财,民有余力",耗费巨资修造塔寺"虽终无益,亦未大损";但现在"内库急缺段匹,太仓银数渐少,光禄寺行价累年赊欠,各边粮草,所在空虚,灾伤地方,饿死盈途,逃亡相继,赈济官员,束手无措,尤为窘急",如果把动辄以数万计的塔寺之费移为赈济之用,"即可以活数百万生灵之命,岂非祈福延寿一大功德哉?"[2]显然对刘健来说,不仅儒家的内圣道德功夫和佛道祈福延寿的仪式处于竞争的状态,在外王事功的层次,儒家也要和佛道争夺有限的资源。在政治日益窳败、社会问题

---

① 刘健:《谏造塔疏》,《皇明经世文编》卷五十二,第5册,第23—24页。
② 刘健:《谏造塔疏》,《皇明经世文编》卷五十二,第5册,第25—26页。

日趋严峻的局势下，统治者不面对现实，反而诉诸幽渺昂贵的宗教手段，使得儒家入世、经世的基本关怀和佛道的矛盾格外尖锐，儒臣对异端邪教的抨击也格外严厉。

同一时期的大学士杨廷和（1459—1529）则用更直接、挑衅的口气，要求世宗停止斋醮。在世宗登基之初，杨廷和等为了防患未然，将条奏的慎始修德十二事写成牌匾，挂在宫殿的墙壁上，其中一事即："斋醮祈祷必须豫绝其端，不可轻信。"但嘉靖皇帝就像扶不起的阿斗，一即位就浸染在异端邪说之中。杨廷和先问皇帝："（只如）近日刘瑾建玄明宫，钱宁建石经山祠，张雄建大慧寺，张锐建寿昌寺，于经建碧云寺，张忠建隆恩宫，所费金银，不可胜计，其心本欲求福也，然皆被诛窜，家底败亡。"①神佛与天尊的庇佑何在呢？杨廷和使用和上述刘健同样的逻辑，揭示出宦官大量兴筑寺庙、宫观的现象。这些社会地位原本低下、教育程度不高的特殊人群，显然在明代上层社会的宗教狂热中扮演了推波助澜的角色。

杨廷和接着展开直接的抨击和挑战：

> 夫何谀邪小人，公肆眩惑。……至使宫闱之内，修建斋醮。万乘之尊，亲莅坛场。上惑宸聪，下诳愚俗。以为福田可种，利益可求，灾患可除，祥瑞可致。不知年来远近亢旱，风霾灾变。彼何不诵一经，不念一咒，以消弭之乎？南北直隶、山东、河南流贼往来，焚劫杀戮，彼何不驱神兵鬼将以扫平之乎？陛下试以此验之，则其无益有损，不待辩矣。

① 杨廷和：《请慎选左右速停斋醮疏》，《皇明经世文编》卷一二一，第 8 册，第 725 页。

如果僧道不足恃,何不将精力、钱财用于"正道"呢:

> 陛下亲莅坛场,行香拜箓,亦甚劳矣! 何不移之以御讲
> 筵? 修设斋醮,糜费钱粮,亦甚多矣! 何不移之以赈穷困? 正
> 道异端,不容并立,心既系于彼,则必不系于此,邪说既入,圣
> 贤之经训自疏。①

杨廷和将儒与释道截然对立,非此即彼的主张,显然和当时皇帝过于沉迷宗教活动有关。但在明清两朝,这种将正道和异端、人事和神道严格区分的见解,其实并不具代表性。在多数情况下,不管是皇帝还是臣僚,既讲求人事,同时也礼敬神明。这一点,我将在另一篇文章中仔细讨论。从下面有关"依古礼行事"的议论中,我们也可以看出:所谓儒家正统中,其实已经蕴含了神怪的异端色彩。

三、遵古礼

唐初以后,孔庙的礼仪大致完备,从祀制度亦告确立。一方面,此后国家祭孔就成为帝王扶掖、承续"道统"的重要象征。②但另一方面,在明清例行性的国家祀典之中,祭孔只是一小部分。天

---

① 杨廷和:《请慎选左右速停斋醮疏》,《皇明经世文编》卷一二一,第 8 册,第 725—727 页。
② 参见黄进兴:《优入圣域:权力、信仰与正当性》,第 126—163 页。

地山川、云雨风雷、岳镇海渎等自然界的存在，因为其所具有的"超自然"力量而格外受到尊奉。从国家祭祀对象的选择和祭礼的规格来看，圣人的教化和神秘不驯的自然力量，圣道和神道，理性和非理性，同样具有神圣不可轻慢的地位。被我们泛泛地统归为儒家"礼"教传统的这个范畴，其实蕴含了强烈的超自然的成分。换言之，明清礼部所负责的祭祀仪典，既包括了纯粹仪式性的世俗之礼，也包括了具有神秘宗教意味的泛灵、多神崇拜。

但在同样的泛灵、多神崇拜之中，还是有所谓合不合"礼"的争辩。官僚学者们往往用"不合古礼"来批评某些地方性、民间性或由僧道主持的祭祀活动，虽然他们引经据典来大力提倡的古礼，在本质上往往和后者并没有差异。

明孝宗弘治年间有关北岳祀典的争执，让我们看到官僚士大夫在为一个严肃的礼制问题进行争辩时，如何程度不等地透露出各自的宗教取向。

先是，弘治六年（1493），兵部尚书马文升要求朝廷将岁祭北岳恒山的地点从真定府的曲阳县，移到大同府的浑源州。[①] 接着，巡抚大同都御史胡来贡也提请改祀北岳于浑源州。礼部奉命对这项提议进行研究。主张迁祀浑源的官员的一个主要依据是，《浑源州志》内有关"州南二十里古北岳庙"的记载。根据这项记载，这座古北岳庙是陶唐氏所建："舜时北巡狩至于北岳，值大雪，遥祀之。忽飞一石，坠帝前，名曰安王石。乃建庙于大茂山。又五载再巡狩，其石又飞于曲阳，复建庙于曲阳。"洪武十二年（1379），《重修古北

---

① 《明实录·孝宗实录》（校订本）卷七十八，第 54 册，台北："中央研究院"历史语言研究所，1996，第 1506—1507 页。

岳庙碑》碑文中也记载了这段"飞石东迁"的神话。胡来贡等即依据这些记载，要求将北岳祭祀地点从曲阳迁到传说更古的浑源。

礼部尚书沈鲤承命调查后，上疏皇帝，请求将祭祀地点依旧设在曲阳。沈鲤承认胡来贡的请求"固非无据"，但"载籍虽博，必折中于经传。典礼至重，难轻信乎传闻"。胡来贡等人引用的《虞书》的记载，虽提到祭于恒山，却未提到恒山在什么地方；沈鲤所引用的典籍和历史，却证明"曲阳之祀恒山，又非肇始于五代，盖历二千余年而明禋如一日。诚考据精确，非漫然沿袭也"。纯就双方所诉诸的经典权威而言，沈鲤显然认为自己比对方更精确。

沈鲤可以凭典籍证明过去一向是在曲阳祭北岳，主张恒山祭所在浑源的人，却只能依靠地方的州志和碑文。而这些资料中有关"飞石"的传说，即使胡来贡亦"谓其不经"，不能够据以改祠，更何况曲阳恒山"孕灵已久"，实在不该轻易毁庙废碑。沈鲤等人最后的结论是："臣等再三酌议，北岳恒山之神，委应遵依宪典，仍祀于曲阳县。"①

在我看到的资料中，沈鲤等人有关北岳祭祀的议论其实是比较"理性"的。虽然祭祀反映的是对超自然能力的崇拜，但双方都程度不等地援用经典、历史的记载来支持各自论证，双方也都不忘用宗教性的信仰和词汇来加强自己的论据。胡来贡一方面引用怪力乱神的飞石传说，一方面也觉得这样的说法多少有些荒诞不经。觉得不经，却又以此作为最重要的证据，显然是因为宗教论述在当时有相当的说服力。沈鲤虽然指责对方不经，但措辞并不强烈，更

---

① 沈鲤：《议改北岳疏》，《皇明经世文编》卷四一七，第 25 册，第 605—612 页。

重要的是自己在奏折中也使用了"孕灵已久""北岳恒山之神"的语句。这些都说明:即使是最上层的士大夫关于国家的重要祀典和严肃礼制的争议,也无法免除宗教的色彩。

而有关祈雨的讨论,则让我们更清楚地看出,所谓回归古礼的主张,根本问题不在僧道仪式的怪力乱神色彩,而是要用儒家古礼对抗所向披靡的僧道仪式。

清朝的王棨对遵古礼求雨的理论和仪式细节,有很生动的描述。在《雩说》一文中,他首先借与宾客的问答描述地方祈雨的始末:"方今旱魃为虐,自春徂夏,不雨六十日矣。……即制府暨郡邑大夫,轸念斯民,禁屠沽,息讼狱,建醮坛,召方士,斋心祈请,亦复旬日,而亢阳愈骄,农禾交瘁。"碰到这样的情况要怎么办呢? 王棨认为,要是在古代,没有别的办法,就是祈祷。今天的人虽然也祈祷,但"非古之祈祷也!"接着他引《左传》的记载叙述古代的雩祭。秦汉时,虽然不再把雩祭当作常祭,但一旦碰到干旱,从天子到地方官,仍遵循一套复杂的求雨仪式。现在的人不遵循这些礼法,草率行事,怎么可能求得到雨呢。"今人不知雩礼,率听一二黄冠,妄挟符咒,驱使鬼神。彼黄冠者,有何神术,而能格昊天召风雨乎?"补救之道在:"必贤有司斋戒沐浴,极其虔诚,复行古礼。敬恭明神,俾无悔怒。或者天心可格,而甘霖可望也!"①

但雩祭废弃已久,而且历代祭法不同,所以王棨依照自己的了解,折中古礼,设计出一套新的雩祭:

---

① 王棨:《雩说》,收于贺长龄辑:《皇朝经世文编》卷四十五户政二十荒政五,台北:文海出版社影印,1972,第 11 页。

　　宜择水日建四通之坛于郡邑北门外。高广六尺，上植黑旗六，其神玄冥，祭以六黑狗。……道士六人，童子三十六人，皆斋三日，衣黑衣，手执皂旗而舞。道士教童子以《云汉》之诗，其声吁吁，作呼号状。……有司则率其僚属及乡先生诸生，拜跪坛下。七日不雨，则索取境内祠庙大小远近诸神，聚于一坛而虔祀之。《诗》所谓"靡神不举，靡爱斯牲"，《周礼》所谓"国有凶荒，则索鬼神而祭之"也。①

　　王棻一方面批评今人将祈雨之礼轻率地委诸一二黄冠，使其妄挟符咒，一方面在他折中出的古礼之中，仍然免不了洒狗血、请道士的做法，可见所谓古礼和今俗在本质上并没有什么区别，但一旦有了《诗经》《周礼》的"背书"，礼的正统性、权威性似乎就得到保障。不过特别值得一提的是，虽然王棻折中出的雩礼充满了神怪的色彩，但他也没有忘掉"人事"在祈雨过程中的重要性。在他看来，"雩祭"为祈雨之文，而"七事"则为祈雨之实。所谓七事，指的是理冤狱，轻徭赋，恤鳏寡，进贤良，黜奸邪，会合男女、使无怨旷，以及灭膳撤乐、劳其身以为民。主政者必须在政事上有些积极的努力，再配合祈雨的仪式，才能真正感动天地。

　　当然，这些在治术和外王之道上的努力，也依然不脱神秘的色彩，譬如："董仲舒在江都苦旱，问吏家在百里外者，行书告县，遣妻视夫而雨，此会合男女之验也。""束皙、戴封、谅辅之徒，皆以守令

---

① 王棻：《雩说》，收于贺长龄辑：《皇朝经世文编》卷四十五户政二十荒政五，第11—12页。

祈雨，暴身于廷，至欲举火自焚，而大雨立降，此劳身为民之验也"①，承续的是汉以来"天人感应"的思想。比起纯粹仰仗僧道法术的做法，这种"既欲事人，亦欲事鬼"，二者齐头并进的议论，无疑比较近乎儒家现世取向的折中之道。当然，这种事人、事鬼并重的主张，和孔子"未能事人，焉能事鬼"较理性的思想有相当的差距。但这种"杂儒"式的主张，反而比较近乎后世儒者通过经典（五经、九经、十三经）所建立的广义儒家传统。而在这个广义的儒家传统或所谓"古礼"之中，明清的士大夫不难找到一个儒家自有的"神怪"传统，来对抗通行的释道之术。

当然，也有人认为儒家传统中的鬼神，充满了浩然正气，不能和释道之术中的"邪鬼神"相提并论。潘德舆在《鬼神论》中，就对儒家传统和释道之术中鬼神气质的不同，大发议论。他认为三代以上，"其鬼先圣先贤高曾祖考而已，其神天地日月风雨山川社稷门户而已。人之心一，故鬼神之数简，鬼神之数简，故其诚立而幽明交，万物治，邪鬼不侵哲人，淫神不享圣世"。后世"公卿不知耻，间阎不惜费，至是而鬼神之污辱甚矣"。在圣人之世，既无仙佛之说，也就没有"邪鬼神"，没有"生死轮回报应之邪说"。而后世因为有鬼神，所以"大坏风俗，丧忠孝，梗教化"②。这种拿三代和后世作对比的言论，当然是一种正统、异端之辨。和上面的例子一样，潘德舆要从三代和圣人之道中找寻一个属于"儒家"的鬼神传统，

---

① 王棨：《雩说》，收于贺长龄辑：《皇朝经世文编》卷四十五户政二十荒政五，第12页。

② 潘德舆：《鬼神论》，收于盛康辑：《皇朝经世文编续编》卷六十三礼政三大典下，台北：文海出版社，1972，第1—2页。

以取代佛教和道教衍生出来的鬼神传统。在亟欲挣脱释道"魔掌"的努力中，清代士大夫回归古礼、回归三代的主张，反而强化了儒家传统的宗教色彩。

回归古礼的另一个面相，其实还牵涉士庶文化的差异。回归古礼一方面要重拾礼的庄严和神圣性，一方面要防止"礼下庶人"之后的庸俗化。因为一旦一般的僧道和庶民都可以施行"感通神明"的仪式，这样不仅会亵渎、触怒神明，更可能妖言惑众，对政权构成威胁。俞正燮（1775—1840）就从这几个角度，对流行的求雨术提出批评。首先，他对东汉时戴封、谅辅等官员在求雨不获时，以死威胁神明的做法不敢苟同："戴封以令长妄拟汤王，已为狂怪。谅辅掾史下秩，敢在郡庭大言身关天地否隔，聚柴构火，……不可训也。"俞正燮引《吕氏春秋》和《淮南子》的记载："汤克夏，大旱七年，乃身祷于桑林，翦其发，劗其手，自以为牺牲，用祈于上帝。民乃大悦，雨大至。"说明戴封、谅辅的做法，实在是不合古代礼法的僭越之举。

俞正燮进一步引用乾隆、雍正的谕旨，来阐明"请求神祇，顺事也，不当以死劫神祇。请求以礼也，不当违道任术，以神为戏"的主旨。乾隆五十年（1785）五月，廷寄河南巡抚毕沅，要求他"但当诚恳祈求雨泽，不可用月孛翻坛邪术。此官所当永远遵行者"。雍正更下了一道长旨给礼部，表明他对民间祈雨之术的不满："民间祈求晴雨一事，甚不合礼。朕以诚心祈祷，犹虑上天不即感应。乃一应人等，任意设坛，触犯鬼神。聚集不肖僧道，妄行求雨，殊属非分。"在非分、不合礼的指控之后，皇帝最关心的其实是僧道庶民私自求雨的颠覆性："莠民假求雨敛钱立会，聚食快乐。乱民以求雨劫制官吏富户，以快私愤、伸邪教。"所以他下令以后"在寺庙诵经求雨尚可。如私自设坛，借求雨之名，妄作法术，即以妖言惑众治罪"①。

但请僧道祈雨，在明清两代显然已普及到无法禁绝的程度，所以不论是皇帝或官员，基本上都对此采取包容的态度。只要不失控，地方官或"愚夫愚妇"，可以各本诚心，馨香祝祷。清徐文弼在他为地方官编辑的施政手册《吏治悬镜》中，详列了各种祈雨之法。这些祈雨之法，基本上是根据董仲舒《春秋繁露》中的相关记述加以演绎发挥而成。而辑录董氏祈雨法并加以整理、条注的则是明嘉靖年间的吴廷举。吴廷举还为此写了一篇序文，文中提到："大江以南，水旱之灾，十有八九。世之俗吏，每以祷雨之礼，付之僧道。设坛遣将，呼召风雷。"可见当时官员雇用僧道求雨的普遍性。② 御史徐以升在乾隆七年写的一篇奏折中，则将僧道祈雨比诸古代的巫术："至僧道讽经，考《周礼》巫师'神巫而舞雩'。故古有岁旱暴巫之说。然县子之对鲁穆公曰：'天则不雨，而望之愚妇人。于以求之，不已疏乎？'今僧道讽经求雨，是亦巫师之意也。其或各寺观有愿祈求者，亦听其自致虔心，不必从事坛壝。"③

这些官员主张宽容僧道法术，也要求在民间通行的信仰仪式

---

① 俞正燮：《求雨说》，收于盛康辑：《皇朝经世文编续编》卷四十六户政十八荒政下，第26—27页。

② 贺长龄编的《皇朝经世文编》将这篇序文的作者误认为徐文弼，见《祈晴雨法》，收入《文编》卷四十五户政二十荒政五，第12—13页。但比对《吏治悬镜》原书，《皇朝经世文编》中的《祈晴雨法》一文，实际上是将徐文弼写的序文及吴廷举的原序，拼凑错杂而成的。

③ 徐以升：《请立雩坛疏》，收于贺长龄辑：《皇朝经世文编》卷五十五礼政二典上，第8页。

外，另遵古礼，建立一套标准的官方祭礼。徐以升请求皇帝："敕下在廷礼臣，博求典故，详考制度，于京城之内，择地建立雩坛。仿古龙见而雩之礼，每年届期择日致祭一次。偶遇亢旱愆阳，雨泽稀少，即于望告岳镇海渎及诸山川能出云雨者，以祈求雨泽。无庸于各宫观处祈祷。"①

徐文弼则认为董仲舒的祈雨法是本乎古代典籍的雩祭之法。《易经》中的"云行雨施"，《周礼》中的"天降时雨，山川出云"，讲的都是"上下之交"的"神功"。吴廷举说俗吏付之僧道的祈雨术"无一验者"，徐文弼则强调董氏祈雨法的神效："岁之戊午，关中秋旱。制台查公、抚台张公取其法，祷于西郊，雨立沛。越今夏，复旱。如其法行之，雨亦立沛，盖祷而应者再矣！"②

徐文弼、吴廷举一方面认为通行的祈雨法没有效力，一方面则大力推销他们遵古法炮制的神功，认为后者"非惟官司可行，而里社亦可行"③。显然他们打算用一套从古礼衍生出的法术，全面取代通行于明清地方政府和民间由僧道主宰的祈雨术。但细按吴廷举从《春秋繁露》推衍出来的《春秋繁露祈雨秘诀各条》④，我们发

---

① 徐以升：《请立雩坛疏》，收于贺长龄辑：《皇朝经世文编》卷五十五礼政二大典上。

② 引文分见徐文弼、吴廷举的序文，引自《吏治悬镜》（下）卷七，新北：广文书局，1976，第837—840页。

③ 徐文弼、吴廷举的序文，引自《吏治悬镜》（下）卷七，第839—840页。

④ 《春秋繁露》第七十四章《求雨》讲春、夏、秋、冬四季求雨之法，第七十五章《止雨》讲止雨之法。吴廷举根据《求雨》一章，衍生出春祈雨法、夏祈雨法、秋祈雨法、冬祈雨法，又别出心裁地归纳出《春秋繁露祈雨秘诀各条》。《春秋繁露》原文见台北中华书局，1965年出版，卷十六。根据史记的记载，董仲舒的"求雨法"确曾施行于江都国，而且可能很为当时人所信服，甚至仿效。后来官订之"雩祭"行事，大抵皆依董仲舒之法。详见林富士：《汉代的巫者》，第70—71页。

现这些"古法"的庸俗迷信程度，毫不逊于当时流行的法术。"择日期"项下的批注是："择吉日祭风神于郊社，即风云雷雨坛。是日昭告城隍、土地、龙王三庙，各备祭文一道。""龙前"一项的注文是："各用水缸一只，水盛满，内放蜥蜴，上浮柳枝。""神桌前"一项的注文是："有水池，其浅深大小按时开挖。每龙头前用旗一杆，各按时制神棚，左右安大鼓一面，常令人擂鼓诵词。鼓后用老母猪，一闻鼓声，用火烧尾，不可伤生。红雄鸡各一只，令其常鸣。"同时每个巷口也要放大鼓一面、老猪一只，令壮夫击鼓燔尾诵词，每家门口则要放水缸一只，供神牌一座，上写"水神到"。"坛内诵歌"一条项下注明："即木郎神歌，儒士僧道，各按四季日期数目，……用儒士者，儒教之祈法也。""监坛者"一条项下则说："坛内执事者儒士。僧道、巫医、阴阳礼生、壮夫啬夫、婴童人数，各按其时用之。"①

把《春秋繁露祈雨秘诀各条》与《春秋繁露》中《求雨》章原文相对比，我们发现除了用火烧母猪尾巴犹有古意，其他多为吴廷举根据后世的风俗信仰自己创造出来的规定。董仲舒原文说水缸里放五只蛤蟆，《秘诀》改成蜥蜴。其他如祭风神，昭告城隍、土地、龙王都不见于《求雨》章。而仪式由儒生掌控，杂以僧道、巫医、阴阳礼生，纯粹是吴廷举自己的主张。从这个角度看，前引潘德舆一文中，说三代以上"鬼神之数简"②而后世鬼神滋生，并不是没有道理的。昭告城隍、土地、龙王的仪式，实际上是将明清流行的民间信仰纳入求雨的古礼之中。而用儒生领导僧道举行仪式的用心，更

① 徐文弼、吴廷举的序文，引自《吏治悬镜》（下）卷七，第843—846页。
② 潘德舆：《鬼神论》，收于盛康辑：《皇朝经世文编续编》卷六十三礼政三大典下，第1—2页。

是昭然若揭。把一向由僧道主掌的仪轨纳入一套"儒教之祈法"中，比起纯粹的批判或坐而不视，无疑是更务实而积极的做法。既然僧道之术无法禁绝，那么将之变成儒"教"、儒"术"的一部分，无疑是两全其美的解决之道。在古礼与今礼、正统与异端的争辩过程中，《春秋繁露祈雨秘诀各条》所代表的，是一部分士大夫将儒家宗教化以涵盖佛教、道教及民间宗教的努力。

从上述有关祈雨的议论中，我们看到古礼和僧道仪式间的冲突、调和。在其他各种有关恢复古礼的言论中，我们则看到士大夫理想中的体制，与现实生活中庸俗的民间仪式、信仰互相冲突的实况。知名的金石学家和礼学家武亿（1745—1799）就对五岳寝庙的陋习深表不满。根据他的看法，庙在古代是"接神之处，其处尊"，寝则是庙后堆放衣冠杂物的地方，"对庙为卑"。古代天子诸侯祭拜五岳，都在土坛上行之，并无庙寝之制。汉武帝行封禅礼，并巡游五岳时，在西岳华山上建立了宫殿。后世沿而不废，"乃益相与浸淫披靡。至于山林川泽四方百物诸祭，罔不从俗因陋，莫能改易"。

而在这些粗陋的习俗中，最诞谩不经的就是庙而有寝。武亿参观过的西岳、南岳和中岳祭祀，都是庙寝杂陈。"环列女侍床箦、枕衾、楲架、盥漱、盘浴，皆人世所需，至为凡猥贱亵之器，具列于室，旁为岳神卧像，俨然尸居寝榻中。设妇人像，与岳神并坐，号曰岳帝之配。奔走村妪，横躯膜拜。如是岁凡数有，为道流之奸贪无赖者，踵相诳惑，愚瞽指为利薮。"[1]

---

① 武亿：《毁五岳寝庙议》，收于《皇朝经世文编》卷六十八礼政十五正俗上，第 11 页。

　　武亿在这里对于民间信仰的陋俗，有相当具体的指陈。事实上，这种杂乱的庙寝制度，以前就有人批评过。像明代的御史陈祚，就请求趁着南岳衡山山神庙岁久倾颓的机会，对其加以整顿。陈祚要求去除庙宇的塑像，依照古礼祭祀山川的制度，建立土坛、厨库、斋室，俾得"礼制合经，神祇不渎"。武亿认为猝然废庙恐不可行，但至少应该"先毁其寝，而诸所谓像设溷渎之具，一切废罢，庶于近古之制"①。

　　全祖望、李光地等知名的士绅官僚，也同样抱着遵古礼以整饬今俗的看法。全祖望认为现在人重社祀，"一府一州一县皆有之。而又有城隍之神，又有所谓府主之神，何其多欤？"但所有这些社祀都是"未考古之社礼而失之者也"。古代的社神，都是府州县的土神，从祠者则"必官于其土，而遗泽足以及民"。但现在的人把这些有功于地方的名官乡贤别祀于学宫，另外随便找些"漫无干涉之古人"充当城隍府主境神，又"撰为降神之踪迹以欺人"，实"不经之甚者也！"全祖望总结道："大抵今世不奉天神，而信人鬼。故诸祠之香火，其视坛壝，奚啻十百相过。无他，天神冥漠，苟非诚敬之至，无从昭假；而人鬼则有衣冠像设，足以为愚夫愚妇之所趋。"②

　　表面上看起来，全祖望和潘德舆、武亿等人一样，主张回归比较简约的古礼。但进一步分析，这种回归古礼的过程，其实也蕴含着强烈的"礼不下庶人"的意涵。对一般"愚夫愚妇"而言，放弃崇拜衣冠偶像，而改用虔敬肃穆之心冥想一个抽象、冷漠的天神，当然不是容易的事。而将从祀的对象，从漫无干涉、荒诞不经、以神

① 武亿：《毁五岳寝庙议》，收于《皇朝经世文编》卷六十八礼政十五正俗上，第 11 页。
② 全祖望：《原社》，收于《皇朝经世文编》卷五十五礼政二大典上，第 13 页。

迹欺人的古人,改为符合儒家"内圣外王"之旨的贤守令、贤士大夫,更明显地反映了全氏"贤士大夫"的观点乃至对此的憧憬。这样一种简约肃穆的古礼,无疑是为士大夫阶级而设的。

李光地对五祀之礼的讨论,则一方面毫不遮掩地陈述礼有等差的观念,一方面又和前面几个人不同,主张恢复比较繁复的礼仪。他开宗明义,指出五祀之礼在古代只有士大夫有权参与,"士庶盖不得而兼之也"。但今天"虽编氓之家,醮祭天地,祷祀河岳尊神,僭妄无所不至"。相反地,对于古代只有士大夫才能参与的五祀之礼,这些僭妄之至的平民百姓却"简嫚媟亵,付之妇人奴婢而已。是古者必大夫而后得行之祀典,今则士庶人之所不屑。必拟夫古天子诸侯之祭,然后用之。俗之悖谬越礼,莫此为甚"①。

于是一方面有些食古不化,一方面又懂得损益折中的李光地,"考之古义",设计了一套下于庶人的五祀之礼:"五祀之祭,今世简略已极,考之古义,则必躬必亲,不可委之妇人婢仆,乃合礼意。惟灶神之祭,妇人可摄行之,而使厨者执事。门户、井神之祭,子弟可摄行之,而使司门者、汲水者执事。中溜②最尊,主人在家,则必身亲,而使子弟执事可也。"李光地同时认为时人二月祭土神、八月祭灶神的习俗,不合五行的运转规律,所以主张依月令之文加以纠正:"今定依古礼:二月祭户,五月祭灶,六月祭土神,八月祭门,十

---

① 李光地:《五祀礼略》,收于《皇朝经世文编》卷六十六礼政十三上,第1—2页。
② 中溜指的是屋檐滴水之处,李光地对此有详尽的解释。他说古人僻居野处:"凿其最中之处以通明,而雨亦溜焉,故曰中溜。以其最中,是以为一家之主。后代易以宫室,而仍袭中溜之号,不忘古也。其在于今,则当之者梁脊是已。居一家之中,为一家之主,其神属土。"引文同上。

一月祭井。"①在这样一个斟酌损益古礼，而把妇人、厨者、司门者、汲水者都慷慨地包括在内的复古计划中，"愚夫愚妇"原本忙碌复杂的宗教生活显然要变得更为纷乱了。

李光地对时人将五祀之礼"付之妇人奴婢"的批评，固然蕴含了男性和士大夫的双重偏见，但在新设计的全民敬神方案中，总还为妇女和下层的匠役预留了一席之地。相形之下，全祖望对妈祖信仰的批判，则毫不犹疑地披露出一个保守的士大夫对以女性为中心的民间信仰的双重歧视。而这样的歧视，反映出一套僵化的儒家意识形态对全氏的影响。全氏并不全然反对对女性的崇祀，但其先决条件，是这些女性必须为儒家的圣贤而牺牲，或以圣贤从属的身份出现：

> 生为明圣，死为明神。故世之死而得祀者，必以其忠节贞孝而后尊。以巾帼言之，湘夫人之得祀也，以其从舜而死；女嬃之得祀也，以其为弟屈原；曹娥之得祀也，以其孝。……若夫流俗之妄，如蠡矶夫人祠，亦以讹传其殉汉而祀之。至于介山妒女之流，则所谓俚诞之不足深诘者也。

但天妃信仰，遍于江浙闽粤沿海，其祀非里巷祠宇所可比，所以全祖望要大加挞伐：

> 然何其漫然无稽也！夫妇人之为德也，其言不出于阃，其

---

① 李光地：《五祀礼略》，收于《皇朝经世文编》卷六十六礼政十三上，第1—2页。

议不出于酒食之微,其步趋不出于屏厅之近。其不幸而嫠所支持,亦不出于门户之间,所保护亦不出于儿女之辈。若当其在室,则尤深自闺匿而一无所豫。林氏之女,即云生有异禀,其于海上楼船之夷险,商贾之往还,亦复何涉?而忽出位谋之,日接夫天吴紫凤之流,强作长鲸波汛之管勾,以要鲛人蜑户之崇奉,甚无谓也。

换言之,全氏认为女人只该在方寸之地做些细微的琐事。他完全不反对符合《礼记》"御大患,捍大灾"之标准者,可以加封进爵,受万民崇祀礼拜,他反对的只是像林默娘这样一个不受教化的偏僻之地的未婚村妇,竟然能够像男性神祇一样,有着非凡的御患捍灾的能力。"自有天地以来,即有此海;有此海,即有神以司之",但主掌这片辽阔海域的竟是一位女性而非男性,是一怪也。"天之配为地",结果竟是一位"取于闽产"的神祇来司其事,门不当户不对,是二怪也。第三怪就更牵强了:"林氏生前固处子耳,彼世有深居重闷之淑媛,媒妁之流,突过而呼之曰妃、曰夫人、曰娘,则有赧其面,避之惟恐不速,而林氏受之,而不以为泰,是三怪也。"在全祖望的描述下,林默娘简直是"恬不知耻"了。而愚夫愚妇奔走相告,更是让人嗟叹:"此说者盖出于南方好鬼之人妄传其事,鲛人蜑户本无知识,辗转相愚,造为灵迹以实之。……后人不知,妄求巾帼以实之。吾怜其愚也!"①

很显然,全祖望从性别、阶层乃至经济、地域的角度批评流行

---

① 引文见全祖望:《天妃庙说》,收于席裕福纂:《皇朝政典类纂》卷二七一,台北:成文出版社影印,1969,第5780—5781页。

的妈祖信仰。值得注意的是,全祖望在作这些批评时,虽然表现出比多半士大夫更僵固的意识形态的立场,但这并不表示他对神怪信仰传说的看法较其他士大夫更正统或更理性。他为住处附近的碧沚龙祠写的碑铭,就提供了极佳的佐证:"明道先生行状云:上元之茅山有龙池,其龙如蜥蜴而五色。祥符间,命中使取二龙。至中途,中使奏一龙飞空而去,自昔严奉,以为神物。先生尝捕而脯之,使人不惑。"全氏接着说明程颢以下的几位儒者对各种龙怪传说的质疑,但不苟同这些先儒"理性"的态度:"虽然,龙之为灵昭昭也,其在经,则见于《易》;其在传,则见于《春秋繁露》诸书。作云施雨,不可以为诬妄。而造物之变化,亦有不容尽以儒言斥之者。"全氏进一步考之图谱,证明确有所谓旱魃,相信魃能致旱,却认为"龙不能致云雨",显然是一种顽固闭塞的看法。

全氏甚至以近乎强辩的逻辑,解释程颢吃龙并不说明龙不存在或不灵验:"天下无不灵之龙,而未尝不为人所豢,故亦未尝不为人所醢,古有之矣!然因此而谓龙之非灵,则不可也。即以吾乡天井之龙言之,有求于山者,或得蛇,或得蜥蜴,或得蛙,皆能有验。顾前明太守林梦官祈得蛙,不雨,手刃之,而雨。"所以龙可以化身为蛇、为蜥蜴、为青蛙,但就是不能化身为人:"顾予家在祠右,每入祠,见座中衣冠像设,殊为无根,天下亦岂有龙而人者?乃与里社诸公议,以木主代之,而为之铭。"①全祖望一方面指责"愚夫愚妇"崇信妈祖的愚妄,一方面却又力抗先儒先贤,为自己同样"荒诞不经"的龙蛇信仰作辩解。如果真要说一代大儒全氏和"愚夫愚妇"

---

① 全祖望:《碧沚龙神庙碑铭》,《鲒埼亭集》(上)卷二十四,新北:华世出版社,1977,第303—304页。

有什么不同的话,大概是他还有一定的勇气和识见,将衣冠龙神改为木主吧!

结论

刘广京先生在讨论中国传统的国家正统时,强调这个正统在面对"超越世俗"的宗教(supra-mundane religion)时的弹性。虽然在明清之际重新成为国家意识形态主干的"理学"有着强烈的形而上倾向与精神面相,但这个大体承续了汉代国家正统的思想体系除了一套社会道德,还包括了宗教性的宇宙论。[①] 本文的讨论,一方面强调"超越世俗"的宗教在明清统治阶层中所占的重要地位,一方面也证明了明清官僚士绅在面对僧道、民间信仰等各种异端时,基本上确实采取了相当弹性的态度。

进一步分析,这种对异端信仰的弹性态度,表现在统治阶层对通行的宗教信仰、仪式采取的对策上。从上面的讨论中,我们可以看出,在面对充满"怪力乱神"的民间宗教时,明清的精英阶层并不像1900年(或"五四")以后的知识分子那样,用一套性质完全不同的"科学论述"来取代民间的"宗教论述"。孔子所代表的儒家"理性"与入世的取向,固然对狂野的宗教信仰有一定的节制作用,但明清的士大夫很少有人能完全跳脱宗教的影响,用一个全新的典范批判旧有的典范。事实上,士大夫在用一套自己的宗教语言来

---

① Kwang-Ching Liu, "Socioethics as Orthodoxy: A Perspective," in Kwang-Ching Liu, ed., *Orthodoxy in Late Imperial China* (Berkeley: University of California Press, 1990), pp. 54, 64—65.

对抗一套通行的宗教语言。两套论述既有交融重叠之处,也常常造成紧张冲突的局面。如同异端信仰的驳杂多端,统治阶层对待异端的"宗教论述"的态度和策略也呈光谱状排列。从强力拒斥,到妥协、含摄,乃至建立自己的神怪仪式,统治阶层确实在对策上表现出相当的弹性。

大体而言,在明朝,几个皇帝过度沉溺在宗教活动中而致百政怠忽,因此引发比较激烈的正统、异端之辩。但我们必须强调的是:由僧道掌控的宗教活动实际上也受到另一批士绅官僚的支持,乃至前者有"通朝之人,靡然相从"的感喟;而即使批判者,也有"天地鬼神,山川河岳,昭布森列"的说法。

本文所举"回归古礼"的议论,也多少可以印证周启荣有关清代礼学复兴的看法。不过正像他说的:清儒所遵奉的古典绝不是同构型的经籍。这些典籍包含了丰富的古代事例和见解,可以让后人作各种不同的解释,而各种对古典的研究解释,并没有为"神圣的过去"建构出一套一致的理论。[1] 他们虽然在对流行的僧道仪式和民间信仰不能苟同这一点上,达到了最基本的一致,但在批判的强度、面向和着重点上,都各自不同。而在一致性地从广义的儒家古礼中找寻批判、对抗的资料时,他们也各取所需、各尽所能地从对古礼的不同解释中,找出不同的整饬今俗的对策。但值得注意的是,他们看到的古礼不论是简约还是繁复,都有着共同的超自然的宗教色彩。在这些因为对抗流行的宗教活动而引发的回归古礼的尝试中,"不语怪力乱神"的传统却几乎成为空谷足音了。

---

[1] Kai-wing Chow, *The Rise of Confucian Ritualism in Late Imperial China: Ethics, Classics, and Lineage Discourse* (Standford: Standford University Press, 1994), pp. 41, 227.

第三章　顾起元的南京记忆

前言

　　顾起元(1565—1628),出生于南京,一生的大部分时间也在南京度过,和一度活跃在明末金陵的冒襄(1611—1693)、方以智(1611—1671)、侯方域(1618—1655)、陈贞慧(1604—1656)等人相比,早了将近半个世纪。冒襄于崇祯三年(1630)始试金陵,侯方域于崇祯十二年移寓金陵,他们纵情诗酒声色时,顾起元已然谢世。虽然他们都生活在 16 世纪以后商品经济发达、物质生活富庶的年代,并能体认、享受生活中美好、逸乐的事物,但因为生活的时代、生涯、经历的差别,他们的南京记忆有着极大的差别。冒、方、侯、陈等"明末四公子"都是在青春年少之际抵达南京,在秦淮河畔恣情纵欲。在与阉党的斗争之外,他们对南京的回忆交织着青春与欲望,南京呈现出一幅末世繁华的景象。而这样的景象,因为国家的骤然覆亡,成为难以复制的断裂。

这样的断裂、悼亡气息，和顾起元《客座赘语》中无所不在的历史延续感，形成强烈的对照。虽然《客座赘语》中也有许多对于时代风气移转的感慨，但和明清之际士大夫因朝代覆亡、旧日繁华一去不回而产生的创痛相比，顾起元的世界毋宁有着更强烈的历史传承意识。更有趣的是，顾起元对南京历史传承和文物、逸闻的记叙，被康熙年间编纂的《江宁县志》大量引用，成为官方和主流的南京历史。顾起元所发掘的南京历史传承，跨越了明清易帜的巨大断裂，绵延不绝地流传下去。

除了延续/断裂的对照，《客座赘语》一书另一个极大的特色，就是在文物、书画、园林、逸乐之外，同时对攸关民生的制度提出了许多批评和建议。而有关生活逸乐的描述，一方面若隐若现地透露出顾起元对物质生活、士大夫文化和戏曲音声之道的喜好，一方面又传达出更强烈的社会批判气息，而和张岱、余怀或文震亨等人的作品有极大的差异。张岱、文震亨等人尽管在亡国后用实际的行动来实践他们的政治批判，用实际的行动来完成巨大的家国论述，但作品中尽是对美好生活及不急之物的耽溺。顾起元却在看似琐屑的文类中，呈现出严肃的社会、政治大论述和对细琐、多余之物的耽溺等两种不同的主题。这样的特性，让我们正好可以从社会史与文化史两个不同的视野，编织出一个不同于17世纪中叶遗民世代记叙的南京景象。

顾起元的记叙之所以不同于前述诸人，很可能和他长期在朝为官的经历以及正好身处经济资源由盛而衰、社会风气急遽转变的时代环境有关。和冒、方、陈、侯等人凭恃青春年少、肆无忌惮、毫不节制地投入城市生活的诱惑相比，顾起元对城市逸乐若有似无的眷恋及对奢靡之风的批判,正显示出一位长期在政府中仕宦的儒家士绅,在儒家的传统道德、价值观和明末繁华的城市生活之间的犹疑、彷徨。《客座赘语》中犹疑两端的矛盾和摆荡,正反映了岸本美绪教授所说的16到18世纪间,中国知识人对社会秩序与风俗变迁的关怀与不安,以及明末清初学者有关"风俗"的讨论中,"一种独特的紧张感觉"①。

《客座赘语》中大量对于园林、戏曲歌谣、书画文物、城市生活的记载,显示出顾起元和同样曾经生活在明末江南的冒襄、方以智、陈贞慧、侯方域、张岱、文震亨等人的生活和回忆中,有许多交叠之处,同样呈现出城市生活中美好的片段和精致的士大夫品位。但相对于这些人在科举、仕宦之路上的受挫,顾起元在举业上的显赫成就及在北京、南京供职的经历,让他对一些重大的国家制度和社会问题,有了更切身的体验。顾起元于万历二十六年(1598),34岁时,考中会试第一名,殿试一甲第三名,授翰林院编修②,可谓少年得志。关于其后的仕宦经历说法不一,大多数记载表明他在朝为官的时间只有五年,也有人认为是八年,但一项新的研究认为,顾起元前后在北京、南京任官的时间大约有十九年(1598—1616)之久。万历二十六年,顾起元考中探花后,依惯例授翰林院编修,一直到万历三十二年,他在北京担任编修前后达六年之久,其后大概在万历三十三年由翰林院编修改迁为南京国子监司业,万历三十七年,可能一度因母丧,丁忧在家三年。万历四十年应已"忧

---

① 岸本美绪:《"风俗"与历史观》,《新史学》2003年第3期。引文见第9、15页。

② 见谭棣华、陈稼禾为《客座赘语》所写的点校说明,顾起元撰,谭棣华、陈稼禾点校:《客座赘语》,北京:中华书局,1987,第1页。

归"，回任国子监司业之职。万历四十三年，升任国子监祭酒。同年，妻子亡故。次年顾起元被任命为詹事府少詹事。虽然职位有所擢升，但妻子的亡故显然给顾起元带来极大的打击，所以就在升任詹事府少詹事后不久，他告病在家休养，结束了长期在南京国子监任职的仕宦生涯，《客座赘语》一书则在第二年成书。①

以顾起元在举业中的优异表现，他的仕宦之途，自然称不上显达。但相较于前述的遗民群和文震亨等人，在朝仕宦为官的经历，显然有助于他在写作时兼顾到儒生经世济民的传统和理念。而长期在家乡南京任职的经验②，以及学官闲散的性质，则使他有时间对国家制度的得失及家乡各种地方性的琐细事物，作深入的观察和记述。

根据顾起元在万历四十五年写的序及四十六年的跋文，我们知道《客座赘语》的写作时间前后有几年，写作方式是随听随想随记，所以和张岱的《陶庵梦忆》一样，显得混乱而无章法："此书乃数年来所札记者，因随手所书，原无伦次。顷二年中以病兀座，长日无聊，小为编叙，以散怀终日。"③

这样散漫的叙事结构，当然是笔记小说固有的特质。费丝言

---

① 此处关于顾起元的仕宦历程，取自王颖：《顾起元生平新考》，《语文学刊》（高教版）2006年第11期。王颖认为顾起元前后任官共十九年，其中十一年在南京国子监供职，应该是将顾丁母忧的三年也包括在内。

② 王颖特别针对顾起元在南京任官是否违反了前代的回避制度作了说明：一方面从明中叶后，学官可以不受回避制度的限制；一方面，万历长期不理政务，使得官员的升迁制度遭到破坏，回避制度更无法贯彻。王颖：《顾起元生平新考》，《语文学刊》（高教版）2006年第11期。

③ 见《客座赘语》书后"遯园居士再识"，顾起元撰，谭棣华、陈稼禾点校：《客座赘语》，第350页。

(Fei Siyen)则更进一步指出,周晖的《金陵琐事》和顾起元的《客座赘语》这两部由与客人对话写成的"客谈"之作,其实反映了城市生活特有的不定形和混杂性。透过沙龙式的对话,这两部"客谈"作品,将城市作为日常对话的主题。这个观察,将《客座赘语》放在《东京梦华录》以降的都市文学的角度来剖析,进而指出《客座赘语》不同于既往的随意性特质,以及这种特质与日常生活经验相互呼应的特色,可说是别具洞见和启发性,可以和商伟将《金瓶梅》松散的叙事结构和日常生活的结构相比拟的看法等量齐观。① 不过除了从城市日常生活的特色来解释《客座赘语》的松散特质,我在这篇文章中,将从社会史和文化史两个大的研究途径入手,换一个角度来解释《客座赘语》一书一些重要的特质和主题。我要指出,在这些顾起元自己所说的"因随手所书,原无伦次"的松散的外衣下,其实可以明确归纳出他一向所关注和偏好的一些课题。更进一步挖掘,我们甚至可以从这些看似毫无章法的琐屑记事中,找到一些贯穿其间的深层文化或心灵结构。

事实上,关于《客座赘语》中的一些主要课题和特色,历来的作者生平、作品简介都有基本的指陈。谭棣华、陈稼禾在1984年写的《客座赘语》点校说明中,已经指出此书的几个基本主题。康熙二十二年(1683)刊行的《江宁县志》,更在二百多字的传略中,对顾起元思想、议论中关心公共事务和民生利弊的这个面向,作了最扼要而集中的勾勒。这个勾勒虽不是针对《客座赘语》所作的提要,却清晰地反映出《客座赘语》中社会史的侧面:

---

① Fei Siyen, "Nanjing through Contemporary Mouths and Ears: The Idea of the City in Two Recorded Conversations about Ming Nanjing,": 1—5.

公学问渊博，如古今成败、人物臧否，以至诸司掌故，指画
历然可据。凡考订成宪者，皆折中于公焉。称述先辈，接引后
学，孜孜不倦。林泉自赏，未尝轻至公庭。惟地方利弊，如兵
部快船改马船，绝卫官之科索，两县坊厢准里甲为条编，皆更
定良法，军民两便。或有妄言，复旧以便其私者，公力争之，乃
止，人犹惜其不及大用云。①

相较于《江宁县志》完全正面性的描述，《四库全书总目》对此
书所作的提要中，除了对全书性质所作的描述，评价部分可说是毁
誉参半：

（《客座赘语》，）明顾起元撰。起元有《说略》，已著录。
是书所记，皆南京故实及诸杂事。其不涉南京者，不载，盖亦
《金陵琐事》之流。特不分门目，仍为说部体例耳，虽颇足补志
乘之阙，而亦多神怪琐屑之语。至前闻纪异一百条，全录旧文
取充卷帙，尤为无取矣。②

这里所说的"前闻纪异"原书作"前记异闻（一百则）"，收于第
五卷中。这段文字的重点大致可归为几项：一、所记皆南京故事及

---

① 《江宁县志》卷十，收于中国科学院图书馆选编：《稀见中国地方志汇刊》（第10
册），北京：中国书店，1992，第851页。
② 《钦定四库全书总目》卷一四三，采用的是香港迪志文化出版有限公司的《文渊阁
四库全书》电子版。

诸杂事;二、所记皆琐事之流,特不分门目,仍为说部体例;三、颇足补志乘之闻;四、多神怪琐屑之语;五、前记异闻一百条,其实是从以前的文献中抄来。我在下文中,会针对提要中说的这几个重点进一步分析,先将全文抄录于此。

历史传承

在讨论《客座赘语》几个明显的主题——社会组织与制度,生活、逸乐与社会批判,鬼怪、物怪与传奇,宗教,外来事物——之前,我将先针对《客座赘语》一书中所呈现的历史感作一个综合性的论述。历史感当然包括了典章、文物、制度在时间中的演变,但在这些演变之外,顾起元的论述其实还充满了历史传承与延续的意味。这些具有历史意识的文字,可以用主题与变奏或威廉·休厄尔(William Sewell)在 *Logics of History*: *Social Theory and Social Transformation* 一书中所说的结构或文化图式(cultural schemas)等概念来涵摄。[1] 顾起元用以建构其强烈历史延续感的素材,繁复而多端,我试图从古礼今俗、地方视野中的中央权势、文物、细琐之物、生活/逸乐等角度来探讨这一系列文化图式与地方实践,历史传承与地方知识或是全国性的文化资源与地方记忆之间的辩证等类似的问题。而这种种关于中央与地方、历史传承与地方性叙事的辩

[1] William Sewell, *Logics of History*: *Social Theory and Social Transformation*(Chicago: The University of Chicago Press, 2005).我在阅读资料和构思这篇文章时,受到休厄尔这本书极大的启发,特此注明。休厄尔对社会史和文化史及结构与事件的看法,我在《从乡村到城市——社会史和文化史视野下的城市生活研究》一文中,有比较详细的讨论,见本书导论,此处不再赘述。

证关系,又与顾起元的生平经历和《客座赘语》一书的知识来源有密切的关系,下面先从此谈起。

(一)《客座赘语》的知识来源

《客座赘语》各种记载的一项主要来源,正如费丝言所说,是顾起元与友人、访客的交谈。① 关于这点,顾起元在序言中交代得很清楚:"余晚年多愁多病,客之常在座者,熟余生平好访求桑梓间故事,则争语往迹近闻以相娱,间出一二惊奇诞怪者以助欢笑,至可裨益地方与夫考订载籍者,亦往往有之。余整置于耳,不忍遽忘于心,时命侍者笔诸赫蹄,然十不能一二也。"②顾起元听了访客的奇闻轶事,即令仆人记载在小纸片上,成为日后集帙成书的主要依据。"街谈巷议、道听途说"原本就是传统"小说家流"这种体裁最主要的特色,顾起元依此成书,其实也不过是在实践一种行之久远的传统。口耳之言外,顾起元长期在南京国子监任职时的亲身经历和观察,则是《客座赘语》另一项重要来源。谢国桢就认为书中所载的各种社会、制度问题,如清军勾补、漕运销耗、内官勒索、编坊厢为里甲,以及频繁的支应和苛重的力役所引发的罢市,都是顾起元的亲身见闻:"凡此种种,皆是由著者官南京国子监祭酒时目睹,说起来是有其根据的。"③

① Fei Siyen,"Nanjing through Contemporary Mouths and Ears: The Idea of the City in Two Recorded Conversations about Ming Nanjing,":1—9.

②《客座赘语·序》,顾起元撰,谭棣华、陈稼禾点校:《客座赘语》,第 1 页。

③ 谢国桢:《明清笔记谈丛》,上海:上海古籍出版社,1981,第 29 页。

　　但在这种赋予《客座赘语》较强的此时、此刻或当下、在地感的亲身见闻和口耳之谈外，我们更不能忽略搜集、考订文献和田野考察在《客座赘语》成书过程中所扮演的角色。换句话说，除了一个多愁多病，赋闲在乡，靠着传播、记录奇闻轶事来打发时间，"不为无益之事，何以遣有涯之生"的文人士大夫，这些烦琐的记事后，其实还站着一个作为史学家和人类学家的顾起元。

　　前序中，顾起元所谓"（熟）余生平好访求桑梓间故事""至可裨益地方与夫考订载籍者，亦往往有之"其实已经明指出田野考察和考订文献这两个面向。而且很显然，这些客座奇谈和亲身访求、考订载籍之间，是有着互相参照的功能的。《江宁县志》的传略中所说"公学问渊博，如古今成败，人物臧否，以至诸司掌故，指画历然可据。凡考订成宪者，皆折中于公焉"，更明确地凸显出学问渊博、熟悉掌故和考订成宪在顾的生平、著述中所占的位置。

　　顾起元对有关南京的古代文献和方志，作了详细的目录整理工作，"金陵古志"①"先贤著述"②"金陵人金陵诸志"③"南京诸志"④等条，几乎是到了罗掘俱穷的程度，既反映了顾起元"会试第一，殿试一甲三名"的不凡出身，也印证了《江宁县志》中"公学问渊博"的盖棺论定。阅读这些古代文献，摘记其中的重点，成为顾起元建构其宏大的记忆宫殿时一个主要的梁柱："金陵前辈多有著述，今类埋灭，不恒遘见矣。暇常摘其尤著者记之。"⑤《四库提要》

① 顾起元撰，谭棣华、陈稼禾点校：《客座赘语》卷二《金陵古志》，第50—51页。
② 顾起元撰，谭棣华、陈稼禾点校：《客座赘语》卷七《先贤著述》，第216—218页。
③ 顾起元撰，谭棣华、陈稼禾点校：《客座赘语》卷七《金陵人金陵诸志》，第219页。
④ 顾起元撰，谭棣华、陈稼禾点校：《客座赘语》卷七《南京诸志》，第220页。
⑤ 顾起元撰，谭棣华、陈稼禾点校：《客座赘语》卷七《先贤著述》，第216页。

的批评"至前闻纪异一百条，全录旧文取充卷帙，尤为无取矣"，其实是没有抓住全书脉络的浮泛之论。

详细胪列相关的文献外，顾起元"上穷碧落下黄泉，动手动脚找东西"的功夫，也同样令人印象深刻。下面摘录"古志搜访"一条的全文，以便对顾起元作为学者的一面，有较明确的体认：

> 尝谓地方文献，士大夫宜留意搜访，至前代图籍，尤当甄录，即断编缺简，亦当以残珪碎璧视之。金陵古称都辇，乃自国朝以上，纪载何寥寥也，仅有《金陵新志》一书，南雍旧板尚在，然讹阙过半，亦复无他本可备校补者。《景定建康志》，闻礼部旧有藏本，近亦不知存亡。余念此，但见往记有关金陵者，辄纪载其名，为搜访之地，二卷中曾纪古志，近又考得数种，具疏如左：《周处风土记》三卷，梁元帝《丹阳尹传》十卷，应詹《江南故事》三卷，徐铉等《吴录》二十卷，不知名《南唐书》十五卷，不知名《江南志》二十卷，十五卷者，疑是陆务观书。王显《南唐烈祖开基志》十卷，徐铉、汤悦《江南录》十卷，陈彭年《江南别录》四卷，龙衮《江南野史》二十卷，不知名《江南余载》二卷，钱惟演《金陵遗事》三卷，不知名《金陵叛盟记》十卷，王豹《金陵枢要》一卷，曾洰《句曲山记》七卷，张情《茅山记》一卷，不知名《茅山新记》一卷，张隐龙《三茅山记》一卷，恐即张情。朱存《金陵览古诗》二卷，袁陟《金陵访古诗》一卷，吴操《蒋子文传》一卷，不知名《南朝宫苑记》一卷。其郑文宝

《南唐近事》《江表志》，近已有板行者，二书所载，大概多同。①

就像口耳之谈与考订载籍之间的互相参照一样，具有在地人优势的顾起元也往往以他所摘录的古籍记载，作为进一步搜访资料的凭据，"但见往记有金陵者，辄记载其名，为搜访之地"，从而一步一步地扩充他的文献知识。而这样的文献基础，又可以和实地的田野考察产生互动，让看似琐细的文本，经纬交织，成为更丰厚的深描。"金陵古城"条目中的记载，是一个很好的例子：

> 襄侍吾师蛟门先生，问余五城云何？仓促对以东晋所筑，今有五城渡是。后读前志，知唐韩滉又筑石头五城，自京口至土山，修坞壁，起建业抵京岘，是有二五城矣。因悉考金陵前代城郭，一古越城，一名范蠡城，蠡所筑，在长干里，俗呼为越台。一楚金陵邑城，楚威王置，在石头清凉寺，西南开二开，东一门，……吴石头城，大帝因旧城修理。……吴至六朝古都城，吴大帝所筑，周回二十里一十九步，在淮水北五里，晋过江不改其旧，宋、齐、梁、陈因之。②

接下来，顾起元一一追溯了从晋台城、冶城、秣陵城到隋金陵府城的沿革和所在。这整段叙述，都是从"读前志"开始。另一方面，长期生活在南京的背景，则让志书中地点的记载，有了具体的着落，而不是一个个模糊、不相干的历史地理名词。"吴石头

---

① 顾起元撰，谭棣华、陈稼禾点校：《客座赘语》卷四《古志搜访》，第134—135页。
② 顾起元撰，谭棣华、陈稼禾点校：《客座赘语》卷五《金陵古城》，第152页。

城，……在长乐桥东一里，今桐树湾处。""台城，……在青溪西东府城""冶城即在今之朝天宫也""秣陵城在小长干巷内"之类的表述，让模糊、平坦或一望无际的文献记载，突然有了一个个精准的切口，进入南京的巷陌。具体而细微的地方观或当下此刻的地方知识，和历史的传承及上层、正式的记叙，因此有了联结。这种地方视野和大的历史论述间的联结乃至辩证关系，可以说是《客座赘语》一书最基本的特质。

书画文物和鬼怪传奇在《客座赘语》的记事中，占有突出的位置。在这些细小或不可思议的记事中，同样也弥漫着上述特质。万历四十四年，五十二岁的顾起元在住家右边巷子的水沟中，发现了一片断碑。碑的一面有山水人物图像和文字解说，另一面则画有坐在优昙树前，手持经卷的古佛。因而引出了顾起元的下述考据文字：

> 余家右童子巷，丙辰五月初六日，因浚沟掘地，得断碑一片。其一面上有字，言是曹仲元画山水人物树木。有樵夫担柴，柴上悬一小笼，笼中有雀；又有担衣篚前行，而后有驾牛车者；又有岸晒渔网，小舟横于水中，最为精妙。按刘道醇《五代名画补遗·人物门·妙品》有仲元，言仲元建康丰城人，少学吴生，工画佛及鬼神，仕南唐李璟为待诏。仲元凡命意搦管能夺吴生意思，时人器之。仲元后顿弃吴法，自立一格，而落墨致细，傅彩明泽。璟尝命仲元画《宝公石壁》，冠绝当时，故江介远近佛庙、神祠，尤多笔迹。今此固其一也。其一面为武洞清笔，画有优昙树，下立一峰石，前一古佛，手持经卷，止一半

身,其余缺坏矣。按洞清乃武岳子,米芾《画史》称其作佛像罗
汉,善战掣笔,作髭发尤工,天人画壁,发彩生动。然绢素动以
粉点眼,久皆先落,使人惜之。①

一幅由于"浚沟掘地"的偶然机缘,重新被挖掘出来的六七百
年前的壁画,如果是被一般的居民拾获,其身世和价值未必能如此
被考据出来。但学识渊博,又留心桑梓文献的顾起元能重建其辉
煌的系谱,让我们从童子巷旁的方寸之地,从一片小小的断碑之
中,重新建立"金陵自古帝王都"的系谱。曹仲元和韩熙载同时在
南唐李璟朝中仕宦为官,顾起元在"金陵南唐画手"一条下,也曾根
据文献的记载,约略提及:"江宁沙门巨然画烟岚晚景,当时称
绝。……曹仲元工画佛道鬼神。竺梦松工画人物女子、宫殿楼阁。
顾德谦工画人物。刘道士工画佛道鬼神。此图画《见闻志》所记,
在《金陵新志摭遗》卷中。南唐又有王齐翰工画罗汉,而志之不
载。"②这些艺术家曾经在构建南京丰富的文化、艺术传承上,占有
一席之地。顾起元在重建他的记忆的宫殿时,原本也只能根据地
方文献一笔带过。但偶然得到的出土文物,让他对两位南唐金陵
画家的作品,有了更具肌理和形象的描绘,兴奋之情,不难体会。
原来一笔带过的记载,因为有了实物的凭据,而可以进一步发挥:

洞清亦南唐人也。二子遗迹,世无存者,今乃从地中断石
得之,岂非画史中一段嘉话耶。曹画所题字,不在上,亦不在

---

① 顾起元撰,谭棣华、陈稼禾点校:《客座赘语》卷九《曹仲元、武洞清画石》,第296页。
② 顾起元撰,谭棣华、陈稼禾点校:《客座赘语》卷五《金陵南唐画手》,第153—154页。

下，画脚与字脚相对刻之，今代亦无此式也。①

顾起元这种对金陵事物的考据癖，可说无所不在。下面这则对金陵寺塔的记载，还在一般可以理解的范围内：

> 祠部郎葛公所著《金陵梵刹志》四十余卷，一时大小寺院亡不详载，大都据见在者，详其建置之始末。元、宋以前，微不能举，文献无征，固宜尔也。因考唐僧清澈著《金陵寺塔记》三十六卷。又唐僧灵偏著《摄山栖霞寺记》一卷。二书皆亡，第名载于忠志耳。此书若存，六帝之都，四百八十寺之盛，必更有可考据者。山川不改，遗迹莫稽，余尝过太冈寺，睹其凋落，为诗吊之，落句："可怜佛土还成坏，况复人间罗绮场。"寺在昭代犹尔，又何论千百年而上者哉。②

尽管文献不足，寺庙又多数不存，可以发挥之处不多，但只要有一些蛛丝马迹，不论是亲身目睹、乡里传闻，还是客间座谈中以供欢笑、相娱的往迹近闻，顾起元大概都不会放过。下面这三则记载，就是序言中所说"客之常在座者，……则争语往迹近闻以相娱，间出一二惊奇诞怪者以助欢笑，至可裨益地方与夫考订载籍者，亦往往有之"的典型个案：

---

① 顾起元撰，谭棣华、陈稼禾点校：《客座赘语》卷九《曹仲元、武洞清画石》，第296页。
② 顾起元撰，谭棣华、陈稼禾点校：《客座赘语》卷四《金陵寺塔记》，第134页。

　　　　王君履泰言:秣陵镇人曾掘地得冢,朱其棺,以铜为凳度
　　之,美中多金银器。报于巡检司,官勘志石,秦桧第三女也,官
　　亟令人掩之。《金陵琐事》载:嘉靖末,江宁镇人有掘得桧墓
　　者,所获不赀,官因恶桧而缓其狱。案元《金陵志》,桧墓在牛
　　首山。在江宁镇南木牛亭者,其祖茔耳。未知孰是。①

　　故事的前半段显然是客座笑谈的友人转述的传闻,或费丝言
所细致分析的街头新闻。② 下半段则连续引用了两种文献记载,以
墓中富藏金银、秦桧墓地不明及令人嫌恶等几个简单的叙事为传
闻添加了更多的故事性和悬疑性。

　　《金甲人》一则的叙述,同样从墓地出发,主角则换成南京诸生
何应鼎。金甲人的托梦,牵扯出一段长达百年的何氏先人与鬼魂
不为人知的积怨:

　　　　公葬南郊且百年矣,其孙诸生应鼎,常梦一金甲人,谓之
　　曰:"亟改扦而祖,吾为而祖所压且百年。"奈何形家亦言地非
　　古壤,应鼎乃改葬。既开圹,则棺木已腐,而形故不坏,面如
　　生,目开而睛甚黄,衣红袍,色犹未变也。掘其下果有砖甃,为
　　古冢,不知何人之墓。且当何公葬时,岂不知是前人冢而扦
　　之! 皆异事也。③

─────────────

① 顾起元撰,谭棣华、陈稼禾点校:《客座赘语》卷三《秦桧女墓》,第95页。
② Fei Siyen, "Nanjing through Contemporary Mouths and Ears: The Idea of the City in Two Recorded Conversations about Ming Nanjing,": 8—19.
③ 顾起元撰,谭棣华、陈稼禾点校:《客座赘语》卷三《金甲人》,第94页。

何应鼎因为不堪鬼魂不断托梦的困扰，被迫采纳堪舆家的建议，开启墓室后所见的场景："面如生，目开而睛甚黄，衣红袍，色犹未变也。"在顾起元栩栩如生的描述下，鲜明得让人有些难以置信。但故事一开头的考证文字"何工部遵，正德中疏谏南巡，廷杖死。世庙初，赠公尚宝卿，官其子一人。《南畿志言》：公赠光禄少卿，误也"①为这个乡里奇谭奠定了历史考据的"史实"基础。

从《金甲人》到《猿妖》，顾起元的南京回忆中，最让人心恍神迷的城市物语，于焉登场：

> 张榲甫言：嘉、隆间，一部郎之妻，偶出南门梅庙烧香，为物所祟，每至辄迷眩，百计遣之不去。后部中一办事吏谙通箓符水，郎命劾治之。吏设坛行法，别以小坛摄怪，久之坛内喷喷有声，吏复以法咒米，每用一粒投坛中，其怪即畏苦号叫，似不可堪忍者。问其何所来，怪答曰："本老猿也，自湖广将之江以北，道过金陵，偶憩于高座寺树杪，而此夫人经行其下，适有淫心，遂凭而弄之耳。"吏以符封坛口，火焚之，怪遂绝。按《宋高僧传》载，会稽释全清，工密藏禁咒法，劾治鬼神。所治市会王家之妇，草为刍灵，立坛咒之，良久妇言乞命，乃取一瓶驱刍灵入其中，呦呦有声，缄器口，以六乙泥朱书符印而瘗之，即此术也。②

顾起元对妖魔鬼怪故事的偏好，我在下文中还会仔细讨论，在

---

① 顾起元撰，谭棣华、陈稼禾点校：《客座赘语》卷三《金甲人》，第94页。
② 顾起元撰，谭棣华、陈稼禾点校：《客座赘语》卷三《猿妖》，第96页。

这里只就这一则记载中的几个重点,稍加摘述。和《秦桧女墓》一样,这则故事也以某某某言的"客谈"形式开端。故事中一位南京官员的妻子到庙里烧香时,被异物附身。有趣的是,最后帮她施法祛除鬼怪的大概不是一位真正以术数为业的道士,而是一位熟知法术的官府胥吏。对地方胥吏在各级政府中扮演的角色,从日常的文书处理到包揽钱粮、词讼等,我们已经累积了相当多的知识。① 这则记载中的"后部中一办事吏谙通篆符水,郎命勒治之"则提供了一个珍贵而有趣的切入点,让我们进一步了解到与地方社会有密切交涉的官府下层书吏,在与民众生活息息相关的各种事务中,很可能和下阶层文人或和尚、道士一样,还扮演了服务桑梓的角色。

在生动地叙述了办事吏降伏猿妖的故事后,顾起元循例展现会试第一的学问家本色,用《宋高僧传》中一段有关释全清降魔之术的类似文字,为友人传述的惊奇诞怪之事,找到历史和经典的传承与系谱。全清驯服附身乌鸦的故事,载于《宋高僧传》第三十卷,原记载中还有一段同样精彩的窖中乌鸦在被收束于瓦罐五年后,重见天日的后续发展。② 大体而言,顾起元的摘叙正确无误。我们无法确知顾起元在吩咐仆人以纸片记下座客的传述后,是在自己的藏书中或国子监或其他所在,检索了《高僧传》的原文;还是在听到传述前,早已经在多年的阅读中留下记忆;或是经历了阅读、耳

---

① 参见 T'ung-Tsu Chu, *Local Government in China under the Ch'ing* (Stanford: Stanford University Press, 1969), pp. 36—55; Philip Kuhn, *Rebellion and Its Enemies in Late Imperial China: Militarization and Social Structure, 1796—1864* (Cambridge: Harvard University Press, 1980), pp. 97—99.

② 《宋高僧传》卷三十《唐高丽国元表传(全清)》,见《文渊阁四库全书》电子版。

闻、再查证的过程。但不论何者,都同样反映了《客座赘语》琐细的
记事后,其实有着一个庞大的历史传承与资源,为其叙事张本。

(二) 古礼今俗

《客座赘语》中对古礼今俗的讨论,反映了岸本美绪教授所说
的:"16 到 18 世纪士大夫对风俗这个课题,有着非比寻常的强烈关
注。"顾起元的相关记载,除了一如寻常反映出他的博学和对城市
生活细节的敏锐观察,其实还有着社会批判,以古正今的用心。同
时,这些叙述一方面让我们看到一些习之久远的礼仪,如何像文化
结构、图式一样,深植于中国传统社会中;一方面也提供了一个个
具体的案例,让我们了解到这些图式如何在社会中被不断地实践、
重演。地方性的实践使得载之典籍的礼仪,不只是徒托空言的具
文,而往往在因革损益之后,被有意或不经察觉地保留下来。

在《客座赘语》的礼俗记载中,《女饰》一条最详尽地显示出作
者"多识于虫鱼鸟兽之名"的考证兴趣。但从南京当时妇女流行穿
戴的饰物、帽子、假发或真人遗发及发饰、耳环等微小之物切入,让
典籍、经学家原本流于枯琐的考证,有了现实的意义。街头上招摇
过市的南京仕女,看似穿戴了争奇斗艳的流行饰品,在顾起元的考
掘下,却好像背负了沉重的千古历史和文明:

> 今留都妇女之饰,在首者翟冠七品命妇服之,古谓之副,
> 又曰"步摇"。其常服戴于发者,或以金银丝,或马尾,或以纱
> 帽之。有冠,有丫髻,有云髻,俗或曰"假髻"。制始于汉晋之

大手髻，郑玄之所谓"假纷"，唐人之所谓"义髻"也。以铁丝织为圈，外编以发，高视髻之半，罩于髻，而以簪绾之，名曰"鼓"，在汉曰"剪牦蕳"，疑类于《周礼》之所谓"编"也。摘遗发之美者缕束之，杂发中助绾为髻，名曰"头发"，诗之所谓"髢"也。长摘而首圜式方，杂爵华为饰，金银、玉、玳瑁、玛瑙、琥珀皆可为之，曰"簪"。其端垂珠若华者，曰"结子"，皆古之所谓"筓"也。掩鬓或作云形，或作团花形，插于两鬓，古之所谓"两博鬓"也。花钿戴于发鼓之下，古之所谓"镆蔽髻"也。耳饰在妇人，大曰"环"，小曰"耳塞"，在女曰"坠"，古之所谓"耳珰"也。①

除了妇女服饰，南京人在节庆时实行的一些祭仪和风俗，顾起元也为之一一追本溯源：

　　留都人家以腊月二十四日夜祀灶，饷饼果酒，自士大夫至庶人家皆然，此古五祀之一也。商制五祀，一曰户，二曰灶，三曰中溜，四曰门，五曰行，天子与诸侯大夫同。门、户主出入，灶主饮食，中溜主堂室、居处，行主道路也。周制，王为群姓立七祀，曰司命，……曰灶。诸侯立五祀，曰司命，……庶人立一祀，或立溜、灶，或立户。汉立五祀，《白虎通》云：户以春祭，灶以夏祭，门以秋祭，井以冬祭，中溜以六月祭。其后人家祀山神、门户，山即厉也。然则今以士大夫止祀灶一，不及其他，与

---

① 顾起元撰，谭棣华、陈稼禾点校：《客座赘语》卷四《女饰》，第 111 页。

祭以冬尽,皆与礼异。①

　　腊月二十四日祀灶原是从商代即设立的五祀之一,周制益为繁复,汉代又明定了五祀之礼,分不同的季节祭拜负责居家环境内门户、饮食、堂室、通路的不同神祇。到明末时,则简化成祀灶一礼,季节也从夏天改成岁末。与清初李光地对于俗之悖谬越礼的强烈批评、欲依古礼恢复五祀制度的企图相比,顾起元此处的语气显得相当平缓,只是单纯地指出古礼与今俗的不同之处。②

　　对于南京新年时在家门上所作的装饰,顾起元则是一一溯其源流、演变:"岁除岁旦,秣陵人家门上插松柏枝、芝麻楷、冬青树叶,大门换新桃符,贵家房门左右贴画雄鸡。此亦有所自起。按魏、晋制,每岁朝设苇茭、桃梗、磔鸡于宫及白寺之门,以辟恶气。自夏后以苇茭,商人以螺首,周人以桃为梗。"当代金陵人混用树叶和雄鸡图的仪式,看起来与六朝使用磔鸡、桃梗的习俗有着一脉相承之处,但事实较此更为复杂。魏晋的习俗其实是将三代元旦和汉人端午的礼俗混杂在一起,"汉兼用三代之仪,以苇茭、桃梗,五月五日,朱索五色印为门户饰,以催止恶气。后汉又以朱索、连荤、菜弥、牟朴、虫钟,以桃印长六寸方三寸,五色书文如法,以施门户。魏、晋乃杂用于岁旦"。明末南京人则又将元旦和五月五日分开,岁除岁旦时门庭前的装饰沿用了魏晋所承续的制度。五月五日,"庭悬道士朱符",人佩五色线符牌,门上饰以蒜头串及草制五毒

---

① 顾起元撰,谭棣华、陈稼禾点校:《客座赘语》卷四《五祀》,第115页。
② 李光地:《五祀礼略》。我在《明清的统治阶层与宗教:正统与异端之辨》一文中,对此有比较详细的讨论。

虫，"虎、蛇、蝎、蝐蜼、蜈蚣蟠缀于大艾叶上，悬于门"，"又以桃核刻作人物佩之"。种种烦琐的辟邪仪式，"盖用汉五月五日之遗法也"①。在这些家家户户奉行不断的仪式和鸡毛蒜皮之类的微小细节中，明末金陵和遥远的三代，建立了千丝万缕、绵延不绝的联系。

对金陵人聘娶之时所用的各种纳采之礼的记述，所谓"按此则今俗相沿之仪物，固有所自来矣！"②同样让我们看到古代礼俗作为文化资源与文化图式所衍生出的意义和影响。

顾起元的相关记叙中，对于与女性有关的仪礼、风俗，有不少着墨，而且在客观的描述、轻重不等的批评外，也不时站在女性角度，作出较同情的诠释。下面这则关于当时南京街头，道士登坛、妇人祈祷、儿童扛着香亭沿街呼喊龙王的祈雨场景的描述，是一个很好的例子：

> 都中祈雨，小儿扛香亭，沿街市吁呼龙王，见路人持伞者，击而碎之。或曰："此何始也？"予曰："魏孝成定雩祭仪，自断屠诸旧典外，有百官断伞扇一条。开元礼因着断扇之文，此其

① 顾起元撰，谭棣华、陈稼禾点校：《客座赘语》卷四《桃符、画鸡、蒜头、五毒等仪》，第116—117页。
② 顾起元撰，谭棣华、陈稼禾点校：《客座赘语》卷九《礼制（七则）》，第288页。原文如下："金陵人家行聘礼，行纳币礼，其笄盒中用柏枝及丝线络果作长串，或剪彩作鸳鸯，又或以糖浇成之，又用胶漆丁香粘合彩绒结束，或用万年青草、吉祥草，相谐为吉庆之兆。考《通志》婚礼，后汉之俗，聘礼三十物，以玄、纁、羊、雁、清酒、白酒、粳米、稷米、蒲、苇、卷柏、嘉禾、长命缕、胶、漆、五色丝、合欢铃、九子墨、金钱禄、得香草、凤凰含利兽、鸳鸯受福兽、鱼、鹿、乌、九子妇、阳燧、钻，凡二十八物。又有丹为五色之荣，青为东方之始，共三十物，皆有俗仪，不足书。按：此则今俗相沿之仪物，固有所自来矣！《酉阳杂俎》言纳采九事，曰合欢，曰嘉禾，曰阿胶，曰九子蒲，曰朱苇，曰双石，曰绵絮，曰长命缕，曰干漆。九事皆有词，各有取义。"

縣也。"又道人登坛，祈祷用妇人。或曰："毋乃为渎与？"予曰：
"以阴求阴，董广川有是言矣。罗泌《路史》论雩祭宜用女巫，
意盖本此。汉武帝祈雨仪用女子、女巫，丈夫遂至不许入市。
道士之用妇人，亦自有义，未可尽非之也。"①

　　将这则记载与明清两代对于祈雨的礼制和法术所作的种种复
杂的讨论相比②，顾起元用董仲舒"以阴求阴"的言论和汉武帝"祈
雨仪用女子、女巫"的前例，为"道士用妇人"的南京今俗作辩解的
立场，毋宁是突出而少见的。

　　相较于对热闹喧哗、妇孺术士共同参与的祈雨之俗的同情，顾
起元对于士冠礼的不行，似乎多了一份惋惜，但同时对烦琐的古礼
之后所蕴含的人力、物力的消耗，知之甚明。就此点而言，顾起元
对南京当代通行的礼俗，不论是祭雨还是冠礼，其实有其一贯的同
情、了解和务实的一面：

　　　　冠礼之不行久矣。耿恭简公在南台为其犹子行冠礼，议
　　三加之服，一加用幅巾、深衣、履鞋，二加用头巾、蓝衫、绦靴，
　　三加用进士冠服、角带、靴笏。然冠礼文繁，所用宾赞执事，人
　　数甚众，自非家有大厅事、与力能办治者，未易举行。故留都
　　士大夫家，亦多沿俗行礼，草草而已。③

---

① 顾起元撰，谭棣华、陈稼禾点校：《客座赘语》卷四《祈雨》，第117页 。
② 参见前引《明清的统治阶层与宗教》一文中的讨论。
③ 顾起元撰，谭棣华、陈稼禾点校：《客座赘语》卷九《礼制（七则）》，第287页。

对于婚礼中的迎娶场面,顾起元同样作了生动的描述,虽然基本的命意是要陈述古今礼俗的异同,并对婚制中某一两个不按古礼行事的做法有所议论,但在"仿佛旧事"的简约文字后,清楚地传递了鼓乐喧天的欢乐气息。即便是在"婚礼古以不亲迎为讥,留都则婿之亲迎者绝少。惟姑自往迎之"的"差与古异"的叙事前提下,迎娶之礼,仍然按照留都自有的节拍热闹地展开:

> 古俗,亲迎有弄女婿、弄新妇、障车、婿坐鞍、青庐、下婿、却扇等礼,今并无之。唯妇下舆以马鞍令步,曰跨鞍,花烛前导曰迎花烛,仿佛旧事。婚礼古以不亲迎为讥,留都则婿之亲迎者绝少。惟姑自往迎之,女家稍款以茶果。妇登舆,则女之母随送至婿家,舅姑设宴款女之母。富贵家歌吹彻夜,至天明始归,婿随往谢妇之父母,亦款以酒。而妇之庙见与见舅姑,多在三日。按家礼,妇于第三日庙见见舅姑,第四日婿乃往谒妇之父母。盖谓妇未庙见与见舅姑,而婿无先见女父母之礼也。此礼宜复,但俗沿已久,四日往谢,众论骇然。议于第二日晨起,子率妇先庙见拜父母舅姑,而后婿往妇家拜其父母,庶几得礼俗之中矣。①

顾起元对南京流俗最强烈的批判,在丧礼这个部分:"近代丧礼中有二事循俗,而与古反者,沿流既久,遽难变之。"②接下来,长篇大论地对"服"与"奠"的礼制与今俗,作了非常全面的描述和指

---

① 顾起元撰,谭棣华、陈稼禾点校:《客座赘语》卷九《礼制(七则)》,第287—288页。
② 顾起元撰,谭棣华、陈稼禾点校:《客座赘语》卷九《礼制(七则)》,第288页。

摘，基本的论点是"从礼从俭"，希望丧礼回归古制中借着制度来表达对死者的真实哀悼之情的传统，而不是用奢靡的外在形式与馈赠，将丧礼变成一个杀猪宰羊、"崇饰果蔬"、"填塞于庭"的喧闹社交场合。

顾起元在这段文字中的论点和语调，和《客座赘语》中牵涉社会批判的部分内容的精神一致，即对于晚明奢靡之风的不满，这个基调也与16—18世纪间"风俗论"的基本关切相吻合。特别值得注意的是，虽然顾起元在其关于生活与逸乐的记事中，透露出他对声音之道与戏曲、歌谣的重视与爱好，但另一方面，他对丧礼和南京当时风俗最强烈的批评，除了华丽的服饰，刚好也集中在丝竹、鼓吹的部分：

> 丧礼之不讲甚矣。前辈士大夫如张宪副祥，有期之丧，犹着齐衰见客；其后或有期功服者，鲜衣盛饰，无异平时，世俗安之，恬不为怪。间有守礼者，恐矫俗招尤，不敢行也。昔晋人放旷礼法之外，为儒者所诟。乃其时，陈寿居丧病，使婢丸药，坐废不仕。谢安石期功不废丝竹，人犹非之。视今日当何如哉？余谓士大夫在官有公制，固所不论，至里居遭丧，即期功亦宜示稍与常异。如非公事谒有司，不变服，不赴筵会，即赴亦不听声乐，不躬行贺庆礼，不先谒宾客，庶古礼犹几存什一于千百也。

> 军中鼓吹，在隋、唐以前，即大臣非恩赐不敢用。旧时吾乡凡有婚丧，自宗勋缙绅外，人家虽富厚，无有用鼓吹与教坊大乐者，所有惟市间鼓手与教坊之细乐而已。近日则不论贵

贱,一概混用,浸淫之久,体统荡然。恐亦不可不加裁抑,以止
流竞也。①

小结

《客座赘语》一书,如前所示,包含了丰富的主题。在这篇文章
中,我仅就历史传承这个层面,说明在沙龙客谈、琐事赘语的表面
形式外,顾起元在写作各项条目时,其实有着强烈的历史意识。这
种历史传承和延续感同样可以从书中各项关于地方知识、文物、草
木、微物与生活逸乐的叙事中看出。由于篇幅限制,我无法在文中
对这些课题作更多的讨论。但有一点是要特别强调的:顾起元这
种强烈的历史延续感,一方面让他和晚明文人的断裂感形成强烈
的对比,一方面也让《客座赘语》一书刊行之后,成为日后方志编纂
者和甘熙一类有志于乡邦文献的士大夫的重要参考文献。《客座
赘语》一书因此亦成为形塑明清南京地方历史记忆的重要基石。

① 顾起元撰,谭棣华、陈稼禾点校:《客座赘语》卷九《礼制(七则)》,第289—290页。

第四章 《白下琐言》

19世纪的南京记事

一、历史视野下的《白下琐言》

在明清士大夫撰写的南京杂忆中,甘熙的《白下琐言》无疑是继顾起元的《客座赘语》之后,另外一本具有里程碑意义的作品。在表面上,这些作品都是依笔记小说的体裁,一条一条,没有结构、没有主题地撮集而成,杂琐而不成体系。但是,透过地方志编纂者的摘录、标举,这些琐屑、非正式的个人记忆,被纳入官方、正式的历史记载中,成为地方历史的系谱和大叙事的组成因素。顾起元的《客座赘语》被康熙七年(1668)陈开虞主修的《江宁府志》大量采用,以其程度而言,固然是一个相当特殊的案例,但就笔记小说与方志记载的关系而言,并非仅此一家实现了突变发展。甘熙的《白下琐言》就是另外一个例子。

同治年间续纂的《江宁府志》,对金陵叙事的系谱和传承作了非常清楚的排序：

> 金陵古帝王州也。……其志名胜，则权舆于唐许嵩(《建
> 康实录》)、李吉甫(《元和志》亦旁涉古迹)，迨宋张敦颐(《六
> 朝事迹类编》)，……元张铉(《至大金陵新志》)，明顾璘(《金
> 陵名园记》)、陈沂(《金陵古今图考》)、顾起元(《建康宫阙都
> 邑图》《客座赘语》)、盛时泰(《金陵纪胜》)、周晖(《金陵琐事
> 三编》)、曹学佺(《名胜志》)，诸人益侈且备。①

这一连串包含方志与笔记的南京叙事系谱紧接着的，是陈开
虞和吕燕昭分别于康熙七年修纂的《江宁府志》和嘉庆十六年
(1811)编撰的《新修江宁府志》。很明显，在同治年间府志修撰者
的眼中，顾起元和周晖等人关于南京的杂记作品，和《六朝事迹类
编》《景定建康志》《至大金陵新志》及清朝的两本官修府志，已经
不分类别地成为南京千年历史叙事的一环，而他们自己要做的，则
是为这个一脉相承的历史叙事，做补强更新的工作：

> 陈、吕二志之所采掇也，事历八代，阅千数百年，遗文坠
> 绪，变更而湮没者多矣！兹纂旧闻，继前轨有所不容己于记
> 者。所以壮山川之灵秀也，作《名迹志》。

甘熙的《白下琐言》就是在这个与时推移、补强更新的原则下，

---

① 蒋启勋、赵佑宸修，汪士铎等纂：《续纂江宁府志》，光绪七年(1881)刻本影印本，
《中国地方志集成》，南京：江苏古籍出版社，1991，第68页。

进入了夹杂着官方叙事和私人杂忆的历史的殿堂：

> 高岑《四十景图》、余宾硕《金陵览古》，国朝书也，然于嘉
> 道间尚远，惟王友亮《金陵杂咏》、陈文述《秣陵集》、周宝偀
> 《金陵览胜考》、金鳌《待征录》、甘熙《白下琐言》、李鳌《金陵
> 名胜诗钞》，皆以其时之人话当时。①

从下文的分析中，我们可以清楚地看出来，甘熙写《白下琐言》
的主要目的之一，就是为将来的方志编纂者提供可信的数据；而在
写作过程中，顾起元的《客座赘语》是重要的参照点和对话对象。
在甘熙过世后不久，同治版府志的编纂者，就将他和顾起元及其他
二十位作者，共同纳入建构南京历史论述的众神殿中，这无疑是最
大的身后哀荣。甘熙的《白下琐言》虽然无法像《客座赘语》那样，
在府县志的层级占据许多篇幅，但仍然产生了一定的影响。同治
十三年（1874）刊刻的《上江两县志》，在列女、忠义、贞烈、名宦、乡
贤诸卷外，于卷二十三单独列一卷《忠义孝悌录》，我怀疑是因为受
到甘熙的启发。传统的官方史书中，虽然有孝义传，但并无以"忠
义孝悌"命名者，袁枚刊修的《江宁新志》也只用了"孝悌传"之名。
而甘熙在道光二十年（1840），有感于"忠义、孝悌散见群籍，未有裒
集之者"，因而参考史传、志乘的记载，编成《金陵忠义孝悌祠传赞》

---

① 蒋启勋、赵佑宸修，汪士铎等纂：《续纂江宁府志》，光绪七年（1881）刻本影印本，
《中国地方志集成》，第68页。

一书并刊行。①

我怀疑同治《上江两县志》使用"忠义孝悌"这个特殊的词语并以其为主线另立专卷的另一个原因,和这套方志的编者有关。在八个方志分修者中,江宁试用训导甘元焕是甘熙的堂弟,在甘家藏书楼毁于太平天国之乱后,一直试图重建。另一位江宁廪生陈作霖则显然对甘熙的著作了如指掌。② 由陈作霖自己编著的一系列金陵乡土志中,我们又可以看出甘熙的《白下琐言》已经超越了《客座赘语》,或者至少和《客座赘语》并列,成为晚清乡土记忆最主要的源头。

根据陈作霖自己的说法,他"隶籍建康,留心文献,两襄志局",在修纂方志外,又编纂了《金陵通纪》《金陵通传》两套卷帙浩繁的大论述。而在此之外,他又进一步写了一套琐细的乡土小志。③ 在这些关于河流、桥梁、里巷、街道、物产等细部的乡土记事中,陈作霖大量地援引了《白下琐言》的记载。④ 1917 年,陈作霖的儿子陈稻孙秉持父亲写作《金陵琐志》的精神,出版了《续金陵琐志二种》。有趣的是,不论是友人为《金陵琐志》写的序言,还是陈稻孙自己写的《凡例》,都赋予《白下琐言》更高的地位:

> 此则《板桥杂记》系兴替于简端,《白下琐言》陶衷乐于弦

---

① 甘熙:《金陵忠义孝悌祠传赞·序》,道光庚子津逮楼甘氏刊本,南京图书馆藏,第1a—1b 页。

② 县志的采访、分修名单见《同治上江两县志》的目录。

③ 陈作霖:《金陵琐志》(一)(二),清光绪二十六年刊本,《中国方志丛书》,台北:成文书局,1970 年复印件,第 3—4 页。

④ 陈作霖:《金陵琐志》(一)(二),第 40—47 页。

外者矣！①

是志所采，专以府县志为主，导源于《建康实录》《景定建康志》《金陵琐事》《六朝事迹编类》《白下琐言》诸书，而辅以《板桥杂记》《客座赘语》及家君《金陵通纪》《通传》。②

这两则引文显示，到 19、20 世纪之交，余怀《板桥杂记》和顾起元《客座赘语》问世两三百年后，对于晚明南京的描述和追忆，仍然在发挥影响。在 19 世纪中叶问世的《白下琐言》，由于时代切近，对当时人的乡土论述，显然有更大的形塑作用。鸦片战争和太平天国的动乱，固然将南京的历史发展带向一个迥然不同的方向，并给南京的城市景观和许多人的生命历程带来巨大的冲击。但从陈稻孙写于 1917 年的凡例中，我们看到一个源于唐代《建康实录》的历史记忆，如何跨越朝代的断裂，绵延千年而不断，并将官方的帝国都城叙事和方志的传统，透过赘语、琐言及乡土志一类更细部、更地方的私密性叙事类型，向下穿透，构成一个坚实、绵密的记忆之网。

二、家世背景

甘熙所身处的南京，已经由盛而衰，无复晚明金陵的激荡颓废，甘熙本人的家势却在嘉道年间达于顶峰，成为南京当时少见的

---

① 冯煦：《运渎河小志·序》，《金陵琐志》（一），第 7 页。
② 陈稻孙：《续金陵琐志二种》，《金陵琐志》（二），第 328—329 页。

世家大族。在全盛时期由三百多间房屋和一座花园组成的甘家大院，能够在像南京这样全国性的大都会中存在，给甘熙的身世平添了一份其他活跃在明清南京的士大夫所没有的传奇色彩。由于甘熙的经历、著作，他成为甘氏家族最具代表性的人物。2002 年，南京市政府重新整理开放甘氏宅院，就径以"甘熙故居"之名称之，其成为南京市的一个主要观光景点。

甘氏的先祖最早可以远溯到战国时期秦国的相国甘茂。甘茂的孙子则是家喻户晓、十二岁拜相的甘罗。公元 322 年，晋朝梁州刺史甘卓因不肯反叛，被王导的从兄王敦杀害，东晋元帝为此封甘卓为"于湖侯"。此后，甘氏族人举家南迁，定居在南京南郊九十里外的小丹阳，"于湖侯"甘卓成为家族凝聚的核心，族人以甘卓之墓为中心，聚族而居。① 甘熙在《白下琐言》中提到嘉庆十七年，他的父亲用一件铜瓶换取一件汉代铜壶，后者出土地就在始祖墓附近："甘村距始祖晋于湖侯墓未半里。嘉庆壬申九月，族人韶九葬母于其地，土中掘得铜壶一。"②在另外一处，他又仔细地介绍了始祖墓的所在。从这段记载中，我们不但能看出甘卓之墓在甘家历史中所扮演的角色，也不难体会到甘熙对自己载诸史册的显赫家世的感情：

> 始祖敬侯墓，在江宁南乡小丹阳甘墓冈，其地亦名甘泉里，桥曰甘府桥，村曰大甘村、小甘村，皆以甘得名。自晋迄今千数百年，环墓而居者尚有百余家，皆侯裔也。

① 参见尹晓华主编：《甘熙故居》，北京：中国文联出版社，2005，第 9 页。
② 甘熙：《白下琐言》，南京：南京出版社，2007，第 114 页。

墓碑中失。宋时，有锄地者得古碑曰"梁州刺史甘府君墓"，乃复辨之。元张铉《金陵新志》载之云："其碑藏于甘氏之家。"今不可得矣。嘉庆十六年，先大夫重修立碑，桐城姚姬传先生鼐撰记并书，载入《府志》。其碑记墨迹装册，题者甚夥，兹择录之，以资参考。……后之子孙，当世世宝之，非第家乘有光，抑此邦文献之一征也。①

甘熙强烈的历史延续感、对地方文献的兴趣、对儒家忠孝之道的讲求，和源远千年的家族历史，显然有很大的关系。

明万历中叶始，甘氏家人的一支从小丹阳甘墓冈迁到江宁城内。② 根据甘熙的记述，"先祖故居在东花园"，嘉庆四年迁居到今日甘熙故居所在的南捕厅。③ 东花园位于南京城东南，曾是明中山王徐达的中山花园，坐落在夫子庙闹市旁，过长板桥与旧院相连。④ 甘熙虽然对明代设置旧院多所批评，但居家触目所及，尽是南京旧日流风余韵和文物声华的痕迹。在东花园故宅内，还可以看到城外巍然耸立的报恩寺塔。即使在迁离东花园后，甘熙还是从各种角度，刻画报恩寺塔的壮丽规模和秀致景色。

甘氏家族在迁入南京城后，转以经商为主业，经营蕉绒、江绸、贡缎、棉纱、布帛等与纺织有关的行业。由于经商致富，甘家在雍正初年就买下南捕厅的这片空地。嘉庆四年，在甘熙祖父甘国栋

① 甘熙：《白下琐言》，第146—149页。
② 甘熙：《白下琐言》，第3页。
③ 甘熙：《白下琐言》，第101页。
④ 吕武进、李绍成、徐柏春：《南京地名源》，南京：江苏科学技术出版社，1991，第220—221页。

的率领下，甘氏家族正式迁入新居。①

甘氏新宅基本上是以南捕厅 15、17、19 号街为中心，至甘熙时再扩展至大板巷。南捕厅街和大板巷，在同治版的县志中，都被划入城西南区。位于夫子庙西北方不远处，从南捕厅往东走不久，即是江宁府署。同治年间的知府马新贻即于 1870 年在府署附近遇刺，府署南是府城隍庙，庙西有一座关帝庙。甘熙一方面和顾起元一样，对怪力乱神的超自然力量，有着超乎寻常的兴趣；一方面又和冒襄一样，有着虔诚的关帝信仰。而在甘熙记载的各家关帝庙中，这座位于府署西侧、与甘家大院近在咫尺的关帝庙，似乎特别灵验。②

从关帝庙再往西走不远，就是南捕通判署的所在，署前的街道，因而被称为南捕厅。③ "过厅迤南，甘氏之宅在焉。"④南捕厅附近的几条主要街道的居家环境，和甘家大院相比，显然是两个不同的世界。像是天津街"民居湫隘"⑤，评事街则是皮作坊的所在，又名"皮作坊"，"攻皮者比户而居，夏日污秽不可近"⑥。和板巷口一并划入城西南第九甲的果子行口，从晚明到晚清，一直是南京最主要的市集所在。《同治上江两县志》就特别征引顾起元《客座赘语》

---

① 尹晓华主编：《甘熙故居》，第 9—10 页。

② 甘熙：《白下琐言》，第 132 页。

③ 莫祥芝、甘绍盘修，汪士铎等纂：《同治上江两县志》卷十一，同治十三年（1874）刻本影印本，《中国地方志集成》，第 10b 页；卷五，第 44b 页。

④ 陈作霖：《金陵琐志五种》，《中国方志丛书》，台北：成文书局，第 37 页。我此处对甘家大院位置及附近环境的描述，基本上是根据《金陵琐志》前的附图和第 35—38 页的记载而来。

⑤ 陈作霖：《金陵琐志五种》，《中国方志丛书》，第 38 页。

⑥ 甘熙：《白下琐言》，第 101 页。

中的记载，来说明果子行口数百年来人货聚集的盛况："南都大市为人货所集者，不过数处，而最夥者为行口，自三山街至斗门桥而已。"[①]

就甘氏家族的发展和对甘熙的影响而言，甘国栋的长子、甘熙的父亲甘福（1768—1834），无疑是继始迁祖甘卓之后，另一个关键人物。《同治上江两县志》如此描述他的生平经历：

> 甘福，字德基，号梦六，遐年之兄也。事亲善养志，父年届六十，请屏家事，颐养自娱。父殁，泣谓诸弟曰："人子事亲，不越生养、葬祭。予憾未及显扬，今若葬不得所，罪益大矣！"遂精究地学，遍历山川，不避寒暑，竭力营葬。于墓侧建享堂、置祭田。母患肝疾，百计求医，殁后茹素，不入寝室者三年。嘉庆甲戌，倡捐创救生局。余如恤嫠、育婴、瘗旅诸善举，见义勇为，久垂利赖。因董浚秦淮，议叙得按察司经历衔。生平嗜学慕古，藏书极富，至今犹称甘氏津逮楼焉，道光十八年莅。[②]

甘福的第一大贡献，是在甘国栋迁建南捕厅甘氏新居的基础上，不断对甘家大院进行扩建。到道光十八年，甘熙中进士那一年，甘家大院位于大板巷的最后一部分院落完成，甘氏故居的规模大致底定，达到全盛期。在扩建宅院的同时，"嗜学慕古"的甘福，又积四十年的辛苦搜寻之功，在甘家大院中建立了一座藏书达十万卷的藏书楼"津逮阁"，使甘家成为继明末黄虞稷的千顷堂及焦

---

① 莫祥芝、甘绍盘修，汪士铎等纂：《同治上江两县志》卷五，第44b页。
② 莫祥芝、甘绍盘修，汪士铎等纂：《同治上江两县志》卷二十三，第15b页。

竑的五车楼之后,另一个重要的图书收藏重地:"宅中旧有津逮楼,缥缃彝鼎,充栋庋藏,千顷、五车差堪为匹。(金陵黄氏千顷堂、焦氏五车楼,皆储藏之富者。)"①甘熙对父亲搜访图书的经过及金陵藏书家有极生动的描写:

> 金陵藏书家,前明如焦澹园诸公,无一存者。乾隆间,严侍读长明、洪征士象言收藏颇富,近亦散佚无存。陶孝廉衡川先生湘,家居库司坊小园,老树饶有古趣,为阮大铖故宅,藏古书多宋元善本,子孙尚世守焉。
>
> 家大人性嗜书,往来吴越间,遍搜善本,积至十余万卷,于宅之东筑津逮楼以藏之。丹徒张葆岩先生鉴,为绘《吴越载书图》长卷。名流题咏殆遍,著有书目若干卷。……家大人四十年间勤加搜访,宝若珠玑,悉为传经而计,并亲定训约,至亲密友不得私自借出下楼,愿就读者听,违者以家法治。②

素来不喜欢诗歌吟咏的甘福,为自己建立的这座富甲江南的藏书楼而踌躇志满,特别自题二律以为纪念:"吴山越水几遨游,四十年来费苦搜。插架非徒供秘玩,研经愿与企前修。……从此志怀堪告慰,左图右史复何求。""层楼高处乐徜徉,珍比琳琅七宝装。积卷敢夸东壁富,披函好趁北窗凉(楼北向)。云烟供养邀清泽,金石摩挲发古香(楼之下藏书画金石)。为语儿孙勤世守,此中滋味

① 陈作霖:《金陵琐志五种》,第38页。
② 甘熙:《白下琐言》,第119—120页。

最悠长。"①

　　不同于冒襄在战乱之后，从风华极致的南京退居故里，在一个相对朴实、远僻的二三级县城复制了一处幽雅的园林，甘熙能在京城内，在动乱来临之前，坐拥一片幽悠广阔的天地，在书画金石和万卷古籍中，将士大夫的精致文化演绎到一个高峰。被甘熙作为主要参考架构和论述基础的顾起元，同样具有渊博的学识和细密的文献资料考订功夫，却不能像甘熙那样，随手在自家丰富的藏书中翻检。顾起元对图籍亡佚的缺失感慨系之，不论是"《金陵新志》一书，南雍旧板尚在，然讹阙过半，亦复无他本可备校补者"，或"《景定建康志》，闻礼部旧有藏本，近亦不知存亡"②，甘熙都能用津逮楼的藏书，轻易克服。我们可以说，甘福四十年的辛勤搜集，为甘熙生平最重要的志业——撰述乡邦文献——奠定了一个其他南京志书撰写者都没有的基石。不论是 48 卷本的《金石题咏汇编》还是让甘熙称名于世的《白下琐言》，都让甘福"插架非徒供秘玩，研经愿与企前修"的心愿得以实现。

　　除了为甘熙营造了一个广阔的城市乐土和培育"此中滋味最悠长"的极致品位的环境，甘福的孝行、对地舆之学的讲求、对地方公共事务的热心赞助，乃至对秦淮水利的重视，无一不对甘熙产生深远的影响。甘熙就是在这样一个优越的物质环境和先人的教诲、示范下，一方面延续了顾起元、冒襄等明末士大夫的文化元素，一方面又反映了乾嘉考据学的朴实风格和一个国力由盛而衰、道

---

① 甘熙：《白下琐言》，第 120 页。
② 顾起元撰，谭棣华、陈稼禾点校：《客座赘语》卷四《古志搜访》，第 134—135 页。

德日趋保守的时代的印痕。《白下琐言》虽然也点缀着各种对城市景观的描述、对文物的赏析、对饮食生活的讲究,以及让人惊艳的繁花盛开的景象,但既缺少了明末特有的耽溺、颓废气息,也看不到顾起元那般在儒家传统道德和繁华的城市生活间的犹疑、彷徨。《白下琐言》的记事,尽管也有着矛盾、不协调的走向,但对儒家家族伦理和乡土历史的重视、对秦淮声色及戏曲音声之道的批判,让延续与断裂、秩序与逸乐之间的紧张关系大幅消解。《白下琐言》里程碑式的记录,让我们看到了一个既不同于《客座赘语》,更不同于《板桥杂记》和《随园轶事》的南京。

甘熙就是在这样一个喧嚣、拥挤而充满了诡异的神怪传说的城市氛围中,树立了一个典雅而质朴的士大夫生活的类型。

甘熙在嘉庆二年出生,两年后,甘家从秦淮河畔的东花园迁入南捕厅的新院落。除了最后十年在外仕宦为官,甘熙的一生,基本上都在甘家大院度过,既坐享了南京甘氏家族最丰硕、甜美的果实,也将家族的声誉推到另一个高峰。

甘熙在嘉庆十八年十七岁时,和长兄甘煦一起补县学生。甘煦在道光元年中副贡,被选补为安徽太平县教谕。甘熙则在道光十八年,和曾国藩同榜考中进士。[①] 其间除了因母丧居家,有十年左右的时间在各地仕宦为官。他在户部广东司、云南司郎中等职任内,曾上疏条举京东水利屯垦事宜,受到翁同龢的父亲翁心存等人的赏识和举荐,并蒙道光皇帝两度召见,补知府缺。甘熙在悼亡之作《哭弟诗》中,对甘煦从道光二十二年开始任官的表现和皇帝

---

① 《续纂江宁府志》说甘熙在道光十九年成进士,显然有误,见蒋启勋、赵佑宸修,汪士铎等纂:《续纂江宁府志》,第 274 页。

的召见垂询有相当生动的描述：①

> 岁在壬寅（按：道光二十二年）夏，海氛犹不靖。君以保卫庸，郎官擢薇省。三载侧仪制，考最列殊等。转为农部迁，粤东占首领。兼摄云南司，条理尤井井。钩稽算无遗，度支筹有准。大官相倚重，僚友共行景。天子闻声名，召见渥恩永。垂问家世殷，天语日星炳。②

道光二十九年底，孝和睿皇后崩，道光皇帝随后不久也驾崩。咸丰元年（1851），甘熙奉命同郡王、内务府大臣等一行人前往东西陵各地，为皇后选择安葬吉地，甘熙相得成子峪、府君山，"具图说以进"。最后，咸丰皇帝决定将孝和睿皇后卜葬于昌西陵，甘熙以"择选微劳，奉旨以道员用"。咸丰二年，甘熙再度奉命前往魏家峪、平安峪覆勘，"旋以微疾，三日卒于邸舍"③。

甘熙在复勘帝后陵寝途中突然因病暴卒于旅次，官方历史对此的记载都非常简略。《续纂江宁府志》以前叙"旋以微疾，三日卒于邸舍"一笔带过，《同治上江两县志》则说是"未几以中风殁"。甘熙在悼亡诗中则认为甘熙之死是因为服官十载以来勉力报国、

---

① 甘熙在中进士后，即被任命为知县，分发广西，但还没有来得及成行，即以母逝居家服丧。道光二十二年被改发为郎中。二十三年任职礼部，二十七年补户部广东司郎中。见蒋启勋、赵佑宸修，汪士铎等纂：《续纂江宁府志》，第 274 页；《同治上江两县志》卷二十四，第 35b 页。

② 甘熙：《兄煦哭弟诗七首》，《白下琐言》，第 2—3 页。

③ 《同治上江两县志》卷二十四，第 35b—36a 页；《续纂江宁府志》，第 274 页；甘熙：《兄煦哭弟诗七首》，《白下琐言》，第 3 页。

积劳成疾,年甫半百,就已齿牙动摇,白发苍苍:

> 自君之出矣,于今阅十载,一月一寄书,千里寸心在,勉以
> 报国恩,慎勤无少怠。……年来闻善病,形容渐委猥,年甫五
> 十六,齿脱鬓毛改。国用筹维艰,军饷虑难解。①

勘验帝后陵选址的巨大压力,终给体弱多病的甘熙带来致命
的一击:"吉地重大关,心力益罢骀。每望休暇归,陟冈日夕待。不
期十月交,一病遂至殂。"②

在这一组充满兄弟情深、让人读后潸然落泪的悼亡诗中,甘煦
呈现的是一个恪遵儒家伦理、勠力从公、卒至身殉的士大夫形象。
但在民间传说中,甘熙的猝然过世充满了悬疑的色彩。

《白下琐言》的导读者,同时也是《甘熙故居》一书的主编者尹
晓华就认为:"甘氏族人一代又一代认定甘熙缘于'为帝造陵者无
一生还'而死于非命。"③

甘煦的记叙,一步一步地为甘熙戏剧性的卒亡,铺陈出一个合
理的进程。这种理性化的诠释,和甘熙生命中最突显的面向——
一个努力实践家族孝道传统,热心地方公益活动,又同时在仕宦生
涯上全力以赴,获得皇帝亲自嘉勉的忠孝两全的儒者——若合符
节,忠实地捕捉住甘熙生命中的一条主旋律。但在这个理性的儒
者形象之外,甘熙另一个继承家传的舆地之学,即甘煦所谓"先人

---

① 甘煦:《兄煦哭弟诗七首》,《白下琐言》,第 3—4 页。
② 甘煦:《兄煦哭弟诗七首》,《白下琐言》,第 4 页。
③ 尹晓华:《白下琐言·导读》,《白下琐言》,第 2 页。

耽地学，四十余年久"①的面貌和《白下琐言》中另一个突出的主题怪力乱神一样，充满了悬疑、非理性的色彩。从这个角度来看，甘氏后人认为甘熙因为参与皇室造陵而死于非命的传说，其实也让甘熙的南京传奇首尾一贯，有了令人惊异的收尾。

三、甘熙叙事下的传奇与魑魅魍魉

甘熙和冒襄、王士禛一样②，虔信关帝。此外，在他的超凡叙事中，除了显示他对佛教的笃信，从僧道到鬼怪，也无所不及。比较特殊之处，是其中有不少和治病及科举有关。

(一)神奇鬼怪

对一位虔诚的佛教徒而言，我们以观世音菩萨相关的事迹揭开甘熙的灵异世界，确实最为恰当。根据甘熙的描述，南京的大士香火，原来以蟒蛇仓、石观音为盛。但关于蟒蛇仓的由来，正史和方志中有各种不同的说法。在《嘉庆江宁府志》中，特别提到萧帝泉，因为其和蟒蛇仓、石观音关系密切，所以我们需要先讨论一下："萧帝泉在蟒蛇仓石观音院。《建康志》引《六朝记》，梁武帝都后投殿庭井，化毒龙，帝册为龙天王，使井上立祠。自梁历陈，享祀不

① 甘熙：《兄煦哭弟诗七首》，《白下琐言》，第3页。
② 王士禛对关帝的虔信，见《士大夫的逸乐：王士禛在扬州（1660—1665）》，见李孝悌：《恋恋红尘：明清江南的城市、欲望和生活》，桂林：广西师范大学出版社，2022，197—199页。

绝。"这里说郗后投井后,化为毒龙,也许是一种婉转的说法。但化身为龙的郗后,现身于帝宫,让皇帝极为不安,所以最后没有被立为后,按《南史·武德郗皇后传》云:"后酷妒忌,及终,化为龙入于后宫,通梦于帝。或见形,光彩照灼,帝体将不安,龙辄激水腾涌。于露井上(为殿),衣服委积,常置银鹿卢金瓶,灌百味以祀之。故帝卒,不置后。""据传言,则武帝真有祠后井上之事,然是井今不知所在。"郗氏最后虽然没有被立为后,但梁武帝帮她在井上建立一座宫殿,铺满衣服,常以百味祭祀之。①

晚明知名的戏曲家,和顾启元是至交的陈所闻(字荩卿)(生卒年不详),在他的所闻续记中简明说道:"蟒蛇仓,萧帝泉,郗后受蟒身,帝赐名曰龙天王井。"所以蟒蛇确实就是毒龙,而萧帝泉则是郗后化身为蟒蛇之处。

《嘉庆江宁府志》则明确指出蟒蛇仓、石观音的所在:"武定桥东稍南抵城处,曰周处台。台下有石观音庵,庵前为蟒蛇仓。"在明代,因为仓有蟒害,所以特别请了风水师设置了铁老鹳来镇压:"相传明时,仓有蟒害,形家于信府河下,军司巷口,诸葛庙前,揭木杆,末置铁老鹳以镇之。其杆用铁制,坎卦形,四周围之。今仓废而铁鹳尚存。"接下来,府志在按语中,对仓名的来源作了更进一步的补充:"按,周处台后,旧传有回光寺,即萧帝寺。寺内有郗氏窟,谓梁武郗后化蟒处。事见《南史》及梁皇忏序,仓或因此受名。"②

---

① 吕燕昭修,姚鼐纂:《嘉庆江宁府志》,卷7"山水下",南京:南京出版社,2016,第283页。《嘉庆江宁府志》原文没有"为殿"两字,此处据《南史》补之。

② 吕燕昭修,姚鼐纂:《嘉庆江宁府志》,卷8"古迹上",第335页。我要特别感谢南京大学的胡箫白教授帮我仔细地翻阅史料,找到这些相关的记载。

府志中虽然提到嘉庆时仓已废除，但甘熙的记叙中，仍然记载了这则民众普遍相信的传说："大士香火，旧以蟒蛇仓、石观音为盛。""六月间，赛会喧阗，达旦不绝。"但到嘉庆十九年(1814)，"城北哄传，有白发老妇，自蟒蛇仓肩舆至鸡鸣寺进香，倏忽不见，谓为大士化身。其事近诞，然兴替自有定也"。大概是观音自己的决定，从此"烧香者皆赴鸡鸣山观音楼"，原来的石观音庙遂趋冷落。①

灵谷寺是南京重要的寺庙，《白下琐言》中三度提到这所寺庙，两次都和治病有关。"灵谷八功德水，其源出于山之左麓"，透过石头的间隙，"接以竹笕，绕径穿垣，达之于香积厨池内，大旱不竭"。山泉穿过石头，通过竹管一直接到寺内厨房的水池。"达宗和尚尝以木筒取之，为人持《陀罗尼咒》，煎药治病屡验。"②

接下来，甘熙描述了灵谷寺的历史，以及他父亲在世时的灵异经验。根据他的说法，梁武帝天监三年(504)，宝志禅师圆寂后，"始葬钟山开善寺玩珠峰下"，后来"明太祖取其地为陵寝，遂迁(这座寺庙)于山之东屏风岭前，建塔五级奉之，即今灵谷寺也"。③ 本名开善寺的所在地被明太祖取为陵寝，因而迁建于现址。

新建的五层宝塔，其签语极为灵验。甘熙的父亲在世时，"祷之辄应"④。嘉庆二十四年(1819)冬天。甘熙年仅六岁的堂弟炘，

---

① 甘熙：《白下琐言》，第7页。

② 甘熙：《白下琐言》，第74页。

③ 甘熙：《白下琐言》，第153页。根据汤用彤的研究，宝志禅师是在天监十三年(514)的冬天"无疾而终"，见汤用彤：《汉魏两晋南北朝佛教史》(下)，高雄：佛光文化事业有限公司，2001，第490页。《白下琐言》此处的记载恐误。

④ 甘熙：《白下琐言》，第153页。

"痘势将殆",五十岁的叔叔膝下只有这一个儿子,"忧虑万状,一夜须发尽白,哭告予瞩为代祷"。甘熙有感于其情悲惨,所以斋戒沐浴,前往灵谷寺为堂弟设坛礼忏,"竭诚虔祷"。"是时,弟一息仅存,奄奄待毙矣。"但很快,奇迹发生:"三日后,忽自言有老僧抱之,坚不得脱,因而哭喊而遍体小痘复出,卒获更生。"照甘熙的说法,老僧就是宝志和尚:"老僧者,盖公之现身灵感也。"①

受惠于宝志的,不仅是甘熙的堂弟,甘熙常常前往祈祷的父亲,也因为宝志的显灵,长期困扰的腿痛治愈了。道光八年(1828),"先大夫病,左腿筋痛,久而弗愈。予往祷之,寺中有檀木志公像,虔奉以归,供之前堂。先大夫正假寐,梦有老头陀身著紫袈裟坐堂前"。他的父亲跪下礼拜,老头陀走下座来,把他父亲搀扶起来,在他腿上按摩了一下,然后说:"汝病退矣。""醒而异之,觉患处隐隐有热气自上而下者数日,后服药而瘳,至今木像奉于家。此皆予所亲历,毫无一字虚妄。"②经由甘熙详细的描述,我们知道甘氏父子的虔诚,得以感通宝志禅师,以至于甘熙从寺中请回家供奉的木像亲自走下神位,医好了甘父的痼疾。

在这座古城中,不仅家产庞大、拥有功名的甘熙父子虔诚礼佛,受到宝志禅师的感召,连一般给人负面印象的狐狸,也礼佛甚深,为这座千年古刹和名城留下值得铭记的传奇:

> 灵谷寺无量殿内砖地上,有二膝凹深寸许,呼为仙人脚迹。其实老狐礼佛所致也。一僧月夜归,见黑狐在殿廊立地

---

① 甘熙:《白下琐言》,第 154 页。
② 甘熙:《白下琐言》,第 154 页。

作人形，以小石投之，倏不见。翌日，是僧发狂，自言曰："好坏和尚，暗地里伤人。"祭之乃愈。①

接下来这则和狐狸有关的故事，背景在南京贡院，这批狐狸显然是一批有待超度的孤魂野鬼。故事的传述者是家与贡院仅一墙之隔的医士梁燮堂。他在七月半听到贡院中发出铙钹声，"心异之，登梯窥视，见明远楼下，火光荧荧如青磷，有无数黑人往来其间，半晌始灭"。贡院平时空旷少有人迹，于是被狐狸借为栖身之所。正好时逢中元，所以应该由僧众做一场盂兰盆会，来超度这群狐魂野狐。②

除了平日幽旷的贡院，南京城内的一些旧王府，也是鬼怪群集之处。甘熙用了《金陵闻见录》和方志的记载，明确说明这些建于明朝的王府是鬼物作祟的不祥之地："旧王府塘、八府塘两处屡有溺人之患。《金陵闻见录》载：'旧王府素多阴魅，有带鬼眼者亲见之。'又，志载：'八府塘前关帝庙为逍遥楼故址，明时鬼物作祟，作以镇之。'按此二说，则地之不祥，由来久矣。"③

千百年的名城，累积了千百个鬼物，似不足为奇。

大概很少鬼怪只是霸占一方而无所作为。王府前水塘屡有溺人之患，当然是很严重的事。下面两人被无端索命的记述，则彰显了《白下琐言》怪力乱神的色彩："督粮书吏张某，方晚餐，忽闻剥啄声甚厉。阍者后视，客非素识也，登堂请见主人。及出，而客已无

---

① 甘熙：《白下琐言》，第60页。
② 甘熙：《白下琐言》，第57—58页。
③ 甘熙：《白下琐言》，第56页。

踪矣。是夕,某忽溺死于荷花缸内,叩门索命,是何冤业耶?"①

道光三年(1823)八月二十七日,城中钞库街发生火灾:"文德桥上观者如堵,桥阑挤倒,溺死三十余人,受伤者无算。"围观者挤倒桥阑,溺水而死,还有迹可循。但这些人中,有一个零售绸缎为业的小贩,在前一天晚上听到"有呼其名而叩门者"。开门检视,杳无人迹,第二天却成为溺水者之一。甘熙在叙述完后,还特别提出自己的见解:"非钩魂摄魄而何?"②精于堪舆风水的甘熙,大概日日目睹耳闻,看遍了南京街道、衙署、寺庙中的种种鬼怪传奇,想当然尔地就作出"非钩魂摄魄而何?"的结论。

"钩魂摄魄"的事,在南京似乎不是偶一闻之。从学塾里下课回家途中,突然下了地狱的事,在当时一定喧腾一时。

被鬼卒误逮到阴间,当然是不幸至极的悲剧。在笃信鬼神的甘熙眼中,疫情的暴发都由鬼神在负责。下面是一个发生在道光十二年(1832)的案例:

> 大疫流行,必有鬼神司之。——程氏家有从学黄克昌者,居羊市桥。晚归,见一人执木牌,似隶卒逮人状,尾其后,回顾倏不见,心甚惊疑,归而不怿,三更忽暴卒,及旦复苏。

被误抓到地狱的黄克昌,三更暴毙,第二天早晨就复活,并讲述了地狱一游的经过。

---

① 甘熙:《白下琐言》,第40页。
② 甘熙:《白下琐言》,第40页。

言随其人至冥府。冥王坐堂，皇罗跪阶下者数百人。唱及黄名，王曰："误矣。"怒而责其人，命黄起立案侧。案上册籍罗列。王曰："兹公事繁冗，汝颇能书，可暂代誊录。"黄检之，乃瘟死册也，上载应死者姓氏、里居甚详。写毕，王勉谕行善，释之归。手腕犹酸痛数日。册中有熟识者数人，秘不敢言，后果皆疫死。此壬辰五月事也。①

阎王见到黄，知道他被误抓，非常愤怒地责骂抓人的隶卒，并且告诉黄克昌，因为公务繁忙，而黄又知书，所以要请他帮忙誊录。

有科名和官位的士大夫对南京鬼怪世界的见怪不怪，似乎也反映了南京鬼怪的无处不在。下面这则记载详细地写下一位何尚书在中举为官前，在授课完毕返家时，沿途遇鬼的经过：

颜料坊之童子巷，旧有鬼祟。何雨人尚书未达时，家居下浮桥，课徒于小门口汪氏家。尝夜归，经其地时，更深人静，微雨昏蒙。忽背后呜呜有声，觉冷气逼人，毛发森竖；回顾之，一物高二尺许，昏黑中莫辨其状，在地跳跃，稍让而呵之，其物顿奔跃于前。

这个看不清形状的鬼怪，似乎有意调戏何雨人，忽前忽后；而何雨人也不畏惧，"拍掌追之"："是物屡蹶屡起，至下浮桥，滚向水中而没。"在各奔前程前，我们未来的尚书大人，可能余气未消，特

---

① 甘熙：《白下琐言》，第122页。

别告诉跳水逃脱的鬼物，"汝水鬼耶！"言下之意，似乎是告诉这个鬼怪，不要想来吓我，我知道你是什么东西。这样的应对方式，也许是因为何的浩然正气，也许是见多识广的南京人的气势。①

见怪不怪是对付南京鬼怪的常见方式。但医师有专门用针灸治鬼的方式。和甘熙记载的每一则鬼怪故事都有具体的场所、坊巷一样，其所记的医士陈宝田的经历也是如此。他家住细柳巷："先世业医。其父孝子也，家藏医书善本最富。"他和另外一位医士方补德关系很好。道光初年，有一天，陈宝田突得奇疾："有女鬼附其身，常坐室中啼哭，声如妇人，见人辄作羞涩状，百计治之弗愈。"而补德善于针法："以针治之，适中其要害，大叫失声曰：'痛杀我，毋庸针，我去矣。'"女鬼求去，陈的奇疾顿时治愈，"终不知是何冤业也"。对甘熙来说，每一个被鬼怪缠身乃至丧命的案例，都是冤业造成的，还好有针灸古法，"所以治病也，而亦能治鬼，可谓神矣"。②

道士的主要职责，本来是打鬼捉妖，但住在龙王庙旁边的段一诚，茹素精修，和高僧一样，法力高强。他靠着为人拜本命元辰治病，"灵验异常"。他也和高僧一样，能预知自己的死期，到了预计的期限，果然"鼻流玉箸，下垂数尺，足征精炼之功"③。

① 甘熙：《白下琐言》，第 108 页。
② 甘熙：《白下琐言》，第 81 页。
③ 甘熙：《白下琐言》，第 74 页。

（二）宛若冒襄

在讲述了一则则医士的故事后,甘熙也描述了自己病危将死时魂游域外的经验。他的描述,虽然不像冒襄死而复生那样细致而具戏剧性,却也颇具玄奇的色彩。这段经历发生在甘熙十九岁的冬天,甘熙患温热症,服药过当,以致病危:"予患温热症,服大黄、芒硝诸峻剂过当。诸医束手,濒危者屡矣。"病情拖延了五十多天,温热依然不退,到冬至日清晨,"忽有乾鹊飞集窗外,连噪九声。予闻之,遽喜形于色,曰:'救星到矣!'"

甘熙的外叔祖陈超人来问疾,对甘熙的父亲说:"鹊鸣者九声,此遇医兆也。"并且力荐许鸣九前来看诊。许用养阴生液之剂,"一投辄大解,其效如神"。"自是热退眠安,糜粥大进,病由是瘳。"

久病痊愈后,甘熙回忆起病危的经过:"当病亟时,觉飘飘忽忽,魂常出游于外。"其后,游魂到达家后门,却因为外墙太高而无法进入。"正窘迫间,见静斋叔父在墙内行,亟呼曰:'速开后门!予将归'"。这个时候,刚进入日晡:"天方昏黯作雪,叔父适假寐,梦予立墙外呼之,醒而异焉,遂令奴子胥文,执予常著絮袄,开后门呼予名,招之。"假寐的叔父,梦见甘熙站在墙外呼喊,于是叫奴仆带着甘熙常穿的棉袄,打开后门呼唤甘熙的名字。门一打开:"陡觉凉风一阵扑入,奴子为之毛发森竖,招至室。"而这个时候,甘熙正躺在床上:"以絮袄加诸身,遽跃起大呼,曰:'今归来矣!'盖一缕生魂,复入泥丸宫也。"穿上棉袄的甘熙,有如神助,一跃而起,并大叫说"今天回来了",游魂随即进入头部。①

甘熙这次生病,才十九岁,是生来第一次要命的折磨:"两亲心力交瘁。今回忆之,真罪通于天矣。"事后回忆,之所以能够逃过一劫,一是因为自己还未成婚:"童真完固,故病退而复原教易也。"第二个是因为他"自幼知奉佛,当呼吸存亡之际,尚能强自支持,口诵《大悲咒》,喃喃不休,以故心无挂碍,差可抵御病魔"。病后几个月,他还闭目独坐,常常有出家的想法。虔诚的佛教信仰,显然是一个极大的支柱。②

(三)叫魂

在孔飞力的名著《叫魂:1768年中国妖术大恐慌》③中,孔教授详细描述在浙江等地发生的叫魂案。这些案子的典型特色是石匠在建屋或造桥时,将人的名字或头发放置在梁柱等处,叫他的名字,名字或头发就会变成真人、真马,由人操纵。但对乾隆来说,他更担心的是案子中的叫人名字,然后剪掉发辫。因为辫子在清朝的敏感性,所以乾隆断定这是在江南发生的一场谋反案。有趣的是,在我们以为叫魂的妖术已经因乾隆大肆整肃而消失后,《白下琐言》竟赫然重提这种妖术。

甘熙首先描述了南京民众应付、破解这项妖术的办法:"凡造

---

① 甘熙:《白下琐言》,第9—10页。
② 甘熙:《白下琐言》,第10页。
③ 本书导论中台北时英出版社译作《叫魂:乾隆盛世的妖术大恐慌》。本节所用版本为孔飞力:《叫魂:1768年中国妖术大恐慌》,陈兼、刘昶译,上海:生活·读书·新知三联书店,1999。

桥梁将合口,石匠必叫生魂为魇镇。犯者立死。故人家童子外出,衣上皆挂一红布条,书云:'石叫石和尚,自叫自己当。速速回家转,好去顶桥梁。'欲破其术耳。"接着他记载了发生在嘉庆二十四年(1819)的案例:"造淮清桥,工将竣。桥上合口处,一石斜支以木。一日清晨,有担粪者过,触之,石落人惊,归家而卒,盖魂为摄矣。"

随后,他又记载了一则听来的轶事。故事中的石匠情急之下,竟想陷害县令:"又闻乾隆间,修造九龙桥,告成有日矣,石匠觅生魂不得,大窘及期。邑侯吴君元潜诣验,设公座于桥尾。"县令才刚刚入座,胆大的石匠忽然跪下来说:"吉时已到,请太爷合龙。"吴辄投笔谓之曰:"汝先去罢。"石匠应声起而龙已合,过几天,石匠竟暴卒。甘熙的评论是:"欲害人而适自害,小人伎俩奚益哉?"①

(四)关帝灵签

甘熙和王士禛、冒襄等人一样,笃信关帝,甘熙还特别提到,在南京的几座关帝庙中,府署前关帝庙的签诗最为灵验。而且,显然不是甘熙一个人笃信关帝,他的家人、朋友也如此。他提到他的叔父鹤筹公,"艰于子嗣,誓愿行善,并日诵《准提神咒》以求之"。鹤筹公的誓愿和每日诵经的践行,坚持了十几年毫无懈怠,他曾因为子嗣的问题,"虔祷于府前关帝庙",得签云:"婚姻子息莫嫌迟,但把精神仗佛持。四十年前昭报应,功圆行满育馨儿。"

① 甘熙:《白下琐言》,第94—95页。

嘉庆十九年（1814）七月，炘弟生，甘熙的叔父年正四十："盖精诚固结，神其鉴之矣。"①依照上面的描述，关帝的灵签，果然神准无比。

甘熙和他的朋友，最关心的是科名的问题。关帝在此时成为他们最佳的导引。

嘉庆二十三年（1818），他的朋友金静涵镇入场之先，尝祈签于关帝庙，签词有句云："水到渠成听自然。"巧合的是，当时的文坛宗师汤敦甫，在科试时，将金静涵镇拔置到前茅，典试者是湖北帅侍郎承瀛、浙江卢侍御炳涛："三场坐号字皆从水，心颇异之。"榜发后，果然中举。犹有进者，他的房考为赣榆知县何恒键，字兰汀，亦从水。甘熙结论道："可见科名遇合，莫非前定者。"②

下面我们回到甘熙自己的经验：

> 府署前关帝庙签极灵验。乙酉（道光五年，1825）七月朔，予曾以乡试中否往祷，得签云："襄时败北且图南，筋力虽衰尚一堪，欲问君身前大数，前三三与后三三。"是科荐而不售，殊觉茫然。

道光十七年（1837），甘熙卷土重来，总算中举。他回忆头场第二题是"礼仪三百"二句。"《礼记》题是'以三五而盈，三五而阙'，方悟前后三三之语，早示于十二载以前矣。"关帝灵签早在十二年前就告诉他答案了。

---

① 甘熙：《白下琐言》，第 7 页。
② 甘熙：《白下琐言》，第 11 页。

是年年末，甘熙准备赴京参加会试，再次虔诚祷于关帝之前。签云："君家兄弟好名声，只管执谦莫自矜，丹诏槐黄相逼近，巍巍科甲两同登。"签固然是上吉，但因为不是兄弟一同应试，不知道如何解释。道光十八年（1838）榜发，和他同一师门的表弟，也进士及第。原来签诗的首句，说的是表兄弟好名声。"神明乌可测也！"①

四、《白下琐言》与方志

除了是一位忠孝两全的儒者，甘熙另一个留给亲朋故旧和当代南京文献编纂者的主要印象，是藏书家和方志学家。尹晓华在2007 年为《白下琐言》写的导读的第一句话就是："《白下琐言》为清代著名学者、方志学家甘熙所著。"②这为甘熙的生平志业和《白下琐言》的命意所在，作了最基本的定位。而这样一个热衷于乡邦文献的方志学家的形象，不论是在《白下琐言》的记载，还是在序言、跋文中，都清楚地显现出来。

根据参与《同治上江两县志》编纂工作的甘熙族弟甘元焕的说法，甘熙早年家居甘氏大院期间，就热衷于地方掌故，在和地方士绅名人的交游宴集中，掌握了各种关于地方的细节知识，积累而成《白下琐言》一书："先仲兄闳博耆古，专意经世之学。……早岁里居，耽志掌固。生长都会，游止鳞掌，长德巨公，风流弥劭。承平之宴，饫闻绪论。嗜记日多，笔札尘积。《白下琐言》，此其一也。"③

---

① 甘熙：《白下琐言》，第 132—133 页。
② 尹晓华：《白下琐言·导读》，《白下琐言》，第 1 页。
③ 甘元焕：《白下琐言·跋》，《白下琐言》，第 181 页。

而根据甘熙的姻亲、在金陵为诸生十年的方俊在道光二十七年(1847)所写的序,可知甘熙从嘉庆中期以来,就利用津逮楼丰富的藏书,开始撰写《白下琐言》一书。① 方俊写序时,太平天国运动还没有发生,甘熙和相知的友人已经在期待新的方志编纂者采用《白下琐言》的记载:"异日贤守令重修志乘,从之考献,必将有取于是书。"②1853年,太平军占领南京,摧毁了南京的重要城市坐标大报恩寺,地方文献也被大量摧毁,津逮楼的大量藏书付之灰烬。城市的残破和典籍的丧失,让同治年间县志的编纂者,感到空前的压力:"惟金陵之被兵也久,残破甚于他郡。昔之炳乎焕乎其文物者,已渐为冷风,深惧菲材不足振兴治术。"③"向闻金陵多藏书家,兵燹后典册灰烬,台阁簿籍掌故无考。即有好古搜讨之士,安能凿空而冥索乎?"④负责分修工作的甘元焕,在《白下琐言》的跋序中,也说到同样的窘境:"同治、光绪之交,踵开郡邑志局,搜求遗籍,百不获一。嘉道前事,茫如堕雾,何况寝远传闻异辞。"⑤《白下琐言》对方志编纂者的重要性,在这种困局下,益发突显出来。另一位跋文作者,就直接指出甘熙在战火前从容撰写的《白下琐言》,在战火之后更值得感激:"若夫彝鼎图书之嗜,贤者或訾为玩物丧志,而不知古人精神所寄,往往质疑订坠,有不可思议之功用。居今日而言古学,殆有不能已者。金陵自粤匪之乱,朱氏之书已沦劫火,津逮亦仅有存者。先生独能于丧乱之先,从容纂述,俾后人受而守之,由

① 方俊:《白下琐言·序》,《白下琐言》,第1页。
② 方俊:《白下琐言·序》,《白下琐言》,第1页。
③ 蒋启勋:《同治上江两县志·序》,《同治上江两县志》,第1a页。
④ 沈国翰:《同治上江两县志·序》,《同治上江两县志》,第1a—1b页。
⑤ 甘元焕:《白下琐言·跋》,《白下琐言》,第181页。

今以思，抑岂非盛幸耶？"①

　　甘熙对金陵掌故、文献的兴趣，除了源自和顾起元一样的博学多闻和乡土之情，和津逮楼的丰富藏书显然也有密不可分的关系。甘熙和顾起元一样，充满了对南京历史传承的感情，除了借着自己"往来无白丁"的家世渊源，从和地方耆旧、文人的交往、宴饮中，记取各种地方传闻、叙事，更善加利用津逮楼和朱绪曾等人的藏书，让自己的琐屑之谈，处处显露出乾嘉考据之学的影子。前面曾提到顾起元在搜求地方文献时，对"金陵古称都辇，乃自国朝以上，纪载何寥寥"所发的感慨。② 但不论是"讹阙过半"的《金陵新志》，还是"不知存亡"的《景定建康志》，都被安稳地放置在津逮楼的一角："前贤著述有关乎是邦考证者，近多失传。家大人留心掌故，凡此类之书，搜访尤殷。"③这些近多失传，而被甘福刻意搜访得来的南京地方文献，从唐代许嵩的《建康实录》、宋张敦颐的《六朝事迹类编》，到朱之蕃的《金陵图咏》、顾起元的《客座赘语》、周晖的《金陵琐事》，近四十种，其中当然也包括了顾起元特别提到的《金陵新志》和《景定建康志》。④

　　除了自己家中收藏的丰富文献，甘熙写作过程中也借用了同乡名人朱绪曾开有益书斋中的珍藏秘笈，互相考订⑤，并和朱绪曾

---

① 邓邦述：《白下琐言·跋》，《白下琐言》，第 184 页。

② 顾起元撰，谭棣华、陈稼禾点校：《客座赘语》，第 134 页。

③ 甘熙：《白下琐言》，第 80 页。

④ 甘熙：《白下琐言》，第 80 页。

⑤ 邓邦述：《白下琐言·跋》，《白下琐言》，第 184 页。照甘熙的说法，朱绪曾除了自家藏书，还打算收集其他人珍藏秘本，汇整出版："陈静人虞部仍有秘本十余种，朱述之大令尝欲择其尤者汇刊为《金陵丛书》，亦盛举也，且以俟诸异日。"（《白下琐言》，第 80—81 页）

及另一位有相同志趣的地方文人金鳌一起讨论,"证析异同"①。
从同治版的《江宁府志》将金、朱、甘三人的传记前后并列这一个安
排,我们也可以清楚地看出这一个士大夫的地方网络在传述地方
历史上所占有的突出位置。② 这一小群对传述地方历史抱有殷切
期待的文人士大夫,通过各自的家藏图书、文献搜集考订和相互讨
论交流,为即将来临的府县志重修工作,奠定下扎实的基础。从这
个脉络来看,不论是"待征""诗汇"还是"赘语""琐言",都有了更
严肃的时代意义。

就是这种为重修地方正史做准备的使命,让《白下琐言》这本
原本应被划入笔记小说之类的作品,充满了乾嘉考据成果一般的
气味。甘熙像考释经典一样,对地方文物、里巷、人物、地理位置,
作了看似琐屑的考证修订。随手可得的津逮楼藏书,也让他的考
证工作,更多了一份学问家的气息。

> 大山寺在牛首山西,见《江宁县志》。……凡牛首以西诸

---

① 蒋启勋、赵佑宸修,汪士铎等纂:《续纂江宁府志》,第 274 页。
② 蒋启勋、赵佑宸修,汪士铎等纂:《续纂江宁府志》,第 273 页。从《续纂江宁府志》
中对三人生平的简单叙述,我们可以清楚地看出这三个人在搜集、刊刻地方文献
上所做的贡献及相互间的关系:"鳌学问赅博,郡邑文献尤所惜心,始郡志久未修,
议举其事,或尼之,乃退著金陵得征录,志地、志人、志事、志言、志物为类,凡五
甄。……朱绪曾序之。""朱绪曾,字述之,……幼耆读居邻秦淮,盛夏时画船箫鼓
不一顾也。……金鳌,博雅人也,与绪曾往还最密。……鳌著《金陵待征录》,喜借
曾藏书。每日哺,同游书肆,日有所得,互相考订不少倦。绪曾举道光二年乡试,
以大挑知县,分发浙江。……转台州府同知。……生平著述最富,……而金陵诗
汇,则二千年名流韵语,搜采靡遗,且人系以传,志乘咸取资焉。当时助辑者甘
熙。"甘熙在《白下琐言》中,也提到自己在朱绪曾编辑《金陵诗征》时,在文献上的
协助。(甘熙:《白下琐言》,第 174 页)

水，悉由此出，形家所谓水口罗星也。其上有古寺，俗呼曰"太冈寺"，有香楠树一株，大数围。……《县志》又载："团林庵在凤台门外小丹阳地，元顺帝三年建。"今其庵尚存，然小丹阳距聚宝门九十余里，安可以"凤台门外"四字概之耶？故修志非土著人而留心掌故者，断不可以从事。①

这条记载有几个可以注意的地方：一、方志对地方建置古迹记载得很详细，一庙、一庵都尽可能地标列；二、这些地方建置古迹值得记载，是因为其历史常常可以上溯数百年；三、甘熙对山川地脉、堪舆之学的兴趣，在这条记载中已可一窥端倪；四、甘家故居刚好位于城南聚宝门外的小丹阳。外地来的士绅官员笔下大致如此的记叙，在一个留心考据的在地者眼中，是不能容忍的粗疏，所以甘熙在下笔时，往往用相当强烈的字眼，指责这些外地来的方志编纂者。下面几个例子，都显示了甘熙对这些外来方志编纂者率尔操觚的不满：

又，《府志》及《上元县志》所载乡贤，有大学士蒋廷锡。蒋公常熟人，雍正六年授文华殿大学士，卒谥文肃。不知修志时何以错误至此。②

杏花村，在城西南凤游寺之右。《府志》谓："信府河，凤凰台一带即是。"殊无分晓。信府河乃今长乐渡，有汤信国公祠，

① 甘熙：《白下琐言》，第36—37页。
② 甘熙：《白下琐言》，第63页。

一东一西相去悬绝,何与凤台牵？混言之耶！然则修志者,必细心参考,不可率尔操觚也。①

凤游寺因凤凰台而建,位于城西南,是晋时瓦官寺的所在,因为诗人李白的名句"凤凰台上凤凰游,凤去台空江自流"而广为后世人所知,是南京著名的古迹和旅游地。方志作者不分东西,混杂而谈,难怪引起甘熙的怒火。

秦钜、秦浚墓在处真乡移忠寺侧,见《建康志》。按今木牛亭为处真乡,桧墓在其地,予已详考之。钜字子野,桧之曾孙也。嘉定间,通判蕲州。金人犯境,与郡守李诚之协力捍御,城破巷战,死伤略尽。归署自焚死,二子浚、澤从焉,后封义烈侯,见《宋史·本传》。盖死于蕲州,归葬于此也。浚为钜子,而袁枚所修《县志》误以为弟,则谬甚。②

秦桧作为奸臣的代表,同样引起地方学者的侧目,顾起元和甘熙都曾对其墓地所在,有所考证。秦钜虽然是秦桧的后人,但父子三人为国殉节,满门忠烈,在重视忠义孝悌的甘熙眼中,其生平事迹自然不能随笔带过,县志的错误因此显得特别刺眼。

基于同样的忠奸之辨,甘熙用了相当的篇幅,对南京贡院土神纪纲的身家来历,作了详细的考辨:

---

① 甘熙:《白下琐言》,第 105 页。
② 甘熙:《白下琐言》,第 142 页。

贡院创于明永乐间，乃籍没锦衣卫同知纪纲宅。……明德堂有《应天府尹王弼碑》可据。纪纲事详《明史·佞臣传》及王凤洲《锦衣卫志》、陆粲《庚巳编》。而新修《府志》以纲为元集庆路行省丞相，与御史大夫菷寿偕死，葬于明远楼下，灵爽赫濯，为贡院土神。非特时代讹舛，抑且忠佞倒置，盖沿《金陵闻见录》之误，而不考碑纪使然也。朱述之绪曾作七古辨之云：……弇州山人撰《四部丛书》，特笔罗其详："……府尹王弼撰碑记，始末备载何煌煌。迤来志乘不稽古，讹为丞相殉戎行。御史行台最忠烈，肯与此辈相颉颃。《元史》无征《明史》著，况复碑文俨在堂。忠佞倒置非细事，乌可清浊淆沧浪。"

语气一转，甘熙又进一步指出，方志的错误，如何影响到后来写作乡土纪闻之类小叙事的作者："钱塘陈退庵先生文述，刻有《秣陵集》八卷，皆题咏古迹，诗词瑰丽。然其中事实讹误，考证颇疏，如谓吴鲁肃墓在上新河，乃沿王荟亭《金陵图咏》之误；以覆舟山为太平门外，……杏花村在城南信府河，乃沿吕太守新修《府志》之误。……可见古迹一门，土著人非经考订，犹失其真，况异乡人乎？甚矣！修志乘者之宜慎选也！"①

甘熙在此处，以博雅的乾嘉考据学的精神，一一指出方志记载失误的根由所在。事实上，这些倒置忠奸的根本性错误，只要稍微留心史书或文献记载，就不该发生。晚明知名的文人学者王世贞已经将来龙去脉交代得非常清楚，但吕燕昭监修的嘉庆《新修江宁

---

① 甘熙：《白下琐言》，第125—127页。

府志》仍然以讹传讹，而必须靠朱绪曾和甘熙这样关心和熟悉地方文献、掌故的人再一次郑重地提醒。甘熙对方志在这些事关忠奸的大节上所犯的错误，指摘严厉，在口气上和梁启超在《桃花扇注》中，对在重大史实、人物及忠奸问题上的错误的批评，如出一辙。这些批评，无疑让我们对方志作为一种地方官方历史的性质及其知识建构的方式、来源，有了一个重新省思的比较、参考点。《桃花扇》是文学、戏剧创作，大概很少人会用正史记载的标准来衡量其历史叙事的正确性，但梁启超因为担心剧作在形塑历史知识、历史记忆上的影响力远超过"正确"的历史记载，而对《桃花扇》的叙事严肃以对。

反过来看，因为方志披上了历史的外衣，被视为地方历史叙事中最正式，也最具权威的知识体系，我们往往忽略了方志编纂者在搜集资料、编纂史实的过程中的任意性及不可靠性。甘熙一再反复陈述的外行人和异乡人修志的结构性和制度性缺失，正是前述问题的一个主要来源。道听途说的传闻经过辗转誊抄，虽然被纳入方志的知识体系中，仿佛具备了史实的框架，但这种叙事与剧作家的想象及笔记小说家琐细、非正式的叙事之间的差异，确实是一个值得我们思考的问题。具体而言，如果我们将南京府县志中大量征引顾起元、周晖及甘熙的笔记小说中的记载这个事实考虑在内，势必会对形塑历史记忆和地方知识的过程，有更深入的体认。有趣的是，甘熙虽然用着乾嘉考据学者的口吻，批评方志编纂者笔下的谬误不实，念兹在兹地以为重修方志做准备的心情，撰写《白下琐言》，并果真如愿达成这个使命。但在同时，甘熙也用一种言之凿凿、真实有据的口吻，传述各种《聊斋志异》式的鬼魅故事，甘熙的南京记事因此像他既期许又批评的方志一样，在一个看似坚实的城市历史之中，编织了各种奇幻虚渺的传奇。里巷、院落、衙署和宅邸的暗处，既深埋着悠远的典籍文学，也随时有不可测度的幽灵倏忽而至，它们——被网罗进甘熙的城南旧事中。

五、回顾《客座赘语》

甘熙对南京鬼魅妖言的迷恋程度，和顾起元相比，可说是不遑多让。事实上，除了鬼怪这个共同的兴趣，两人出身、背景、志趣的接近，也让顾起元成了《白下琐言》中出现次数最多的历史人物。在甘熙撰写19世纪版的南京记事时，《客座赘语》成了最重要的参考坐标。虽然偶尔对顾起元的记事表示不同的看法，但和对方志展开批评时所用的严厉语气相比，"明顾文庄已详之矣！"[1]"可见顾说非谬也"[2]"此其证也"[3]"《客座赘语》载……，正指此"之类的用语，处处透露出甘熙对顾起元的肯定。相较于其他率尔操觚的外来者所编纂的官方正史，顾起元这位状元出身的同乡先贤"随手所书"的松散记事，反而更有参考的价值。不论是用力甚深的关于古今礼俗的考据，还是对凤游寺之类南京地标性建置的历史变迁的勾勒，都让甘熙的因革损益，能在一个坚实的基础上进行。

　　顾遁园《客座赘语》云："婿之亲迎者绝少，惟姑自往迎之。

---

① 甘熙：《白下琐言》，第150页。
② 甘熙：《白下琐言》，第34页。
③ 甘熙：《白下琐言》，第57页。

女家款以茶果。妇登舆，则女之母随送至婿家。"……今则姑不往迎，女母亦无随送之举，惟纳采时用大红帖写。①

明时军家皆功臣之裔，声势烜赫，与庶民异，故有"只许军家放火，不许民家点灯"之谣，至今犹啧啧人口。岁暮祀灶，军三民四。《客座赘语》载："秣陵人家以十二月二十四日夜祀灶。"此其证也。今则无论良贱皆二十三日矣。②

凤游寺在凤凰台南，本为瓦官寺。晋哀帝兴宁二年诏移陶官于淮之北，遂以其地建寺，梁时建瓦官阁。……前瞰大江，后倚崇冈，登眺最胜。李白《横江词》云"雪浪高于瓦官阁"是也。《客座赘语》："瓦官寺在淮水南，小长干在瓦官寺南，……杨吴筑城围淮水于内，瓦官遂在城内。"明初寺废，半为魏公园，半入骁骑仓，万历十九年，僧圆梓募魏公及诸檀信，尽赎其地，复创刹寺。焦太史竑更名凤游，凤游之南，又有瓦官寺，乃嘉靖时积庆庵改建，非瓦官故址。……故《梵刹志》谓："瓦官有二。"③

如果不是出于在地人的地方认同、对地方历史写作的使命感和家藏的万卷图书，一般奉命办事的低阶儒生或来自外地的乡绅，恐怕是没有能耐和兴趣深究这些细微历史的曲折的。

---

① 甘熙：《白下琐言》，第46页。
② 甘熙：《白下琐言》，第57页。
③ 甘熙：《白下琐言》，第131页。

六、时代的变迁

在甘熙对方志编纂者的所有批评中，下面这则对袁枚的批评，最能反映甘熙本人的质朴个性及由此而衍生出的城市记事的改变：

> 志乘为一方掌故，攸关一切。小说家言，焉可拦入？袁简斋先生所修《县志》引《板桥杂记》云："行酒纠觞，留髡送客，酒阑棋罢，堕珥遗簪，真欲海之仙都，升平之乐园。"又引《稗海》云："郑合敬及第后宿平康，赠妓诗云：'春来无处不闲行，楚闺相看别有情。'"楚娘、闰娘，妓之尤者，以及唐杜秋娘、宋杨爱爱等事，虽语涉风雅，何关纪载？后有修者当芟削之。①

事实上，这并不是书中唯一一处对南京风月生活的批判，在提到南京记忆中最突出的秦淮妓院时，甘熙几乎是以一种咬牙切齿的口气，宣泄他心中的愤恨：

> 明初设教坊司。……又有十四楼以处官妓，……夫狎邪之游，法当厉禁，乃著为令甲，是导民也。政体之乖，莫甚于此。而靖难诸臣妻女，多入教坊，风教沦丧，至文皇而极矣，真从古未闻。②

---

① 甘熙：《白下琐言》，第35页。
② 甘熙：《白下琐言》，第104页。

这样严格的道学家口气,几乎让甘熙站在了和所有南京记事的建构者——从甘襄、余怀、孔尚任、袁枚乃至他所尊敬的顾起元——相反的立场。这样的差别,固然和记事者的人格特质、思想信念有关,但也相当程度地反映了时代风气的变迁。这样的变迁在袁枚以后的南京方志中,其实可以很明显地看出来。蒋启勋主修的同治版《续纂江宁府志》的《古迹》卷导言中如此写着:

> 金陵古帝王州也,其山茅蒋,其中淮涂,跨江作镇,锁钥吴楚。……兹纂旧闻,继前轨有所不容已于记者,所以壮山川之灵秀也,作名迹志。然事属游览,无关政体,故多从简略,识者谅之。①

编者虽然充分了解到金陵山川的秀丽、壮阔,也尽职地将山川的载录系谱,从唐宋一路论及嘉道年间的金鳌和甘熙,但一句"然事属游览,无关政体"十分扫兴地将南京千年以系的逸乐传统,推挤到城市的暗角。

事实上,如果我们把袁枚在乾隆十三年(1748)主修的《江宁新志》和这一套同治年间刊刻的《续纂江宁府志》的目录拿来作一个简单的比较,可以更轻易而全面地看出时代风气的移转和道咸间战乱的影响。袁枚版的方志有 26 卷,其中包括了《疆域志》一卷、《山川志》一卷、《古迹志》一卷、《祠祀志》《艺文志》两卷、《文苑

① 蒋启勋、赵佑宸修,汪士铎等纂:《续纂江宁府志》卷八,第 68 页。

传》一卷、《艺术传》一卷、《高士传》一卷、《释道传》一卷，面向宽广，充分展现了盛世的包罗气象，但这些单独列卷的文苑、艺术、高士、释道、山川、疆域在同治版中都消失不见。袁枚版附录在《疆域志》中的风俗和《民赋志》中的物产，大概也因为"无关政体"，不见踪影。代之而起的是一整卷的《兵事表》和首开先例的《实政卷》。《人物卷》失衡的结构，更完全反映了时代的错置发展。这卷包含了驻防、名宦、先正、孝友、仕迹、儒林、文苑、义行、寓贤、忠义和列女的人物专卷，共有 374 页，几乎占了全套方志篇幅的百分之七十。而其中又有二百名是只有姓名的战乱死亡者。其他详略不等、流品各异的士绅官员，也绝大多数是"贼至殉难"之人，或是因与太平军作战而死难的殉国者。战乱后成书的《江宁府志》，仿佛成为一本悲伤的死亡之书，让人忘掉了这座城市曾经有的色彩和声器。

第五章　清中叶以降开封演剧活动

一、明清开封

由于明初曾以开封为北京,因此开封城的修缮,比别的城市更加坚固,城墙和城门,也更为高大雄伟。到了明末,开封的城墙更趋完善。[①] 和明代的西安城类似,二者虽非帝国的首都,但出于战略或商业的考虑,作为内线或后方的重要城市[②],西安和开封仍是太祖册封的重要王国所在。诸王在城里建立气派的王府,尤以秦(西安)、晋(太原)、燕(北平)、周(开封)四府,特别高人一等。[③] 周王府的第一代主人朱橚是朱元璋的第五子,洪武十一年(1378)改封为周王,国开封。周王府邸本是"宋时建都宫阙旧基",

---

① 程子良、李清银:《开封城市史》,北京:社会科学文献出版社,1993,第170—171页。

② 吴晗:《朱元璋传》,台北:活泉书屋,1983,第147页。

③ 朱国祯著,缪宏点校:《涌幢小品》(上)"王府"条,北京:文化艺术出版社,1998,第103页。

照皇宫的规模建造，包括午门、东华门、紫禁城，"极大宏敞，碧瓦朱门"①，实际上就是开封的一座小皇宫，在城里占了一片很大的土地。王府的建筑豪华，全是琉璃殿宇，高大巍峨，金碧辉煌。周王府以外的郡王门第，"亦是金钉朱户，琉璃殿宇。宫中皆有内景，郊外皆有花园"②。

除了大小王府，明代的开封，还有省、府、县三级官署，仪宾、乡绅的府第和花园。③ 这样的太平景象，让我们不禁联想到余怀笔下的明末金陵："金陵为帝王建都之地，公侯戚畹，甲第连云，宗室王孙，翩翩裘马，以及乌衣子弟，湖海宾游，靡不挟弹吹箫，经过赵李。"④事实上，开封王孙贵族及士人乡绅的纵情逸乐，较之晚明金陵，实不遑多让："（至十五日）诸王府、乡绅家俱放花灯，宴饮。""各家共有大梨园七八十班，小吹打二三十班。"⑤"又，大街路东，有皮场公庙。向南，三间黑大门，匾曰'富乐院'，内有白眉神等庙三四所，各家盖造居住，钦拨二十七户，随驾伺候奏乐，其中多有出奇美色妓女，善诙谐谈谑、抚操丝弦、撇画手谈、鼓板讴歌、蹴圆舞旋、酒令猜枚，无不精通。每日王孙公子、文人墨士，坐轿乘马，买俏追欢，月无虚日。"⑥这种清唱小班不仅被豢养在王孙乡绅宅院之内，在热闹的市区街头，也为一般民众平添了无数的欢乐。根据《如梦录》的记载，从鼓楼往西，经过相国寺后，是一个繁华拥挤的

---

① 孔宪易校注：《如梦录·周藩纪第三》，郑州：中州古籍出版社，1984，第6、7、13页。
② 孔宪易校注：《如梦录·周藩纪第三》，第12页。
③ 程子良、李清银：《开封城市史》，第171—172页。
④ 余怀：《板桥杂记》，王韬辑：《艳史丛钞》（上），新北：广文书局，1976，第1页。
⑤ 孔宪易校注：《如梦录·节令礼仪纪》，第88页。
⑥ 孔宪易校注：《如梦录·街市纪》，第49页。

市集区:"此市有天下客商,堆积杂货等物,每日拥塞不断。各街酒馆,坐客满堂,清唱取乐,二更方散。再西有轴丈、毡货、缎店、广福店、糖店、南酒店、清唱局。"①根据孔宪易的注释和此处记载的明季开封清唱局的设置,可以想见明中叶以后清唱剧曲之盛。孔宪易又特别指出,万历年间沈德符写的《野获编》,已指出金陵、汴梁为明代南北歌舞之都。就如同六朝金粉之于晚明金陵,在明末开封的清唱局中,我们似乎也看到了宋代勾栏、瓦舍不绝如缕的历史传承。

从"此市有天下客商,堆积杂货等物,每日拥塞不断。各街酒馆,坐客满堂,清唱取乐,二更方散"以及"大街小巷,王府、乡绅牌坊,鱼鳞相次。满城街市,不可计数,势若两京"②的描述,我们不难想象其背后是怎样繁庶的太平景象。事实上,整个《如梦录·街市纪》长达几十页的店铺名称,以及作者画龙点睛的按语,根本用意,就在营造出一个如梦般繁华的故国都城景象,而随着朝代更易和滚滚东去的黄河之水,明末开封的繁华城市景象,就此一去不回。

尽管在整个明代,开封一带备受黄河水患的困扰,洪水有 58次在开封城市近郊决溢,并在洪武二十年和天顺五年(1461)两次水淹开封城区③,但终明之世,开封的城市经济大体上相当繁荣。到嘉靖年间,开封府(含附郭县、祥符县)的人口有 174 万。在开封城内居住的人口,在明末约有 37 万。④ 繁荣的经济和庞大的人口,

---

① 孔宪易校注:《如梦录·街市纪》,第 31 页。
② 孔宪易校注:《如梦录·街市纪》,第 57 页。
③ 程子良、李清银:《开封城市史》,第 180 页。
④ 邓亦兵:《清前期开封城经济初探》,《史学月刊》1986 年第 2 期。

适足以反映《如梦录》中对街市的记载和描述的真实性。

频繁的黄河水患，变成开封历史上的主旋律。明末的大洪灾，彻底改写了开封的历史。商业活动锐减，人口总数也大幅降低，开封不仅无法再与金陵相提并论，在重要性上，可能也无法和作为西北商贸重镇的西安相抗衡。同样是明代重要的宗室藩国，建有宏大壮丽的王宫府第；同样是清代的国防重镇，城市内建立了作为城中之城的满城，而原本拥有庞大人口的开封府，在崇祯十五年（1642）的水患后，"东京人物尽付东流"，到顺治初年，"存者仅十之三四耳"。一直到康熙三十年（1691），开封府及辖下县境的人口才勉强恢复到 49 万，和乾隆年间西安的人口约略相当。① 崇祯十四年（1641）开始，李自成的军队三次对开封发动猛烈攻击。崇祯十五年四月至九月的第三次围城，前后持续了近 6 个月，固守城内的军队和民众，弹尽粮绝，卒至人肉相食。最后，守城的明朝官军决定开挖黄河大堤，水淹敌军。九月十五日，黄河秋水大涨，明军在朱家寨和马家口两处决堤，"河入自北门，贯东南门以出" "水深数丈，浮尸如鱼" "居人溺死者十有八九"。开封城内原有 37 万多人口，经过这场大水，最后只剩 3 万人。② 这次黄河决堤，彻底改变了开封城的命运。

清代初年，开封城市的繁华荡然无存，城内一片黄沙，苇蒿遍

---

① 根据估计，乾隆年间（1736—1795），西安府辖下咸宁、长安两县人口为 49.9 万多，西安城内的人口，曹树基认为在乾隆四十三年（1778）只有 5.5 万，但这个数字并不被学者普遍接受。另一项推测认为同治年间，西安城的人口数约为 30 万至 40 万。详细的讨论，见史红帅：《明清时期西安城市地理研究》，北京：中国社会科学出版社，2008，第 409—411 页。

② 程子良、李清银：《开封城市史》，第 181—184 页。

地,狐鬼出没,满目疮痍。康熙六年起,几次重新修复城墙,城市的外貌逐渐恢复,但由于城内用于泄水的干河洇淤塞,城内积水几十年不得排出。乾隆即位后,虽然开始陆续开挖淤塞的河道,但城内仍然留下了几个大水坑,淹没了明代几条繁华的商业街道。① 缺少了繁荣的商业活动和熙来攘往的人群,城市的演艺活动自然由之褪色。

　　开封的萧条不振,使得位于开封城西南 45 里的朱仙镇应运而生。事实上,朱仙镇的经济,从嘉靖年间疏浚贾鲁河后,就逐渐崛起。贾鲁河的疏浚工作在嘉靖九年(1530)完工后,该河成为一条沟通河南与江淮的通航水道,位于水道上的朱仙镇逐渐成为一个大的转运站,在清初,俨然成为开封的外港。

　　朱仙镇从明末开始崛起,至康熙、乾隆朝达于极盛。道光二十三年(1843),黄河再次决堤,对朱仙镇而言,是致命的一击。此后,朱仙镇的经济就逐渐衰落,到 1900 年,完全被周家口取代。② 朱仙镇在全盛时期,人口有 4 万户、20 余万人。③ 和康熙三十年开封城内小于 32 万的人口相比,已经颇有蔚为大观的气势。清初著名诗人陈维崧甚至认为朱仙镇让人想起古汴京:"闾阎栉比,清波极目,舟楫充盈,南控陈桥,西通尉氏,仿佛当年古汴京。"④作为四方货物

---

① 程子良、李清银:《开封城市史》,第 184—186 页。
② 以上参见李长傅:《朱仙镇历史地理》,《史学月刊》1964 年第 12 期;许檀:《清代河南朱仙镇的商业——以山陕会馆碑刻资料为中心的考察》,《史学月刊》2005 年第 6 期。
③ 李长傅:《朱仙镇历史地理》,《史学月刊》1964 年第 12 期。
④ 陈维崧:《经朱仙镇》,《陈迦陵文集·迦陵词全集》卷二十四,《四部丛刊初编》集部第 362 册,新北:台湾商务印书馆,1936,第 517 页。

的转运站，朱仙镇聚集了大量来自山西、陕西、甘肃、安徽及福建等地的商人。[1] 这些商人至少修建了两座会馆，俗称"关帝庙"，一座与岳王庙毗连，合称"关岳庙"，是山西、陕西商人合资建立的山陕会馆；另一座称"小关帝庙"，由山西商人独资兴建，故称"山西会馆"。

关岳庙(即山陕会馆)庙宇宏大，建筑雄伟，为全镇之冠。门外有戏楼与庙对峙，"建筑宏丽，几于庙并"[2]。除了这座门外建筑宏丽的戏楼，在庙后院还有一座戏楼，规模较小。此外，山西会馆中也建有大小两座戏楼。[3] 事实上，朱仙镇在全盛时期，除了有可与古汴京媲美的繁荣市况和300多家木板年画作坊[4]，也以蓬勃的宗教活动和戏曲演出著称。上述大小关帝庙的四座戏楼，只是演剧场合的一部分：

> 各类寺庙多达110处，较大的有岳飞庙、关帝庙、葛仙庙、天后宫、郎神庙、三皇庙、救苦庙、北大寺(清真寺)等。所谓的72路神仙，在镇内皆有庙祀奉。各种神仙庙皆有庙会，每会必酬神献戏，当时镇内有戏楼11座，以明皇宫戏楼为最，每年豫省各戏剧班、社，都按时到明皇宫献艺，竞相争艳。朱仙镇成

---

① 李长傅：《朱仙镇历史地理》，《史学月刊》1964年第12期；朱军献：《朱仙镇木版年画兴衰考》，《史学月刊》2011年第4期。

② 许檀：《清代河南朱仙镇的商业——以山陕会馆碑刻资料为中心的考察》，《史学月刊》2005年第6期。

③ 王强：《会馆戏台与戏剧》，台北：文津出版社，2000，第156、221页。

④ 冯骥才主编：《中国木版年画集成：朱仙镇卷》，北京：中华书局，2006，第23页。

为明清时期开封府属的一个新兴的商业文化中心。①

二、乾隆以降梆子戏的发展概要

我们知道,在明代,宫廷演剧和士大夫家班演剧都非常流行。② 到16世纪初,南戏的四大声腔已经确然成形。③ 到万历年间(1573—1620),昆山腔在文人、士大夫圈中普遍流行,弋阳腔则在一般民众中广受欢迎。④ 这种整体趋势在明代的开封也可以发现。

从上文引用的《如梦录》中,已可看出开封周王府曲艺活动之盛,诸王府、乡绅家里豢养的大梨园戏班,竟达七八十个,小吹打清唱班也有二三十个。⑤ 而一般民众,每逢节庆,则于城内各庙会"搭台演戏,建醮修斋,大街小巷,按时不断"⑥。这里"大街小巷,按时不断"的描述,让我们想到朱仙镇酬神演戏的盛况。

和其他藩王府略微不同的是,开封明代藩王中出了一位知名的剧作家周宪王朱有燉(1379—1439)。他一生创作了32种杂剧作品,虽然其中多为平庸之作,但部分作品在明代宫廷和社会相当流行。这位王室剧作家,让永乐、宣德时期的开封藩王府,成为戏

---

① 冯骥才主编:《中国木版年画集成·朱仙镇卷》,第16页。
② 参见王安祈:《明代传奇之剧场及其艺术》第一章及第二章,台北:台湾学生书局,1986。
③ 张庚、郭汉主编:《中国戏曲通史》第2册,台北:丹青出版社,1985,第2页。
④ 张庚、郭汉主编:《中国戏曲通史》第2册,第4、5、198页。
⑤ 孔宪易校注:《如梦录》,第88页。
⑥ 孔宪易校注:《如梦录》,第92页。

曲演出的圣殿。① 前文中也提到《如梦录》中记载了明季开封街头出现的清唱局,由此反映出明中叶以来清唱剧曲之盛。与此相关的一些记载,也表明明以来,以开封为中心的地区,兴起了一些民间俗曲、小调,如《锁南枝》《傍妆台》《山坡羊》《耍孩儿》《打枣竿》《挂枝儿》,"则不问南北,不问男女,不问老幼良贱,人人习之,亦人人喜听之。以至刊布成帙,举世传诵,沁人心腑"。这些流行的俗曲、小调,显然就是开封清唱局中众人雅好的时调小曲。也正是这些俗曲、小调,为河南地方戏曲的形成和发展,带来深远的影响。② 关于豫剧的起源,历来有几种不同的说法,大致可分成三类:(一)起源于河南民间说,(二)起源于秦腔、山陕梆子说,(三)起源于"弦索说"。③ 对于这些专家之学,我们在这里无权置喙,但有一点可以确定的是:清中叶的花雅之争,在晚明昆山腔与地方戏的竞争中已露端倪,也反映在开封的戏曲活动中。成书于乾隆年间的《歧路灯》,在第95回中对清中叶开封城内的花雅并陈及花雅之争,作了既鲜活又令人喷饭的描述:

> 这门上堂官,便与传宣官文职、巡绰官武弁,商度叫戏一事。先数了驻省城几个苏昆班子——福庆班、玉绣班、庆和班、萃锦班,说:"唱的虽好,贴旦也罢了,只那玉绣班正旦,年纪嫌大些。"又数陇西梆子腔,山东过来弦子戏,黄河北的卷戏,山西泽州锣戏,本地土腔大笛嗡、小唢呐、朗头腔、梆锣卷,

---

① 参见李真瑜:《明代宫廷戏剧史》,北京:紫禁城出版社,2010,第89—93 页。
② 韩德英、杨扬、杨健民:《中国豫剧》,开封:河南人民出版社,1999,第14 页。
③ 韩德英、杨扬、杨健民:《中国豫剧》,第18—23 页。

觉俱伺候不的上人，说："他们这班子，却有两三个挑儿，如杏娃儿、天生官、金铃儿，又年轻，又生的好看。要引到京上，每日挣打彩钱，一天可分五七十两，那小毛皮袄、亮纱袍子是不用说的。大老爷们在京中，会同年，会同乡，吃寿酒，贺新任，那好戏也不知看了多少。这些戏，箱穷人少，如何伺候得过？"那武弁道："这个不难。如今只把昆班俱合拢来，叫他们一替一出拣好的唱。把杏娃儿、天生官、金铃儿，再拣几个好脸儿旦脚，叫他掺在内，就是唱不惯有牌名的昆腔调，把他扮作丫头角色，到筵前捧茶下酒，他们自是熟的。"①

这段描述有几点值得注意之处。第一，它描写了清中叶地方戏曲的勃兴。第二，对宴会的主人河南抚台及受邀的学政、司道堂官来说，久住京中，过眼的精致好戏、要角不知凡几。他们雅好昆曲，看不上俚俗的地方土戏，但又对昆班正旦的年纪、扮相有所嫌弃。第三，地方戏的演员，虽然年轻貌美，但演的戏"箱穷人少"，无法入大老爷们的"法眼"。最后才有了武弁将花部、雅部送作堆的可笑建议。

由于对豫剧源流有不同的看法，因此豫剧何时形成一个独立的剧种，在理论上似乎难以有确切的时间。不过，《中国豫剧》一书的作者——韩德英、杨扬、杨健民——的看法，显然和冯纪汉类似，都认为是在乾隆初年。由于冯纪汉在叙事和论证上较清晰，也较一致，特别将他的看法摘录如下：

---

① 李绿园著，栾星校注：《歧路灯》，郑州：中州书画社，1980，第885—886页。

豫剧源出于秦腔（主要是同州梆子）。明末清初之际，秦腔传入河南，在河南民间音乐的基础上，吸收了当时河南普遍流行的清戏（又叫弋阳腔、高腔）、啰啰腔（又叫啰戏）等古老剧种的精华，逐渐成长壮大起来。到了乾隆初年，以开封为中心，就形成了具有中原特色的剧种。[1]

冯氏有关豫剧源出秦腔的说法，虽然仍是未定之论，但此处的论述，颇合乎情理。他接下来又说："一个剧种的形成和发展，决非一朝一夕的事，至少要经过几十年时间，因此可以大致确立，河南梆子从秦腔分化出来，形成具有河南特色的剧种，当在乾隆初年，或者更早一些。"[2]

《中国豫剧》一书虽然忽略了豫剧源头的部分，但结论和冯说大致相同："可以说，在乾隆初年或更早一些时间，河南梆子（豫剧）就已经在河南兴起了。"[3]接下来，冯纪汉又扼要地叙述了豫剧的发展和流派：

河南梆子在形成的过程中，由于各地的口音不同，又形成了若干各具特色的流派，这些流派是：祥符调（以开封为中心）、豫东调（以商丘为中心）、沙河调（以漯河、周口为中心）、

---

[1] 冯纪汉：《向优秀的传统学习》，韩德英、赵再生选编：《豫剧源流考论》，郑州：中国民族音乐集成河南省编辑办公室，1985，第125页。

[2] 冯纪汉：《向优秀的传统学习》，韩德英、赵再生选编：《豫剧源流考论》，第125页。

[3] 韩德英、杨扬、杨健民：《中国豫剧》，第29页。

豫西调(以洛阳为中心)。祥符调、豫东调、沙河调都是以开封为中心发展起来的,以后逐渐流传到山东省、商丘、周口一带。现在这三个流派的老艺人,公认为他们的艺术都出于蒋门和徐门。蒋门指的是蒋扎子,徐门指的是徐老六的父亲。蒋扎子和徐老六的父亲都是乾隆年间人,都在开封附近办过科班。徐老六是道光年间人,他在开封东北清河集办的科班,经他的徒弟一直维持到宣统年间。由此可知,豫剧形成独立的剧种,至少也有二百多年的历史。①

从上面这段引文,我们可以清楚看出开封在豫剧发展中所占的地位。除了以洛阳为中心的豫西调,其他主要的声腔都以开封为中心,这些流派演员的始祖都在乾隆年间开封附近的科班接受训练。这段师徒传承的历史,也正好呼应了前述豫剧形成于乾隆初年或之前的看法。

我们在前文中提到,从 16 世纪初起,南戏的四大声腔已经形成,到明末万历年间(1573—1620),昆山腔和弋阳腔分庭抗礼,分别在士大夫和民众阶层中受到欢迎。这个整体的情势,也反映在河南的戏曲发展史中。冯纪汉在《豫剧源流初探》这篇长文中也提到:"在明末的时候,河南流行的有弋阳腔、昆曲、啰戏、弦戏。"②

但在冯氏看起来,这些受到曲牌限制的全国性声腔和河南自有的地方戏曲,都不像同州梆子那样是在民歌的基础上发展起来的,不受曲牌限制。冯氏在此举了两个颇具说服力的理由,来说明

---

① 冯纪汉:《向优秀的传统学习》,韩德英、赵再生选编:《豫剧源流考论》,第 125 页。
② 冯纪汉:《向优秀的传统学习》,韩德英、赵再生选编:《豫剧源流考论》,第 134 页。

豫剧为何是从梆子戏发展出来的。第一,明末清初,许多陕西商人来河南经商,这些商人在河南的各州、府、县,都修建了会馆,而且许多会馆都附有规模宏大的戏楼,同州梆子就随着贸易被带到河南来。第二,李自成从崇祯五年到十六年,先后在河南12年之久,他的军队中有很多陕西人,而且李自成在进入河南前,在同州、蒲州之间练兵时,就曾把同州梆子当成军戏,他也很可能把同州梆子带到河南来。① 关于会馆演剧的问题,我们在下面还会讨论。这里要特别提出来的是:虽然开封在明清两代,有各种形式的戏曲演出活动(王府演戏、堂会、城市庙会),也有许多的戏班受邀在各种场合演出;但除了王府、官署、士大夫的厅堂和会馆,终明清之世,或到19世纪末叶之前,开封似乎一直不曾出现商业性的戏园或茶园,这点和北京,特别是上海相比,立刻能让我们看出城市间的差别。

三、演剧场合

宋代开封城东南50余座大小勾栏②,见证了开封悠久的曲艺传统。下至明清两代,开封一直是河南戏曲、民间歌曲和小调的中心。以开封为中心的豫剧传布范围,艺人们称为"内十处",包括了祥符、杞县、陈留等10个县。这些地方原来就流行着自己的民间戏曲。另一方面,从明代中叶以后,开封就流行着《锁南枝》《傍妆台》《山坡羊》一类的民间歌曲,这些歌曲为豫剧的成长,特别是祥

---

① 冯纪汉:《向优秀的传统学习》,韩德英、赵再生选编:《豫剧源流考论》,第133页。
② 孟元老:《东角楼街巷》,《东京梦华录》卷二,北京:中华书局,1985。

符调的形成,提供了丰富的资源。① 这些丰富的曲艺传统,充分反映在明清时期开封及各地大量的舞台建筑上。

　　根据《中国戏曲志·河南卷》的记载,在明清时期,河南的戏曲舞台已为数可观。康、乾以降,由于地方戏的勃兴和山陕湖广商人的进入,戏曲舞台随着会馆的建立而大量增加。这些不同形制的戏曲舞台(包括戏楼、半临时性的土戏台和完全临时性的活动戏台),在有的县份多达百座,一般也有二三十座至五六十座。② 我们对《中国戏曲志·河南卷》"演出场所"部分所胪列的 60 余处演出场合作一个快速的鸟瞰,可以看出除了新式的舞台、戏院,三分之一左右是关帝庙、城隍庙一类的庙宇戏台,还有一些则是会馆戏楼。③ 开封的戏曲演出场合,大致符合这个整体图像,下面我将分会馆演剧、商业演剧和庙会与流动性演出,分别介绍。

(一)会馆演剧

　　在近代商业戏园出现以前,会馆大概是寺庙之外,明清城市中最重要的公众演出场合。会馆在 15 世纪首先出现于北京,接着迅速在各省、府、州、县城,以及交通要道上的商业中心或主要城市散布。清初天下大定之后,一直到清中叶,是会馆急遽增加的时期。

---

① 冯纪汉:《向优秀的传统学习》,韩德英、赵再生选编:《豫剧源流考论》,第 143—144 页。

② 中国戏曲志编辑部:《中国戏曲志·河南卷》,北京:文化艺术出版社,1992,第 499 页。

③ 中国戏曲志编辑部:《中国戏曲志·河南卷·目录》,第 9—10 页。

明清时的北京,建立有 400 多座会馆。其他地区,会馆的分布数量不均,苏州在明清时期有 90 多座。① 开封在明代就已经有行会组织,但未设机构、会馆。到清代,这些工商业者不但建立行会,也设了会馆和乡祠。开封第一座会馆是清政府于康熙十八年(1679)间所建,原名是"奉直八旗会馆",其次则是山西富商在顺治到乾隆年间建立的山西会馆,后来改称山陕会馆。其他还有江苏会馆、湖广会馆、八旗会馆、江西会馆等。② 根据一个较全面的统计,从山陕会馆算起,到 1949 年止,开封的同乡会馆共有 49 处,其中有 18 所建于清朝。③ 如果再加上不包括在这份数据中的八旗会馆,则在清代开封,至少有 19 座会馆存在。

照我们一般的理解,多数会馆都附有戏楼,一本回忆汴梁的杂记中,也提到"会馆差不多都有剧场舞台"④。但可惜的是,从我们目前所能找到的资料来看,只有山陕会馆和八旗会馆有戏台的建筑。根据调查,开封山陕会馆在不同时期,共建了 4 座戏楼:第一座建于会馆山门影壁内;第二座是东火神庙戏楼,前后台以隔扇分开;第三座戏楼位于会馆一侧偏院中;第四座位于会馆另一侧偏院

① 何炳棣:《中国会馆史论》,台北:台湾学生书局,1966,第 14—21 页。李华:《明清以来北京工商会馆碑刻选编》,北京:文物出版社,1980,第 20、22—23 页。洪焕椿:《明清苏州地区资本主义萌芽初步考察》,载于南京大学历史系明清史研究室编:《明清资本主义萌芽研究讨论集》,上海:上海人民出版社,1981。
② 程子良、李清银:《开封城市史》,第 194 页。
③ 冯荫楼:《各地旅汴同乡会馆钩遗》,中国人民政治协商会议河南省开封市委员会文史资料研究委员会编:《开封文史资料》第 3 辑,开封:开封市委员会,1986,第 132—155 页。
④ 韩德三、陈雨门:《汴梁琐记》,郑州:河南人民出版社,1986,第 57 页。

中,与第三座对称。①

　　八旗会馆,如前所述,建于康熙十八年(1679),它的原始规模和面积,据说不亚于相国寺,可惜在民国初年的黄河溃决中,五分之二为水所淹没。八旗会馆共有五进,第三进院有一座宫殿式的大厅,大厅对面,筑有舞台,是一个可以容纳三百座位的室内剧场。每逢年节或历代皇帝的寿诞,满族七品以上且退居在开封的官员,均集中在这里朝贺、庆祝,同时也例必演戏一至三日。② 上述的资料中,只对山陕(甘)会馆内的戏楼大小、形式作了技术性的描述,还好有《歧路灯》中具体的描述,让我们对清中叶山陕会馆演剧的盛况有更鲜活的理解。第49回描写书中主角谭绍闻前往东街投帖为舅父接风,正与表兄弟闲谈间,听得锣鼓喧天,谭绍闻道:"哪里唱哩?"王隆吉道:"山陕庙,是油房曹相公还愿哩。"绍闻道:"谁家的戏?"王隆吉道:"苏州新来的班子,都说唱的好。"在谭绍闻的坚持下,一行人来到庙门:

　　　　一面说着,早已到了庙门。谭绍闻听的鼓板吹弹,便说道:"这牌子是《集贤宾》。"王隆吉道:"我一些儿也不明白。"进的庙院,更比瘟神庙演戏热闹,院落也宽敞,戏台也高耸。不说男人看戏的多,只甬路东边女人,也敌住瘟神庙一院子人了。③

---

① 王强:《会馆戏台与戏剧》,第155—156页。
② 陈雨门:《河南八旗会馆和八旗》,中国人民政治协商会议河南省开封市委员会文史数据研究委员会编:《开封文史资料》第5辑,开封:开封市委员会,1987,第155页。
③ 李绿园著,栾星校注:《歧路灯》,第455—456页。

山陕会馆前半部大殿内供奉着关圣帝君，故称山陕庙。乾隆年间始建，到嘉庆初年已破烂不堪，道光四年（1824）、同治三年（1864）又重新整建。① 会馆和关帝庙耸立在闹市中，是开封百姓奉祀关帝及观看戏曲演出的最佳去处，所以较之瘟神庙更为热闹。台下看戏的除了男性，也有大量的女性观众，所谓"只甬路东边女人，也敌住瘟神庙一院子人了"。根据一项记载，这座剧场的戏楼有四米高，庙前空地可容纳两千人。② 这里指的应该是山陕会馆正院里的大戏楼，前文提到的两侧对称的偏院中的戏楼，则是东西两别院的堂戏楼。③ 会馆里的堂戏演出相当频繁，一年里可能唱几十场堂戏，一般的名目包括小孩满月、成年人过寿、还愿，官员互相宴请的情形也相当普遍。

顺便一提，堂会不仅在会馆演出，私人宅院、府邸也是举办堂会的适当场所。《歧路灯》第78回用极长的篇幅，描写了一件事：众人为了替书中主角谭绍闻的母亲过寿，请人花了整整三天的时间，在谭宅门前搭了一座临时戏台，戏未开演，就已经吸引了许多附近街上来看热闹的民众，"轰轰闹闹不休"。有趣的是这个戏台装饰的目的大于实用，真正的堂会是在正房内厅堂前搬演："谭宅这宗大喜，我们一街上人，都是沾光的。但戏是堂戏，伺候席面，把街心戏台闪空了。本街老老幼幼以及堂眷，看见这样花彩台子，却没戏看，只听院里锣鼓笙管，未免有些索然减兴。我们何不公送一

---

① 韩顺发：《关帝神工：开封山陕甘会馆》，开封：河南大学出版社，2003，第10—11页。
② 韩德三、陈雨门：《汴梁琐记》，第57页。
③ 韩顺发：《关帝神工：开封山陕甘会馆》，第143页。

班戏在台上唱？盛宅昆班专在厅前扮演,岂不是互济其美,各擅其妙?"①从这一回的描述中,我们可以归纳出几个重点。第一,晚明江南士大夫圈子里流行的家班,在清中叶仍然存在。此处描写的盛氏家班的主人盛希侨,是谭绍闻的结拜兄弟和损友之一,出身官宦之家,浮华浪荡,带着谭绍闻做一些吃喝嫖赌的勾当,其所豢养的家班,唱的仍是雅致的昆班。第二,这些戏班其实有等级之别,服务不同的客层,这回中提到的绣云班,专在各大衙门走动,对一般的街头演出是不屑一顾的。第三,为了让四邻民众能沾染谭府的喜庆,众人商议的结果,是请来了一个民间戏班,叫作梆锣卷。② 根据专家的意见,这"梆锣卷"是梆子戏、锣戏和卷戏,都是"土地土腔",常常一起演出,以与外来戏班争抢客源。③

　　除了山陕会馆,江浙会馆显然也有戏台,《歧路灯》第 24 回中就提到了请戏班子到山陕会馆唱戏,也请戏班到江浙会馆演出。④ 除了山陕会馆、江浙会馆,八旗会馆第三进院的大厅对面,也筑有戏台,是一个可以容纳 300 人座位的室内剧场。⑤ 由于开封会馆演剧的数据太少,我们不容易归纳出一个整体的情势。拿北京会馆的一般发展与此作对比,也许有助于我们了解开封城市演剧的特色。

　　清代北京的会馆大概有 400 多所,其中大部分由士绅阶级捐

---

① 李绿园著,栾星校注:《歧路灯》,第 756—757 页。

② 李绿园著,栾星校注:《歧路灯》,第 757 页。

③ 韩德英、杨扬、杨健民:《中国豫剧》,第 25 页。

④ 李绿园著,栾星校注:《歧路灯》,第 229 页。

⑤ 陈雨门:《河南八旗会馆和八旗》,《开封文史资料》第 5 辑,第 155 页。

助兴建，其次是商人会馆，另外，还有少数几个由工匠和学徒组成的会馆。① 这些会馆多半盖有戏楼，到 20 世纪 80 年代，仍然有文献或残迹可考的会馆戏台只剩 17 处。

会馆演剧的目的最早都是庆祝神诞、酬神或还愿，宗教仪式的气氛非常强。但从清中叶后，会馆出于经济考虑，出租给外人或非会员作为一般婚丧喜庆宴饮演戏场所的情形，越来越普遍。② 会馆演剧的性质自此愈趋商业性。

在会馆演剧日趋繁盛之际，清中叶乾隆、嘉庆时期，酒楼、戏园等商业演出的场合也蜂拥而起。③ 此外，正阳门外还有 10 余处被称为戏庄的演剧场合，根据田仲一成的看法，这些戏庄模仿了会馆的设计，在构造上同时考虑到演剧的设备和为观众提供酒食的设备两方面。④ 综而论之，清中叶的北京，存在大量以酒楼、戏园、戏庄及会馆为名的演剧场合，而这些演剧场合的商业性质愈趋突显。

在开封，一方面可能因为城市规模、级别和商业化的程度，一方面也因为资料的匮乏，我们很难看到和北京一样的特色。

(二) 商业演剧

在文化上以北京为模仿和竞争对象的上海，在 19 世纪 60 年代以后，有戏曲演出的茶园或戏园开始大量出现。一项估计认为，从

---

① 周华斌：《京都古戏楼》，北京：海洋出版社，1993，第 119—120 页。
② 田仲一成著，云贵彬、于允译：《中国戏剧史》，北京：北京广播学院出版社，2002，第 373—374 页。
③ 周华斌：《京都古戏楼》，第 154 页。
④ 周华斌：《京都古戏楼》，第 391—392 页。

19 世纪 40 年代开埠以后到 1911 年间,上海共存在过 120 座茶园/戏园或舞台。仅在 19 世纪 80 年代,宝善路附近就出现了 30 多座茶园。① 在 20 世纪初到 1927 年间,则新建了大约 100 座戏园/舞台。② 这些戏园,从 19 世纪 60 年代的"满庭芳"开始,有不少都盖得富丽堂皇,成为观光客必游的上海景点。

但这些戏园绝大部分都有着公共安全和卫生条件极差的问题,一直到 1908 年新舞台建立,才以新式的剧场、舞台、灯光、布景,为上海乃至中国的戏曲演出场合,树立了一个崭新的标杆。

开封的商业剧场,不论在数量、设施上,都难以和北京、上海相提并论。虽然《中国戏曲志·河南卷》在演出场合的部分,对河南各地(如郑州、开封、洛阳)的演剧场合数量,作了一个简单的统计,但因为其提供的资料并不齐全,所以我们难以据此呈现一个比较完整的图像。根据这份资料,开封市共有古戏楼 76 座,茶园戏院 25 所。③

几种回忆文字,把开封商业剧场的出现,或定在辛亥革命以后:

> 从前梆戏专在乡村演唱高台,为流动性质,票价低廉,伶工劳苦,一切设备极其简略。辛亥以后,省会各处始有戏园之设,亦时演时停。④

---

① 许敏:《晚清上海的戏园与娱乐生活》,《史林》1998 年第 3 期。
② 中国戏曲志编辑部:《中国戏曲志·上海卷》,北京:中国 ISBN 中心,1996,第 672—681 页。
③ 中国戏曲志编辑部:《中国戏曲志·河南卷》,第 529 页。
④ 邹少和:《豫剧考略》,韩德英、赵再生选编:《豫剧源流考论》,第 75 页。

或定在 20 世纪 20 年代：

> 河南梆子的舞台设置极为简单，有时靠山用席箔搭成，所以一般群众称之为"靠山吼"。在庙会演出时，台口对着寺观，为敬神祇。1928 年前后开封的相国寺和郑州的河北沿先后设立了席棚搭成的戏院子，河南梆子才从野台子戏发展到有固定的演出场所，同时也就从农村发展到城市中了。到城市后为城市的观众所欢迎，就奠定了稳固的基础。①

> 豫梆戏通称为粗梆戏，一向是在外县乡村中演出。在大城市里逢到庙会，小街僻巷里有时看到这种戏。开封是河南省会，1926 年以前没有开院营业的豫梆戏，在那个时候有人在相国寺里搭两个席棚子试演，因为票价低廉，更于座以外添售更贱价的站签，从此都市里出现了劳动大众的娱乐场，营业日渐发达，梆子戏剧院就一天多一天，据统计全省固定在城内演唱者达 40 家以上，外埠大县亦竞起仿效。②

但根据《中国戏曲志·河南卷》的记载，早在光绪末年，开封城市内就已经有两座茶园式的戏园，分别是东火神庙戏园和北羊市老戏园。

开封东火神庙戏园坐落在开封市东火神庙西院，建于光绪二

---

① 魏镇清：《谈河南梆子戏》，韩德英、赵再生选编：《豫剧源流考论》，第 83 页。
② 王镇南：《关于豫剧的源流和发展》，韩德英、赵再生选编：《豫剧源流考论》，第 88 页。

十七年(1901)前,是开封较早的茶戏(当时在茶园里演出京戏)演出场所。

这里的戏园是砖木结构、明清楼式建筑,上下两层,青砖铺地,布瓦盖顶,内设包厢、楼座、池座及边座。园内置方桌于台前,环布条凳若干,边演戏,边卖茶。戏园卖票营业,日夜演出,日戏中午12点钟开演,夜戏晚上7点钟开演。场内照明使用植物油老鳖灯。票价为包厢大洋3至4元,楼座每位340文,池座280文。全园可容500人。禁止妇女入园看戏。

后来这座茶园数易其名,先是叫"聚仙园",光宣之际,改名为"天仙园""春仙园"。①

开封北羊市老戏园坐落于开封市羊市街北头路东,建于清光绪年间,为开封较早的席棚茶园,后人均称"老戏园"。老戏园初名"天乐园"。观众场中放有方桌,方桌两旁和后边有条凳若干,边演戏,边卖茶,不收门票,只计茶资。演日戏,不演夜戏。民国二年(1913)更名"普庆茶社",由业主李登云、李生在天乐园旧基上改建而成。茶社是土木建筑,上搭席棚,座位二百个,两边设男女简易包厢各三间,每间可容纳十人。站签二百人。日夜开演,卖票售座,照明始用老鳖灯,后改用煤油汽灯。民国三年(1914),河南梆子曾在该园演唱。②

这两间茶园的规模算得上中等,可容纳四五百位或站或坐的观众。老戏园改名普庆茶社后,也开始演出夜戏,并较火神庙戏园更进一步,打破禁止妇人看戏的规定,设立了女性包厢。不过,上

① 中国戏曲志编辑部:《中国戏曲志·河南卷》,第516页。
② 中国戏曲志编辑部:《中国戏曲志·河南卷》,第517页。

海的茶园从 19 世纪 60 年代末期开始就采用新式的汽灯（自来灯），19 世纪 80 年代更进一步采用电灯①，开封的茶园到 20 世纪初依然使用植物油灯。直到 1913 年，普庆茶社才改用煤油汽灯。

值得一提的是，开封的商业茶园/戏园虽然出现的年代甚晚，数量也不多，但居然在新舞台 1908 年建立后不久，创办了开封的第一座新式剧场。这座名为丰乐园的剧场，坐落于开封市马道街路东。清光绪三十年（1904）河南巡抚陈夔龙雅好京剧，见汴中戏园之简陋，出俸银付予巨商魏子清、杜秀升，由二人购地建筑此园。丰乐园于光绪三十三年（1907）奠基，宣统元年（1909）底落成，宣统二年元旦正式营业演出。它是河南省首座规模宏伟、设备完善，以演京戏为主的新式剧场。园内外首用电灯照明，戏园分上下两层，一楼为池座，装有整齐的条椅座位，每椅四人，椅背后装有横板，可放茶具、食品等。楼上有包厢及散座。戏园可容纳近千人。观众多为中上层社会人士。河南向来禁止妇女入园观剧，自丰乐园始，经官府批准，方开禁。该园设前后门，男女分行别座，不得混杂，即使夫妻亦得分座。妇女观剧处集中于北楼上，后因妇女观众逐渐增多，乃将北楼下亦改为女席。看戏妇女多属社会上层眷属。② 这座剧场规模较大，可容纳近千人，并破天荒地首度使用电灯照明，而且很明显地，有为数颇多的女性观众。

不过值得注意的是，上面这三间戏院都以演出京剧为主，和梆子戏有明显的阶级差别。清末存在于开封城的，显然是位阶较高

① 海上漱石生：《上海戏园变迁志》，"中央研究院"历史语言研究所俗文学丛刊编辑小组：《俗文学丛刊》第 1 辑第 6 册，台北：新文丰出版公司，2002，第 93—94 页。
② 中国戏曲志编辑部：《中国戏曲志·河南卷》，第 517 页。

的京剧院。为一般民众观赏梆子戏而设的戏院,大概真如上面几篇报道所言,是1927年以后的事了。根据张履谦在1936年所作的调查,当时开封城内共有10家戏院,较有名的包括醒豫舞台、易俗学社和永安、国民、永乐与同乐。后面4家均设在相国寺内,照张履谦的看法,相国寺内戏院仅占开封市内戏院三分之一强,但它们的观众是开封城内各戏院观众总量的两倍。[①]

(三)庙会与流动性演出

由于豫剧的观众大多数在乡村,因此演员和剧团的流动性极高。开封等城市的商业演剧,固然吸纳了一部分优秀的演员,固定在城市的戏园/茶园演出,但由于商业化的程度不足,我们很难期待多数演员依靠城市的固定演出谋生。豫剧班子在清末民初的流动性质,和西安的秦腔极为类似。1912年在西安成立的"西安秦腔易俗社",虽然以西安市为据点,在城中有自己的戏园和固定的演出,但仍然不停地前往其他城镇和邻近区域的乡村演出。其他的秦腔戏班更仰仗在城镇、乡村的庙会与喜庆场合的演出,作为主要的收入来源。[②]

对豫剧的流动性,由于数据不足,只能简而论之。演员、戏班流动性强的特点,在开封许多演员身上都可以看出,这些演员在乡

---

① 张履谦:《相国寺梆子戏概况调查》,韩德英、赵再生选编:《豫剧源流考论》,第21页。
② 李孝悌:《西安易俗社与中国近代的戏曲改良运动》,陈平原、王德威、陈学超主编:《西安:都市想象与文化记忆》,北京:北京大学出版社,2009,第201页;更详细的讨论,见我的英文书稿 *On the Way to the Cultural Revolution*: *Opera*, *Society and Politics in Modern China*(Cambridge: Harvard University Asia Center, 2019) 第五章的讨论。

村及其他城镇累积了相当声誉后，开始进军开封。下面可以举几个例子：

> 赵顺功（1897—1973），生、净行演员。河南陈留（今属开封县）人。小时入陈留王建业科班学戏。出科后，在陈留、杞县、尉氏等地搭班演唱，渐有声望。20世纪二三十年代，在开封常演出于国民舞台、永安舞台、同乐舞台，颇受观众好评。后到郑州金星戏院为台柱。[①]

> 陈玉亭（1898—1970），河南开封南北店村人。自幼随父务农兼卖烧饼，常借卖烧饼之机到本村玩会班看戏，久而久之也就学会了几段戏，因嗓子好，玩会班便吸收他为"玩友"。1915年，17岁的陈玉亭背着父亲到陈留德胜班搭班演唱，……受到了好评，成为德胜班的演员。父亲得知他"下海"唱戏，非常恼怒，让他回家。陈玉亭便远离家乡，北渡黄河到延津搭班演唱，并拜刘成为师。很快便在延津一带唱红，受到观众欢迎。后又到开封公议班搭班演唱。公议班解体后，于20世纪20年代到开封永乐舞台演唱。1931年带女儿陈素真到杞县八区戏班搭班演唱。1934年又带女儿陈素真回到开封永乐舞台。陈素真唱红开封，成为永乐舞台的头牌演员。1935年永乐舞台改组为豫声剧院，陈玉亭、陈素真父女又成为豫声剧院的主要演员。[②]

---

① 韩德英、杨扬、杨健民：《中国豫剧》，第68页。
② 韩德英、杨扬、杨健民：《中国豫剧》，第69页。

　　彭海豹(1900—1945)……河南中牟东漳村人。15 岁入杨
老五科班学戏,16 岁在中牟县城登台演唱,受到观众欢迎。后
到鄢陵、禹县等地搭班演唱,引起轰动,声望大增。20 年代末,
到开封永安舞台搭班演唱,成为生行头牌演员,与著名旦角演
员马双玉、王润枝等同台合作演出了很多剧目……成为开封
观众最欢迎的须生演员之一。①

　　其他像孙延德(1865—1947),10 多岁随父逃荒到黄河东,入戏
班学戏。出科后在黄河两岸搭班演唱,以扮相俊俏、唱腔清脆甜
美,大受观众欢迎。后到开封公兴班搭班演唱,成为该班的台
柱。② 时倩云(1885—1942),10 岁即在豫北一带颇有声誉,人们争
相观看。民国初年在开封义成班演唱,常出演于致祥、普庆、凤鸣
等茶社,深受观众好评。③

　　这些原来在四乡流动演出的演员,因为闯出名号,而进入城
市,在开封演唱事业达到高峰。这些有幸进入城市的演员,多半在
城市定居下来,固定在城中的几间茶社/戏园演出,但绝大多数的
演员,还是要靠浪迹天涯的方式,四处卖艺谋生:

　　　　早期旧豫剧的演出场所,是在乡村搭高台演唱,为流动性
　　质,没有固定的“戏园”。

---

① 韩德英、杨扬、杨健民:《中国豫剧》,第 70 页。
② 韩德英、杨扬、杨健民:《中国豫剧》,第 74 页。
③ 韩德英、杨扬、杨健民:《中国豫剧》,第 75 页。

旧豫剧的演出场所，不仅在乡村，即在开封城郊也是流动性的，它的流动性的基本原因是封建时代迎神庙会需要使"戏班子""送戏上门"而造成的。①

这些记载除了再一次印证豫剧早期的流动性质，也说明庙会是造成戏班流动的主因。值得一提的是，庙会演剧不仅见于乡村，也存在于城郊和城市内的巷道中：

清末的时候，河南梆子虽有"地摊"和"板凳头"等演出形式，但大量的普遍的还是"跑高台"。

过去，河南省各地，成千成万人的庙会特别多。会期长短不等，长的有十天半月，短的只有三天。在会期中，总要有一班两班的"梆子戏"来会上唱，这个庙会完了再赶到另一地的庙会上，流动性特别大，艺人称之为"赶庙会"或"赶台口"。②

关于城郊的庙会演戏，邹碧峰的文章对演戏的庙宇、日期、场合和戏台，有简明扼要的回忆和记叙，值得参考，全引如下：

开封城郊的庙会每年是很多的，有会多有戏，各个庙会的会期又都相距很近，就自然形成了旧豫剧的"游击"方式。在开封城郊庙会中高台演出的场合，据我所亲历的有以下各处：

① 邹碧峰：《大梁豫剧及其发展》，中国人民政治协商会议河南省开封市委员会文史资料研究委员会编：《开封文史资料》第1辑，开封：开封市委员会，1985，第117页。
② 马紫晨：《河南梆子概述》（节录），韩德英、赵再生选编：《豫剧源流考论》，第99页。

1.南土街　　时间：农历正月初四日

2.火神庙　　农历正月初七日

3.边村　　　农历正月初八日

4.干河沿　　农历正月十二日

5.老君堂　　农历二月十四日

6.救苦庙　　农历二月十九日

7.三官庙　　农历三月三日

8.小满会　　农历小满节

9.城隍庙　　农历五月二十八日

10.马王庙　　农历六月二十二日

11.机神庙　　农历五月初五日

12.灶爷庙　　农历八月初三日

13.鲁班庙　　农历九月初九日

……，……。

其他"还愿戏"是不定期的，例如：对堵庙门的大仙庙、西棚板街的大仙庙都不分时间，接连不断地演出达半月或一月之久。有时同神异庙，各庙演各自所定的戏，如财神庙、财神店钱业会馆，往往同时有戏。

这种庙会的戏一律免费观看，因而必须在庙院以外，选定广场，用棚板搭成高台演唱，显示出庙会的繁华盛况。没有广场的，把戏台搭在街中心，离地一、两丈高，台下仍可人车来往。①

---

① 邹碧峰：《大梁豫剧及其发展》，中国人民政治协商会议河南省开封市委员会文史资料研究委员会编：《开封文史资料》第1辑，第117—118页。

在清中叶之前，庙会演剧（或称神庙演剧）不仅是中国乡村社会最重要的戏剧演出形式，也在城市中扮演重要的角色。但清中叶之后，随着北京、上海等大城市的商业化和商业戏园的大量出现，庙会演剧在城市中的地位似乎日益削弱。① 作为一个全国性的代表性剧种，我们对豫剧庙会演出的了解，显然还在起步的阶段。周华斌在《京都古戏楼》一书中，对北京郊外的乡村戏台和庙会演出，作了详细的调查和描述②，既可以和前文提到的开封城郊的庙会演戏作一对比，也值得我们用来作进一步研究豫剧戏楼、演出的参考。

四、俚俗的民众戏曲

豫剧从乾隆初年逐渐形成后，在大多数士大夫眼中，是一个无法忍受的粗鄙怪物。一直到清末、民初，渐渐有些对民间新兴戏曲多所鼓励的知识分子，一方面用"同情的理解"的态度，指出梆子戏的出身与俚俗表现间的关系，一方面也提出各种正面的改进之道。这些看法，可视为 20 世纪二三十年代豫剧改良运动的先声。

(一) 对豫剧的批评

士大夫和知识分子对豫剧的批评，从清末到 1931 年，可说从未

---

① 我在前引英文书稿的第一章《乡村演剧》的部分，对此有较详细的讨论。
② 周华斌：《京都古戏楼》，第 207—245 页。

中断过。

　　豫剧在乾隆年间于开封一带形成之后，并未受到上层社会的注意。后来由于广大群众对这一新兴艺术的欢迎，它的声势逐渐增大，一些缙绅士大夫之流才始而惊讶，继而恐慌，感到它们"匪我族类"，遂极力地加以诋毁。如清末的陈彦衡即在《旧剧丛谈》中说这种梆子戏"多鄙俚嘈杂，少文静之趣，故为缙绅先生所不取"。耐寒在民国六年（1917）七月十四日的《豫言报》上也说什么"梆戏之化装粗陋，剧词卑鄙，上流人士不屑涉足"。并讥笑当时名旦李剑云所在的戏班"仅能于各庙之酬神演剧者，略博膏火资，不能议及开园卖座。因皮簧班中之牡丹花、十三旦尚在梁苑，下里巴人自不能与阳春白雪相提并论"。直到民国二十一年（1932），徐味莼还在四月份的《戏剧月刊》中说河南梆子的"角色粗鲁，行头破烂，说白纯系土音，唱词俚俗不堪"，武断地认为它"绝对一无可取"。①

　　这种"粗陋鄙俗"的印象，当然和梆子戏源自民众有很大的关系："河南梆子戏为工农大众所欢迎，从其起源历史的叙述，是为劳工们所发起，已经说明了。劳工们因为教育程度的低下，所欢迎的戏，自然不是'斯文的'，而是'俚俗不堪'的。故河南梆子戏的词句做派，均极俚俗。在清代的时候，扮演河南梆戏者皆目不识丁，多染有食烟嗜好，演唱均墨守旧法。但当时多系高台戏，卖茶的时候

---

① 张鹏：《豫剧源流新探》，韩德英、赵再生选编：《豫剧源流考论》，第190—191页。

很少，每一开台，均要先唱一场十八板；所谓十八板者，即是在锣鼓响后先出来一人，到台之中间念罢四句打油诗后，坐在台中道白，其每句白须隔十分钟或二十分钟不等。……总而言之，所谓十八板者，即故意耗费时间以待后台化装，……其扮相之不伦，唱做之费解，甚为劳工大众所欢迎。"[1]

在士大夫或知识分子看来"俚俗不堪"的梆子戏，因为反映了下层民众风俗习惯中"鄙俚粗俗之人与事物的关系"[2]，所以再不伦，再费解，再可笑，也受到民众的热烈欢迎。

京剧作为雅乐昆曲的对照，原来也是源自下层的乱弹调，但在不断修饰的过程中，俨然成为精致文化的表征。张履谦在将梆子戏和京戏作对比时，为了达到效果，处处在京剧和上层社会之间画上等号。梆子戏因此成了"为下等社会中人现身说法的戏剧"，"是表现下等社会人的风俗习惯"，"以粗俗把握着观众意识"。因此，在词句使用上多用土语，而流于浅俗，相对于京戏的"设身处地，力求熨帖"，梆子戏显得格外粗枝大叶。[3] 作者在此力图对梆子戏的特质作出同情的理解，反而更强化了豫剧下层和俚俗的形象。

徐慕云一方面站在鼓励地方戏曲发展的立场，希望大家不要因为梆子戏囿于一隅，未经世人雕琢，就认为它不堪入目，而弃如敝屣；一方面还特别举了山西梆子和陕西秦腔致力改良的成效，为

---

[1] 张履谦：《相国寺梆子戏概况调查》，韩德英、赵再生选编：《豫剧源流考论》，第25—26页。

[2] 张履谦：《相国寺梆子戏概况调查》，韩德英、赵再生选编：《豫剧源流考论》，第27页。

[3] 张履谦：《相国寺梆子戏概况调查》，韩德英、赵再生选编：《豫剧源流考论》，第26—27页。

梆子戏的改良打气："山西梆子经过长时间改良,自必有显著之进展。同时陕省之秦腔,亦于入民国后,经军政各界要人之提倡并拨款创办易俗社等学校,以造就后进之人才,成绩尤为可观。"即使站在这样同情的立场,徐慕云仍对豫剧的毫无进步,感到可惜："全省中除号称'河南梆子戏大王'陈素真(坤伶)近来尚知力图上进,并以灌唱片之故,不得不倩人修正其鄙俗之唱词外,余则一仍习惯,地方色彩丝毫未曾删去也。"①徐进一步摘录了一些剧目的戏文,证明其粗俗、淫猥:

> 《打金枝》剧,当公主被郭子仪之子郭爱所殴,哭诉于唐王驾前时,曾唱四句妙词,即:"小郭爱太无理,他不该把咱爷们欺,打了为奴还不算,不该骂为奴是狗 X 的。"又《陈州放粮》一剧,宋王出场时念引子:"孤王生就个朝廷命,二十三岁就坐朝廷。(白)宣包黑上殿。"包白:"臣包老爷见驾。"王白:"黑啦,叫你陈州放粮,你去是不去?"包白:"在家闲着也是闲着,只要管臣盘缠,怎着不去。"王白:"你要去,千万不要苦害孤的百姓。"包白:"要害百姓,是个鳖羔。"包辞别王驾在途中所唱为:"放粮路过荞麦地,捉个鹌鹑是牡的。"又如《姚刚征南》剧,乃河南梆子班四大征之一。四征者即《薛礼征东》《樊梨花征西》《姚刚征南》与《燕王征北》是也。旦角于《姚刚征南》中有唱词一段:"我一见小姚刚无从搭话,不由得小奴家骨酥皮麻。他头戴着锁子盔,身穿连环甲,胯下白龙马,银枪手里拿。哎

---

① 徐慕云:《河南梆子》,韩德英、赵再生选编:《豫剧源流考论》,第 78 页。

哟咳，娘的心，他是谁，他是谁家个白娃娃。"皮黄剧之《虹霓关》东方氏所唱之"赛韦陀……似吕布……"一段之唱作，其描写荡妇爱慕俊男之情态，虽与此段无多差别，然而词句之雅俗，则截然不同耳。①

对豫剧同样抱持同情立场的郑剑西，也忍俊不禁地摘录了几句可笑的戏文：

> 河南戏剧的好处，是平正畅达，长于演儿女缠绵，家庭琐屑，比较跟中小社会接近一点。最不易演袍带戏，实在没有雍容华贵的态度和谈吐了。因为这些戏剧，创造于内地乡郾，角儿们轻易见不到大官大府，何况帝王卿相呢。所以一个不小心，就有"包老爷背个小褥套"，"正宫娘娘烙大饼，孤王给你卷大葱"，"有朝得了天和下，我坐朝来你坐廷"，"有人问我那一个，姓玉名皇字天爷"等等一类的妙文了。②

除了不合身份的粗俗、淫猥的戏文，又臭又长的台词也同样令人不能忍受：

> 河南戏有几种词句之多异乎寻常，对张三说那么大套，对李四又是一字不易的那么一大套，再有赵甲、钱乙见面，还是

---

① 徐慕云：《河南梆子》，韩德英、赵再生选编：《豫剧源流考论》，第79页。
② 郑剑西：《从民间艺术谈到河南戏剧》，韩德英、赵再生选编：《豫剧源流考论》，第65页。

那么一大套,他们行话叫做"倒粪",你瞧听的人够多么腻烦,
是不是应当改良删减的。①

(二) 营造摩登品位

在戏文的精炼、净化、改良外,这些同情的观剧者也特别期望
豫剧女演员摆脱村气的穿着装扮,以京剧名旦为楷模,迎头赶上新
的时代潮流,打造出摩登士女的品位:

> 服装要趋时代化。虽不必穿中山装戴礼帽,也要合乎美
> 的条件,顶好是拿旧京派二簧戏作标准,何等大方而美观,其
> 好处是抽象的。最可笑海派的行头扮相,太求相真,弄得奇形
> 怪状,一团野气,反而糟心。……河南梆剧除省会陈素真外,
> 其他都有村气扑人,尤其不讲究衣裙服装的配色(如大红帔粉
> 红裙,蓝帔绿裙,绿帔湖色裙,都是犯色大忌,这种戏班弟子,
> 就根本不理会了)。也应该看看二簧名旦是怎样穿的,头面
> (包括贴片、画眉、搽粉、点唇等化装工作)、身段(包括手、眼、
> 腰、腿、步等作工),都要模仿他们,自然入时,合了摩登士女的
> 脾胃了。近十几年二簧的旦角化装格外精尽,画眼圈,手臂搽
> 粉等工作,就是新兴的,早先就不这样讲究。二簧旦角还这样

---

① 郑剑西:《从民间艺术谈到河南戏剧》,韩德英、赵再生选编;《豫剧源流考论》,第
67页。

随着新时代潮流努力迈进，何况衰落的内地戏剧呢。①

结语

豫剧的兴起，较 16 世纪初流行的南戏四大声腔至少晚上二百年，自然缺少后者的锤炼。和约略同期，于 18 世纪出现的"乱弹"诸腔相比，豫剧一直到 20 世纪初，始终无法摆脱在士大夫和现代知识分子心目中的俚俗、粗鄙形象。从前文知识分子的论述和清末民初开封高级的戏园都以表演京剧为主这个事实来看，豫剧从 18 世纪到 20 世纪初，基本上还是一个以乡村及下层民众为主要受众的民间剧种，其民众或粗俗的性格，甚至较山西梆子及陕西秦腔还显得强烈，也难怪会让一些恨铁不成钢的知识分子或戏曲专家急于提出他们的观察所得，并期勉豫剧以京剧或秦腔为楷模，加速现代化的改良步调。

大规模改良京剧和秦腔的论述和实践，约从 20 世纪初开始。与此相比，豫剧的改良运动，从 1927 年的"游艺训练班"②到豫剧名编导樊粹庭在 1931 年借用河南省政府的力量推进豫剧改良③，晚了二三十年。从此开始，一波波的豫剧改良运动随之而来，其详情

---

① 郑剑西：《从民间艺术谈到河南戏剧》，韩德英、赵再生选编：《豫剧源流考论》，第 68 页。

② 王镇南：《关于豫剧的源流和发展》，韩德英、赵再生选编：《豫剧源流考论》，第 86—87 页。

③ 李雪枫：《豫剧名演员陈素真表演技艺片断》，中国人民政治协商会议河南省开封市委员会文史资料研究委员会编：《开封文史资料》第 2 辑，开封：开封市委员会，1985，第 112—113 页。

及成果为何,显然还有待更深入的研究讨论。在改革的过程中,是否因为力求提高与精致,而净化、消解了梆子戏原有的土俗风格,也是一个值得我们探索的课题。

第六章　建立新事业

晚清的百科全书家

一、一个新的知识类型

从 19 世纪初开始,各种西方新式的传播工具(如宣传小册、书籍、每月定期出刊的期刊、商业报刊),逐渐在中国的南洋、港澳一带出现。此后到 1895 年止,由南而北,由边缘到中央,由租界到内地,各种传播机构,如印刷所、新式学校、出版社、翻译社等,在沿海口岸不断出现。① 不过就像李仁渊所说的,在这八十多年间,尽管有许多中国人开始接触到这些新式的传播媒介,并借此对西方的器物技术、精神信仰有所了解,但这些文化输入并未给中华帝国的主干带来结构性的影响,居于支配地位的士大夫阶层,仍然对这些

---

① 李仁渊:《晚清的新式传播媒体与知识分子:以报刊出版为中心的讨论》,台北:稻乡出版社,2005,第 23—28 页;熊月之:《西学东渐与晚清社会》,上海:上海人民出版社,1994,第二、三章对这个过程有更详细的讨论。

新事物视若无睹。① 1895 年后,情势显然有了根本性的改变,"西学"开始成为知识界的新"论域"(discourse)。② 一方面,新型报纸、学堂和学会大量出现③,另一方面,随着"强学会"的成立,原来位居边缘的新式报刊,从香港、上海等商业城市,开馆于政治中心北京,并得到位居政治核心的大臣的支持。④

在这个西学由边缘而中央,新式报社、学堂、学会大量出现的深化过程外,我们也同时看到一个非常明显的西学"普及化"的趋向,这个普及化的趋向,除了见诸 1900 年之后,我所谓"开民智"或下层社会启蒙运动,也可以从 20 世纪 00 年代大量出现的教科书和我在本文中所讨论的百科全书窥见端倪。

"百科全书"一词作为一个新的词语,首见于 1897 年康有为的

---

① 李仁渊:《晚清的新式传播媒体与知识分子:以报刊出版为中心的讨论》,第 22—23 页。
② 参见拙著:《清末的下层社会启蒙运动:1901—1911》,石家庄:河北教育出版社,2001,第 13—14 页。
③ 张灏:《晚清思想发展试论——几个基本论点的提出与检讨》,《"中央研究院"近代史研究所集刊》1978 年第 7 期。
④ 李仁渊:《晚清的新式传播媒体与知识分子:以报刊出版为中心的讨论》,第 107、113 页。

《日本书目志》。① 钟少华在《人类知识的新工具:中日近代百科全书研究》一书中,第一次对在晚清出现的这一种特殊的知识类型,作了界定和较全面的介绍。其中很重要的一点是将百科全书和当时盛行的另一种丛书形式——"经世文编"——相对比,由此立刻可以看出百科全书作为一种新型类书的特色。大抵而言,清末,特别是 19 世纪 90 年代之前的"经世文编",将当时人的时论、奏折、文件全数照收,虽和洋务、富强之道有关,但多半长篇累牍,全文登录,不太为读者的需求考虑。② "经世文编"作为一个编纂文章的类别,从《皇明经世文编》到魏源在道光六年(1826)受贺长龄之命主编的《皇朝经世文编》,在理念、体裁上大体一贯相沿,没有什么变化。但 1827 年魏、贺版之后,到 19 世纪 90 年代,甲午之战前后

---

① 米列娜:《未完成的中西文化之桥:一部近代中国的百科全书(1911)》,陈平原、米列娜主编:《近代中国的百科辞书》,北京:北京大学出版社,2007,第 135—136 页。更进一步的讨论,见 Milena Doelezelová-Velingerová and M. Henri Day,"An Early Modern Chinese Encyclopedia (1911):An Unfinished Bridge between the Chinese and Modern European Culture,"发表于"中央研究院"历史语言研究所主办,"中国近世的百科全书"学术研讨会,台北:"中央研究院"历史语言研究所,2007 年 10 月 5—7 日。日本人在 1873 年最早使用了"百科全书"一词,见钟少华:《人类知识的新工具:中日近代百科全书研究》,北京:北京图书馆出版社,1996,第 19、121 页。就像晚清的许多新词语一样,康有为辗转将"百科全书"一词引进中国。1907 年,严复写了一篇短文,《书〈百科全书〉》。虽然题目就叫百科全书,但严复对 encyclopaedia 的译名,似乎还是有不同的看法,先是音译为"婴塞觉罗辟的亚",又意译为"智环"和"学郛"。事实上,商务印书馆在 1902 至 1903 年间已将 Encyclopaedia Britannica 译为《不列颠百科全书》,出版发售。但从严复的文章,以及 20 世纪 00 年代各种不同的用词来看,"百科全书"一词,一直到 20 世纪 00 年代,仍未变成唯一标准的译名。相关的讨论见米列娜:《未完成的中西文化之桥:一部近代中国的百科全书(1911)》,第 138—139 页。
② 钟少华试着从内容、形式和作者的身份等几方面,讨论百科全书和经世文编之间的本质性差异;见《人类知识的新工具:中日近代百科全书研究》,第 97—104 页。

大量出现的各种新编、续编、续新编等不同版本的经世文编,在内
容乃至体例上,确实出现了一些微妙的变化。① 一方面,有些版本,
像 1888 年葛士濬主编的《皇朝经世文续编》在传统照六部分门别
类、架构知识的基本体裁外,增列了"洋务"一类,并在内容上呈现
少数和百科全书类似的风格,而甘韩主编的《皇朝经世文三编》,更
径以《皇(清)朝经世文新增时洋务续编》为书名②;另一方面,这个
不断随着政局加速演变而与时俱进的传统类书类别,也与新的大
众媒体——报纸——发生密切的关系,而出现一种跨越文类的现

---

① 黄克武曾对 1826 到 1903 年出现的各种名目的经世文编,作了一个简表。(见《经
　世文编与中国近代经世思想研究》,《近代中国史研究通讯》1986 年第 2 期)Andrea
　Janku 对这些前后出版的文编,有全面、深入的分析。[见"Preparing the Ground for
　Revolutionary Discourse from the Statecraft Anthologies to the Periodical Press in Nine-
　teenth-Century China,"(T'oung Pao 90.1—3(2004):72—76)]
② 《皇朝经世文续编》,台北:文海出版社,清光绪二十三年(1897)刊本及石印本影
　印,1979。此书共有 120 卷,洋务部分占了 20 卷,可见其分量。其中的内容包括了
　奏折、条约全文、策论、丁韪良关于领事官责任的译文等,不一而足,不像百科全书
　一样有着较一致的体例。但其中偶尔穿插的条目,像卷一一九的"论今南洋各岛
　国""五印度洋形势""腾越边徼""西域形胜"等,已约略有了百科全书的味道。
　(见《皇朝经世文续编》卷十三,第 3167—3177 页)年代越往后,这样的色彩越明
　显。例如甘韩在光绪二十三年(1897)出版的《皇朝经世文新增时洋务续编》,在洋
　务的几卷中,分别包括了"列国编年纪要""教派考""风俗考""刑礼考""电线电局
　考""(各国)军政考""英国铁路考"等,已经和我们下文中要讨论的百科全书的内
　容和呈现方式颇为类似。[甘韩:《皇朝经世文新增时洋务续编》卷二十三,收入沈
　云龙主编:《近代中国史料丛刊续辑》(第 81 辑)第 801 种,台北:文海出版社,清光
　绪二十三年(1897)扫叶山房活字版排印本影印,1979,第 405—488 页]甘韩、杨风
　藻于光绪二十八年(1902)编的另一本《皇朝经世文新编续集》,则在各卷的相关条
　目中,先收列奏章,再分别介绍各国的情形,包括了官制、各国的学校、农会、工艺、
　商务、邮政、军政及沿革,可以说是传统经世文编和百科全书的混杂综合版。[甘
　韩、杨风藻:《皇朝经世文新编续集》,台北:文海出版社,清光绪二十八年(1902)商
　绛雪斋书局石印本影印,1979]

象。燕安黛（Andrea Janku）在仔细比较了太平天国之乱以降到20
世纪初的各种经世文编和报纸文章后，特别指出就内容而言，报纸
的时论文章和经世文编中的文章，有越来越接近的趋向，这种现象
在19世纪末以后特别明显。一方面，报纸的政论文章有很强的经
世色彩，另一方面，19世纪80年代后期之后的许多经世文编，都收
列了报纸上发表的经世文章。①

　　尽管经世文编在19世纪后半叶到20世纪初之间，在内容上有
所转变，但大体而言，在呈现方式和知识的广博度上，都和百科全
书有着极大的取向上的区别。西方的百科全书一方面要不断容纳
更多学科和更广泛、实时的知识，一方面又充分考虑到读者的阅读
和吸收，利用个别的条目、字母顺序的排列、大量的图表和通俗的
语言等，让读者可以比较容易地进入广博的知识领域。②

　　我在本文中对百科全书家（包括编者、译者及作者）的讨论，基
本上就以钟少华书中所提到的各种类型的百科全书（包括百科全
书型、专门百科全书型、百科辞典型及所谓过渡型）为基础，略作损
益而成。大致上，我将这些编纂者分成四个类型：

　　（一）外交官与上层士绅，（二）维新派，（三）留日学生，（四）新
型文人。这四个类型虽然各有指涉，但彼此间也有重叠之处，有些
编纂者同时具有两种乃至三种身份。在每个类别下，我挑选了一
两位数据较详备，又具有代表性的作者，作比较深入的讨论。最

---

① Andrea Janku, "Preparing the Ground for Revolutionary Discourse from the Statecraft Anthologies to the Periodical Press in Nineteenth-Century China," pp. 68—72, 81—91.

② 米列娜对此作了非常精要有力的分析，见 Milena Doleželová-Velingerová and M. Henri Day, "An Early Modern Chinese Encyclopedia (1911)," pp. 2—3.

后,我则试着将这些百科全书家放在一个较宽广的历史脉络下,对西学的传递和积累过程,作一个概括分析。

二、百科全书家的身份

(一)外交官与上层士绅

在这个范畴内的编纂者中,马建忠(1845—1900)和钱恂(1854—1927)显然有许多类似之处。二人都来自相对显赫的家族,但都在正规的科举仕进之途上受到挫折,转而涉身洋务,留学、出使各国,分别成为李鸿章和张之洞的洋务幕僚,又同时在政治活动外,从事新知识的介绍和编纂活动。

马建忠出生在江苏丹徒(今镇江市),原籍丹阳马家村。其先人早在明末时,就在利玛窦赴丹阳传教后,皈依天主教。太平天国之乱后,马建忠的二哥马相伯进入上海徐汇公学就读,马建忠随后也受战乱影响,进入徐汇公学。咸丰十年(1860),屡试不第的马建忠,在英法联军进入北京,士大夫却绝口不谈洋务的刺激下,决定放弃科举仕进之途,转而致力洋务。[1]

1877 年,在李鸿章的赏识和推荐下,马建忠以中国第一任驻法国外交官随员的身份,和福州船政学堂的首批留欧学生出洋。[2] 和他同行的除了严复,还有同样作为随行翻译,出身福州船政学堂的

---

[1] 薛玉琴:《近代思想前驱者的悲剧角色:马建忠研究》,北京:中国社会科学出版社,2006,第 16—24、214 页。

[2] 薛玉琴:《近代思想前驱者的悲剧角色:马建忠研究》,第 10 页。

陈季同。马建忠奉李鸿章之命，和陈季同一起进入巴黎政法学院攻习公法。① 陈季同之弟陈寿彭也被归入百科全书家之列，在下文中将会进一步讨论。马建忠在 1880 年获得法学学士学位，随即回国，在天津谒见李鸿章，成为李的幕僚，时年三十六岁。（此后直到 1890 年出任上海机器织布局总办为止，是马建忠在中国致力洋务推动的时期，此后直至 1900 年过世为止，马建忠定居上海。）因为政治上的失意，他转以著译为业，除了《马氏文通》，还编纂了 95 卷的《艺学统纂》。这本被钟少华归入"专门百科全书型"的长篇巨著，在马建忠过世后两年，由上海文林书局石印刊行。② 此时正好是百科全书出现的高峰。

根据罗振玉为此书写的序，我们知道这是马建忠"平日随手记录之作"③。共分为十四类，分别是天学、地学、测绘学、制造学、算学、矿学、声学、光学、电学、化学、汽学、重学、农学和医学。"艺学"在晚清的百科全书中似乎格外受到重视。比《艺学统纂》早一年出版，由何良栋主编的《泰西艺学通考》即是一例，包含的知识类别也大抵相同。另外一本同样在光绪二十八年出版的百科全书，则名为《五洲政艺撮要》。④ 艺学受到重视显然和戊戌变法以后，考试

① 薛玉琴：《近代思想前驱者的悲剧角色：马建忠研究》，第 217—218 页；岳峰：《东学西渐第一人——被遗忘的翻译家陈季同》，《中国翻译》2001 年第 4 期。

② 薛玉琴：《近代思想前驱者的悲剧角色：马建忠研究》，第 10—11、221、236 页。

③ 罗振玉：《艺学统纂·序》，马建忠：《艺学统纂》，上海图书馆藏文林书局刊本，1902。

④ 本书的编者为萧德骧，钟少华认为是仿照江标的编书体例编写，可能是学塾本。内容除了公法、学制、礼制、官制、军制等"政"的范畴，还包括了声、光、化、电、动植物等马建忠称为"艺学"的知识（钟少华：《人类知识的新工具：中日近代百科全书研究》，第 58 页）。

内容与八股策论旁及泰西艺学有关。① 在徐毓洙为《泰西艺学通考》写的序里,我们可以看出"艺"基本上是作为"道"的对立面而存在,内容包括了西方人素来重视的工艺。洋务运动中建设的船厂、制造局、电报、铁路、邮政,就是艺学的具体实践。②

当时一般人多将艺学和洋务、时务或西学画上等号,但对"欧学"有第一手认知的马建忠,认为对"实学"的讲求,并非西方人格物致知之学所专擅,中国古代利用厚生、制器、穑稼之学,其实和西方的格物致知之学有一贯之处。和马建忠在上海一度毗邻而居,时相往还的罗振玉,对马建忠的想法深感契合,所以在序中特别对此加以阐述:

> 每相见,辄商榷古今,以适用之学相砥砺。尝谓西人以格物致知为学,实与我中国古者利用厚生之旨有合,乃今人多以形下之学轻之。抑知我上古制器创物之圣人,实与教稼明伦者并重,固无分轩轾耶!③

我们仔细阅读《艺学统纂》一书的内容,发现马建忠不仅对西

① 本杰明·艾尔曼(Benjamin A. Elman)对甲午战争之后到 1905 年间,各种关于科举的改革建议,以及这段时间内科举考试中的西学试题,作了全面的分析;见 *A Cultural History of Civil Examinations in Late Imperial China* (Berkeley: University of California Press, 2000), pp. 585—602.

② 徐毓洙:《泰西艺学通考·序》,何良栋辑:《泰西艺学通考》,上海图书馆藏鸿宝书局清光绪二十七年(1901)刊本。

③ 罗振玉:《艺学统纂·序》,马建忠:《艺学统纂》,上海图书馆藏文林书局刊本,1902。

方的技艺之学有清晰的勾勒，对垦荒、屯田、蚕丝、树桑等中国历来
统治者所重视的课题及其改进之道，也反复致意，完全符合罗振玉
在序文中的陈述。作为一名精通西学，又实际涉身洋务的官员、士
绅，马建忠借着这套平日随手记录而具有条理的巨著，呈现了他百
科全书式的西方知识及强烈的经世之心。

《艺学统纂》的开本不大，类似商务印书馆日后出版的袖珍型
文库，前两册为总目和细目。全书无标点，但有些条目用空格或圆
圈来区分，以利阅读。条目的名称独自成行，每个条目或一百字，
或二三百字，长者约千字，短者不及百字。《医学卷》的条目从"英
人运动各法""不运动之弊""英国食物分三类"谈到"食肉食面分
配之理"和"茶与咖啡之益"[1]，很明显地可以看出西方人的医学知
识、养生之道和饮食习惯在这个留学生身上的影响。

在电气部分，马建忠用了几个不同的条目，分别介绍了"铜丝
传电气"的一些基本原则，海底电报绳的速度，海底电报的缘起、类
别。并用简单的条列，统计到咸丰十一年为止，西班牙、法国和其
他各国电报公司所建深海电报的分布和里数。[2] 在火车（蒸汽车）
部分，则用了三十几个条目，介绍了西方从 1700 年开始，到 19 世纪
70 年代为止，各个阶段的创新和发展。合在一起，等于是西方蒸汽
车的发展简史。[3]

电报、火车是马建忠参与的洋务运动中的主要建设项目，他在
平日的记录和摘选中，将许多包含技术细节的资料选入，充分透露

---

[1] 马建忠：《艺学统纂》卷一，第 8b—11b 页。

[2] 马建忠：《艺学统纂》卷四，第 10b—13b 页。

[3] 马建忠：《艺学统纂》卷五，第 5b、10a、11b 页。

了其一生关注和志业所在。卷五《农学》部分的内容,则反映了和西方格物致知之学相对应的中国经世致用之学的传统。但作为一名对西方科技、工艺有深切体认的西学家,马建忠对中国厚生、稼穑之学的叙述、评论和建议,显然又超越了中国传统士绅有关育蚕、树桑之学的论述模式,而有了现代农技改良的色彩。"中国育蚕宜求善法"一则,对中国蚕、丝的特长、病害及改良之道的论述,最足以显示《艺学统纂》一书,如何既掌握专业知识的细节,又同时具备国际性的视野,从而将中国传统的农业论述带入一个新的层次。①

　　钱恂虽然出生略晚,但和马建忠可算是同一个时代的人物。他的家世更为显赫,伯父钱振伦在道光十八年(1838)和曾国藩一起中进士,妻翁氏是翁同龢的姐姐,父亲钱振常则是同治十年(1871)进士。② 小他三十几岁的弟弟钱玄同更是"五四"新文化运动中知名的疑古派。钱恂在十五岁时考过生员,但此后屡试不中,被迫放弃科举正途,游于薛福成门下。薛福成曾先后在曾国藩、李鸿章幕府中供职近二十年,光绪十五年(1889)奉清廷任命为出使英、法、意、比四国钦差大臣,因故改于第二年由上海乘法国邮轮赴任。③ 下文中会提到的不第文人邹弢就是在这个时候,带着自己编纂的《万国近政考略》,在上海求见薛福成,并受到薛的赏识。钱恂则于此时,以门生兼随员的身份,随薛出使欧洲。④

① 马建忠:《艺学统纂》卷五,第 7b 页。
② 钱恂纂修:《吴兴钱氏家乘》,收入国家图书馆地方志家谱文献中心编:《清代民国名人家谱选刊》第 34 册,北京:北京燕山出版社,2006,第 1—2 页。
③ 蔡少卿:《〈薛福成日记〉序言》,《江苏大学学报》(社会科学版)2005 年第 2 期。
④ 丁凤麟:《薛福成评传》,南京:南京大学出版社,1998,第 207 页。

　　和马建忠作为第一任驻欧大使郭嵩焘的译员相比,晚了十年多赴欧的薛福成和钱恂都可以算作第二代的驻欧外交官。1890年,钱恂奉调赴俄罗斯,成为驻俄使馆的参赞。1893年,钱恂出洋三年期满回国。接着,在翁同龢的关说协助下,他再度被派往英国。1895年,钱恂以通晓西学,被张之洞调请回国,成为张的幕僚,并开始结交维新派的代表人物,和夏曾佑、汪康年有紧密的交往。①

　　在幕府任内,钱恂受到张之洞的高度赏识。1899年,张之洞以"学生游学,关系重大"为由,派钱恂为游学日本学生监督。留日期间,钱恂一方面作为官方的代表,一方面同时和当时旅居日本的梁启超、孙中山互相往来,并对有革命倾向的留日学生保持同情。下文中会提到的《新尔雅》的编者汪荣宝、叶澜,以及钱恂的女婿董鸿祎,也都在这一段时间内赴日留学。1903年,钱恂再度开始外交使臣的生涯,1907年,被任命为出使荷兰和意大利的大臣,政治生涯达到最高峰。②

　　钱恂以一介不第秀才,而终能攀升到二品出使大臣的高位,相对于马建忠而言,更可以说是一个异数,也为19世纪下半叶的读书人开辟了科举仕进之外,另一条进身的道路。不过也许正因为钱恂早期近乎边缘的身份,让他在过去关于洋务运动和晚清思想的研究中,一直没有浮上台面,反而是他的妻子单士厘的经历和著作,因为在妇女解放和中西文化交流史上的意义,而受到更多的重

---

① 本节取自邱巍:《吴兴钱氏家族研究》,中国近现代史博士论文,浙江大学人文学院,2005,第34—35页。
② 邱巍:《吴兴钱氏家族研究》,第37—38页。

视。① 但从晚清百科全书编纂者的角度来看，我们能对像钱恂这一类非正途出身的知识分子，在近代中国西学知识传播上所扮演的角色，有不同的评价。他不但和积极参与革命运动的女婿董鸿祎合编了《日本法规解字》，还在 1901 年出版了《五洲各国政治考》及《五洲各国政治考续编》两种百科全书类的著作。②

《五洲各国政治考》的特殊之处，在于作者是根据自己对欧洲各国和日本上层政治的亲身了解，作了一手的记述，和当时一般侈谈洋务，勒为成书，却无法掌握各国"政治大端"和"制作之原""振兴之本"的现象很不相同。③ 钱恂在《五洲各国政治考续编》的自序中，对自己根据亲身经历，撰写这套丛书的过程，有相当生动的描写：

> 往年随使英、法等国，公余之隙，惟以采问其政俗为事。凡曾确闻暨目击者，笔诸于书。六年报满回华。又奉张孝达督宪，檄使日本。彼国风景人物，固予所心仪而神往者。一旦得此契意之事，兴更勃然。到差后，得获与彼国士大夫游。见其政治之美，备于是，择要访录，积稿成卷。④

---

① 邱巍：《吴兴钱氏家族研究》第四章；齐国华：《巾帼放眼着先鞭：论钱单士厘出洋的历史意义》，《史林》1994 年第 1 期。
② 钱恂：《五洲各国政治考》，上海图书馆藏清光绪二十七年（1901）刊本；《五洲各国政治考续编》，"中央研究院"近代史研究所郭廷以图书馆藏清光绪二十七年（1901）刊本。海德堡大学的百科全书数据库中有两套书的扫描本。
③ 见陈洙珠为《五洲各国政治考》写的序。
④ 钱恂：《五洲各国政治考续编·自序》。

钱恂先后驻节欧洲和日本，对东西列强政治制度和先进文明都有比较深入的了解，在当时的知识分子和外交使节圈中，确实是少见的例子。他把握这个难得的际遇，用心采访，搜集资料，对各国的政法制度、风俗习惯，作了宽广而扼要、生动的介绍，本书在很多方面都具备了百科全书的基本质素。

不过在进入钱恂所勾勒的百科全书式的图景之前，还是有必要对这套著作中承续传统的一面略加说明。事实上，《五洲各国政治考》和《五洲各国政治考续编》可以说是依照两套不同的标准来编写的。前者已体现了百科全书的理念和设计，后者则保留着《皇朝经世文编》的架构。后者卷十三到十六介绍西方列强军政的部分，依条目编写，格式近乎《五洲各国政治考》，其他介绍中国新政的各卷则是奏折、数据的汇编，和百科全书的精神大相背离。

《五洲各国政治考》共 8 卷，总目部分仍依照中国政治的框架，分为吏政、户政、礼政、兵政、刑政、工政六个类别。但细目和内容则已是近代百科全书的撰写方式。如卷一《吏政》下共分 36 个条目，简要地介绍了 36 个国家的政治，从日本、美国和欧洲列强到非洲的埃及，南美洲的秘鲁、智利、乌拉乖（今乌拉圭），中亚的阿富汗，涵盖甚广。每个条目各有标题，内容以 200—300 字为度，少的如越南，不足 60 字；长则如德意志，约 4000 字。内文虽无标点，但文字浅显易解，"德意志"条下的开头如此写道：

> 日耳曼合众国，近存二十有五。各国连横，互相保护，冀国强盛。七十一年四月新定章程，推奉布国王总领日耳曼各国，改号德意志，国名曰德意志盖萨（盖萨犹云皇也）。章程内

第十一条,凡合众国遇有交涉外国事宜及出令派守地方,立约议和诸务,均由德意志盖萨主之。若有出师外国之举,则必与总议院大臣酌定,然后施行。总院分上、下两院。①

短短一百多字,已将德国的组成和基本的政治运作模式,勾勒出一个明确的轮廓。

除了基本的政体和制度介绍,钱恂对各国的基础设施如铁路、电线等也有实时而扼要的叙述,大概由于曾经奉派到日本,掌握了最新的信息,所以在这个部分的介绍格外添加了数字的细节:

东京新桥至横滨港,延长十八英里,每英里合中国三里三。明治三年三月起工,五年九月成。停车场七,曰新桥、曰品川、曰大森、曰川崎、曰鹤见、曰横滨。建设费二百八十四万四千二百八十五元,每一英里合十五万八千零十六元。神户至大津共延长五十八英里……②

但在这些细微的数字外,钱恂往往又能以洞识全局的眼光,掌握这些新政建设的基本命意所在:

日本之创建铁路也有两意焉:一曰保国,务使东西京声势联络,呼应灵捷。推而及之,各大码头、各大省会,皆联为一气。一曰养民,欲使遍国之地,血脉贯通。商人转运,货物脚

---

① 钱恂:《五洲各国政治考》卷一,第5a页。
② 钱恂:《五洲各国政治考》卷八,第1a页。

价，省于昔者十倍。民间所需物价，皆贱于前，商民两便。截至前年为止，共成铁路三千三百余里。核诸日本全国形势，原系由西南通至东北，极长之海岛铁路，则由北至南以为干路，而四旁另开支路。①

从诸如此类浅简、扼要却能掌握全面形势的叙述中，我们不难了解到钱恂为何能以一个秀才出身的下层士大夫身份，在四十几岁的壮年，就以精通西学的声誉驰名于世，而受到张之洞等人的不次拔擢了。张之洞在保举他的奏折里所作的各种形容："该员中学淹通，西学切实，识力既臻坚卓，才智尤为开敏。历充欧洲各国出使大臣随员、参赞，于俄、德、英、法、奥、荷、义、瑞、埃及、土耳其各国俱经游历，博访深思。凡政治、律例、学校、兵制、工商、铁路靡不研究，晓其利弊，不同耳口游谈，洵为今日讲求洋务最为出色有用之才。"②在我们阅读《五洲各国政治考》的过程中，可以明确地体现出来。

另外值得一提的是，这本书不仅对西方及各国的政法、制度、建设提供了清晰的图像，对于宗教、风俗和生活上的一些细节，也作了许多独到而意趣盎然的描绘：

法国城市间，街衢修整，道路坦洁，而都城尤甚。遇有碎石荦确，稍涉不平，则必命工匠修补。若其遗煤剩物狼藉途

① 钱恂：《五洲各国政治考》卷八，第1b页。
② 张之洞：《保荐使才折并清单》，转引自邱巍：《吴兴钱氏家族研究》，第36页。

中，每街必专雇一二人司洒扫之役，以车载之而去。①

鸦片战争之后，中国的知识阶层开始了解到"奇技淫巧"的重要性，百科全书中也出现了《泰西艺学通考》之类的著作，对各种机器、日用事物的制作技术，作了大量图文并茂的介绍。钱恂则以简括的文字，对法国人的工艺之精和利用专利、文凭等措施来奖掖有特殊才能的专门名家的做法，予以特别详细陈述，他山之石的用意，不难体会：

> 法国设立成例，凡民间有能别具手眼、独出心思、精创一器一艺者，许专其利。或书籍，或医药，或工作，最先新创，许其专门名家能人，不能模仿影射，妄希行世夺其利薮。所以怀才抱异之士，不患致富之无具，驰名之乏术也。惟是某人创制某物，必先奏明国家，国家给以文凭，方许行之久远，其颁设文凭之法，自古所无，今则欧罗巴及亚美利加皆行之矣。
>
> 法人心思精敏，工于制器。如一切新法机轮、枪炮、舟车，大半皆其所创。即织造之工，在欧洲中亦推精巧。所织大呢羽缎，皆缜密细致，又能织花纹丝缎，式样新异，层出不穷。此惟法人所独擅，他国不能及也。
>
> 机器制造之局，大小不知凡几，巴黎设有机器博物院，凡一切机器，俱有模式，分室陈列，俾资考究。②

---

① 钱恂：《五洲各国政治考》卷八，第10a页。
② 钱恂：《五洲各国政治考》卷八，第11a页。

对于日本和西方的男女、亲子关系，也具有和儒家男尊女卑、父慈子孝的理念极不同的视野：

> （日本）男子自强之意，却不如女子。女子能担畚互市于市街，男子则与乡党朋友饮酒娱乐，食妇女之力，所在皆然也。①
>
> 泰西一夫只能配一妻，即君主亦然。近来鳏夫始准续娶，从前尚无此例。惟奸情不禁，奸生之男，育婴堂为之抚养，十四岁以前，由奸夫贴饭赀若干，否则奸妇可以控告。
>
> 泰西男婚女嫁皆自择，其俗女荡而男贞，女有所悦，辄问其有妻否，无则狎之，男不敢先也。如有所悦，则约男至家相款洽，常避人密语。相将出游，父母不禁。款洽既久，两意投合，各告父母。
>
> 泰西人不重后嗣，积产数百万，临终尽舍以建义塾及养老、济贫等院。措置既已，自谓殁世无憾。询以祀事何人，则曰吾舍赀以成善举，虽千百载，犹奉吾像于其地矣！奚以祀为？语以祖父血食之斩，则曰祖父养吾一人，吾以其财养千万人，大孝即在是矣！②

这样的立论，和陈独秀、胡适等人20世纪初在白话报上宣扬的男女平权、无后主义、非孝论等激烈的言辞，在思想取向上已经类同，同样可归入新文化、新潮流的范畴。我们虽然不知道钱恂此

① 钱恂：《五洲各国政治考》卷三，第 2a 页。
② 钱恂：《五洲各国政治考》卷三，第 3b—4a 页。

书的读者群为何，也无从推断白话报中种种激烈言辞的确切根源，但可以合理地推测，西方人不同的女权和家庭观，就像列强的政法制度一样，对清末的知识分子，必定产生了极大的影响。就思想的系谱来说，钱恂此处的介绍，和晚清民初的相关言论，可以说是一脉相承。从这个角度来考察前文所引钱恂各种关于政治、制度、风俗的记叙，我们不难发现《五洲各国政治考》全书其实有着一贯的精神和取向，不论是就形式还是就内容而言，这本百科全书式的著作，已经充分展现了现代的新风貌。

（二）维新派

陈寿彭（1855—？）所翻译的《中国江海险要图志》，由英国海军海图官局编制，根据钟少华的描述，"原书是英国海军对世界航行进行多年实测成的航行百科全书"，前后编纂的时间达五十年，修订三次。[1] 内容虽较专门，但已有百科全书的精神和规模，所以被钟归入"专门百科全书型"。[2]

陈寿彭的背景，和前文描述的马建忠、钱恂有不少类似之处。他的哥哥陈季同（1851—1907）是清末著名的外交官及翻译家，和马建忠同船赴法。妻子薛绍徽则和钱恂的妻子单士厘一样，以清末女翻译家的身份，在晚近的研究中受到特别的关注。陈季同和

---

① 钟少华：《人类知识的新工具：中日近代百科全书研究》，第 68 页。

② 钟少华：《人类知识的新工具：中日近代百科全书研究》，第 68 页。题为《新译中国江海险要图志》，原书内页的书名也如此标示，不过内文和各卷均题为《中国江海险要图志》。

严复都是福建侯官（今福州）人，是马尾船政学堂的第一批毕业生。陈寿彭在陈季同的引导下，也进入船政学堂。1883 年 4 月，他到日本游学半年多。1886 年被选为船政学堂第三批出洋学生，赴英留学三年。[1] 陈寿彭留学英国期间，曾在格林威治皇家海军学院学习两年，专学水师海军公法，这是他日后翻译《中国江海险要图志》的原因之一。

光绪三十三年（1907），陈出版《中国江海险要图志》一书时的官衔是"洋务委员候选知县"[2]。但从数据中，我们可以看出陈寿彭自 1889 年回国之初的一段际遇，显然无法和他的兄长陈季同及钱恂相比。书前的一篇序文，对陈寿彭最初如何受沈葆桢的提拔，进入马尾船政学堂、出洋留学以至"海外归来，落落无所遇"的过程，有如下描述：

> 时侯官陈君绎如以少年聪隽，为文肃所识拔，命习英文，兼驾驶术。留堂者五年，上练船者二年，而学始成。君意不自慊，归而博考中国图籍，……久之，出游欧洲，各大国都会足迹

---

[1] 薛绍徽对陈寿彭赴英留学的年代分别有 1885 和 1886 年两种不同的记载。（林怡：《简论晚清著名闽籍女作家薛绍徽》，《东南学术》2004 年增刊）但根据李长莉对洋务运动时期官派留学生所作的概述，船政学堂第三批 24 人赴欧的年代应为 1886 年。（李长莉：《先觉者的悲剧：洋务知识分子研究》附录三，上海：学林出版社，1993，第 223 页）林庆元对船政学堂出洋留学的学生和年代，做了更全面的考证。（林庆元：《福建船政局史稿》，福州：福建人民出版社，增订本，1999，第 204—207 页）

[2] 见书前所附陈寿彭愿将此书版权送归广雅书局的奏折。（陈寿彭译：《中国江海险要图志》，"中央研究院"历史语言研究所傅斯年图书馆藏清光绪三十三年（1907）广东广雅书局重印本）

几遍,耳濡目染,学识益进。顾海外归来,落落无所遇。虽成
己丑科副贡,而长才蠖屈,卒不得有所借手以自表现,为君惜,
抑为国家慨。[①]

　　从序言中,我们知道陈于 1889 年回国后,曾试图重回科举正
途,在当年举为副贡,但始终无法在仕途上有所发展,夫妻二人过
着俭朴的生活。1897 年,43 岁的陈寿彭带着妻子移居上海,开始
一段和其他许多新式文人一样,靠卖文译书为生的日子。这年夏
秋之交,以妇女为主的维新派团体"女学会"在上海成立,谭嗣同和
康广仁的妻子都是倡办董事,陈季同和梁启超、汪康年等都参与其
事,薛绍徽也应邀参与女学会创办的《女学报》的编辑工作。[②]

　　1897 年,戊戌变法前一年,陈季同和陈寿彭在上海办《求是
报》[③],由陈的同乡,支持洋务运动和戊戌变法的"同光体"诗人陈
衍为主笔[④],《求是报》是维新派的机关报《时务报》支持的众多报

① 杨敏曾:《中国江海险要图志·序》,陈寿彭译:《中国江海险要图志》,第 1a 页。
② 林怡:《简论晚清著名闽籍女作家薛绍徽》,《东南学术》2004 年增刊。钱南秀对薛
　绍徽的生平、著述和思想,做过很详细的研究,可参考她写的两篇文章。(《中典与
　西典:薛绍徽之骈文用事》,程章灿编:《中国古代文学文献学国际学术研讨会论文
　集》,南京:凤凰出版社,2006,第 582—612 页;《清季女作家薛绍徽及〈外国列女
　传〉》,张宏生编:《明清文学与性别研究》,南京:江苏古籍出版社,2002,第 932—
　956 页)薛绍徽虽然参与了女学会创办的《女学报》的编辑工作,并对君主立宪制
　度持肯定态度,但对女学会所提倡的女权、女学、妇女参政、婚姻自由等思想都不
　表认同,对新的妇女观表示了强烈不满和忧虑。
③ 有关陈季同的生平和著述,以及《求是报》的相关研究,可参考李华川:《晚清一个
　外交官的文化历程》,北京:北京大学出版社,2004;岳峰:《东学西渐第一人——被
　遗忘的翻译家陈季同》,《中国翻译》2001 年第 4 期。
④ 关于陈衍及他此时的政治立场,见林东源:《陈衍的经济思想解读》,《商业时代》
　2006 年第 27 期。

刊之一。① 我将陈寿彭归入维新派，这是最主要的原因。

但就像我在文章开头中所说的，这些百科全书家常常具有几种不同的身份。以陈寿彭为例，既可算是留学生，1900 年后的经历，又可归入上层士绅之列。此处将他归入维新派，不过就他生涯中某一项较醒目的活动所做的区划。

《求是报》于 1897 年 9 月 30 日在上海创刊，陈寿彭翻译的《西学渊源考》，有一部分就刊载在《求是报》上。这份报刊停刊日期不详，但显然并未维持太久。② 陈随即于 1898 年进入宁波储才学堂，任西文教习。《中国江海险要图志》就在这段时期译出。1902 年，他考中举人，开始游宦于上海、河南、南京等地。③

英国海军海图官局编纂的全书于 1894 年出版，分四大部，长数百万言，陈寿彭取其第三部专门介绍中国海滨的部分"The China Sea Directory"译出。④ 从 1898 年春天开始着手，到 1899 年冬天大抵告成，全稿抄缮完毕后，适逢义和团乱起，"津沽烟尘正急"，乃将书稿束之高阁。1900 年冬天，陈寿彭辞去宁波储才学堂的教职，携稿至上海。⑤ 全书先于 1901 年由上海经世文社用石板印行二千部，包括正编 22 卷，续编 5 卷，图 5 卷，共 32 卷。书成之后，风行海

---

① 李仁渊：《晚清的新式传播媒体与知识分子：以报刊出版为中心的讨论》，第 141—142 页。

② 汤志钧：《戊戌时期的学会和报刊》，新北：台湾商务印书馆，1993，第 456—461 页。

③ 林怡：《简论晚清著名闽籍女作家薛绍徽》，《东南学术》2004 年增刊。

④ 《译例》，《中国江海险要图志》卷首，第 1 页。此书的原作是，*The China Sea Directory*（Henry Clarke Langdon ed., London：Hydrographic Office，1894—1896，3rd ed.）。我要特别谢谢华格纳（Rudolf Wagner）教授告诉我这则资料。

⑤ 《译例》，《中国江海险要图志》卷首，第 3b 页。

内外,"绩学之士咸称有用",官方也赞誉备至。1905 年张謇就因为这本书的启发,而奏请清廷绘制渔业界图。外务部和商务部接到张謇的咨文后,"亦言是书精详,嘉许备至"①。

这套书初版两千本,销售一空。甲午战败后,清廷意欲整顿海军,全书又有了新的时代意义和需求,已经擢升为候补知县的陈寿彭也因此萌生捐书给广东官书局的构想。在给两广总督周馥的奏折中,陈对这段捐书的过程,有生动而细微的说明,为清末百科全书的发行、制作、销售,提供了难得的记录:

> 近闻廷议,将欲振顿海军,然海军之根本,在于图志。图志明,则险要熟,船炮始克得用。今寿彭所译之图志,乃英人费五十年测量之力而成,尤为通宜之本。第当时初版,仅印二千部,久已售罄。既未许以版权,而经世文社亦已倒闭,故未续印,致各学堂及有志之士,欲求购是书,竟不可得。近又闻大帅曾令提学司开设官书局。寿彭愿将此书版权,送归广雅书局,听凭刊印石板或木板行世,定价出售,以广流传。所得利益,寿彭皆不过问,惟印成时,倘蒙批赐若干部给与寿彭,以为分赠亲友之需,足矣。②

虽然这套书是译作,但陈寿彭在格式和内容上都作了调整、补充。原书的编目,按层按节,为的就是方便读者阅读。陈在各分卷

---

① 《序前说明》,《中国江海险要图志》卷首,第 2a—b 页。
② 《序前说明》,《中国江海险要图志》卷首,第 2b 页。

之首,又补编了细目,"使读者易于稽查次第"①,是极标准的百科
全书的编排方式和精神。在内容方面,则添加了一些注解文字,并
将原书的图表,根据中译本的规格,作了不少调整:"志与图,表里
为用,今计是书应用之原图约百轴,而大小不齐,难入卷帙。用酌
选西图之要者,手为描绘,大者绘小者,拓精烦者,切割为数图,共
成二百零八轴,厘为五卷。"②

交由官书局重印的版本,印制相当精良,字迹工整,字型较一
般同类书大,间距也宽阔很多。除卷首的总目录外,陈寿彭在每一
卷前又增列了每卷的目录,每个条目前,冠以小标题,单独成行,和
传统类书相比,检索容易许多。每个条目约二三百字,亦有短至数
十字,长至一二千字者,中有标点。更特别的是,每个条目的内容
虽不分段落,但几乎每隔一二行或二三行,就会有一空格,对上下
文作出段落一般的区隔,方便读者阅读的用心非常明显。陈季同
在序文中,将本书放在《水经注》以降的舆地书的传统中,对其性质
和价值作了扼要的评估,认为它承续了林则徐以来,采译西国舆地
书的长处,又免掉了魏源《海国图志》或是错误百出,或是不得西人
原书精要,或是缺乏图志的各种弊病。③ 综观全书,虽有如雾号、潮
流、方位、罗经差等专门的知识,但许多关于中国城市、口岸的描
写,混杂了西方人好奇、新鲜的视野和陈寿彭雅驯的中文,带来一
种新的阅读经验和愉悦感。下面这则陈寿彭加了几处按语的"台
湾岛",是一个例子:

---

① 《序前说明》,《中国江海险要图志》卷首,第 2b 页。
② 《译例》,《中国江海险要图志》卷首,第 3a 页。
③ 《陈季同序》,《中国江海险要图志》卷首,第 3a—b 页。

台湾岛(由南沙至龙头角,皆台湾之东滨,俗称之台湾后是也)

台湾岛南北长二百十迷当,最阔处八十迷当。高山绵亘,所占甚广,其中部舒于西岸,山势暂低,入海为平原,乃中国之郡城,曰台湾府(Taiwan fu)。其西北一带,港口村落,久隶中国。而东滨土番,顽梗而好勇,叛服不常。中国但视宽大以抚之。

土风 往者外洋之船搁浅其处,水手等曾为土番杀害。一千八百六十七年,公历十月十五日,由美国驻扎厦门之领事,与土番立约。约使台南滨海一带得以安稳也。①

台湾东滨

台湾东滨,诸山绵亘,络绎起伏,展至东北北,计长二百迷当,除苏澳(Sans Bay)(见下)外,别无他港。(言无可停泊之港,非然者。当常春有埤南港。再之则花螺港,再之则蟳广澳,安得谓无哉?)近岸处皆深水。诸山皆峭立于海山者。山旁有少许种植之区,所见村落则零星。②

对济南府的介绍,一方面有着传统游记的风味,一方面又能在短短的篇幅下,对这座城市的地理位置、商业活动作了肌理清晰的鸟瞰式综览:

---

① 《中国江海险要图志》卷十,第 12a 页。
② 《中国江海险要图志》卷十,第 14a 页。

济南府

济南府(Jsi nan fu)，乃山东之省会也。立在河之南四迷当，距诸山之麓不远。其近处之山，约高八百至一千二百尺，诸山远近、好景如画，丛树开展处，一城屹然。其林木荫蔚于河之两岸，凡数迷当。树木隐约中，见邻近诸小山，或尖瘦如削笋，或棱突如犬牙，而堆栈者则岩石也，比比皆是。路口在济阳之上，二十四迷当半，乃省会大埠也，在河南岸上，地势长而散，乃无城郭之市镇，济南商埠皆聚此，亦一大要道焉。其运载首重两轮车走陆路，是处亦见无数艇船，皆无大号者，盖以经行于运河者尤众。商货惟盐颇广，皆由铁门关溯河而上者。煤亦一宗之货，有产本地者，有从黄河他邑而来者，第有天生之油质(言系曲煤)，每担索价至一千二百文。①

在陈寿彭完成全部译文后，发生了一度让他将手稿束之高阁的"津沽烟尘"，在英国人的勘测、记载中，因为事关重大，相关记载格外翔实。在大沽的部分，由港口的军事设施入手，以鸡鸭牲畜、绵羊、蔬菜等后援物资收尾，可谓巨细靡遗：

大沽

大沽(Taku)，乃北河进口处，足以直达都城，是为武备要冲。其地势低而平。新来之船，欲取以为志，而进此口甚难。若灯船不在是处，则无可指之方向。再除其举起之铁炮台，凡

---

① 《中国江海险要图志》卷二十一，第8b页。

船至此,更无验准。炮台之前,有泥滩焉,变幻不测。其水之
覆与否,亦不定,是处又有一小炮台,略偏于西南向。

　　电线　相连于炮台两岸之间,凡船须提防,勿泊近于缆。

　　接济　天津由沿河一带,牛犊鸡鸭皆有之,绵羊尤廉而
盛,脂油特厚,菜蔬略少。①

　　大沽之后,紧接着就是天津,英国的调查员对这座城市的整体
布局、洋务设施,乃至流行疫病,同样有简拖而带有异国风味的
描述:

　　天津

　　天津(Tien tsin),乃商埠也,已详于上,在运河北河汇合
处。……状四角,郭外向河之处,较城尤宽广。其两向沿河
者,约长二迷当,是为商务荟萃之区。霍乱瘄疟、痘症等,每年
死者甚夥。据云天津水中之消息,足与上海、广东等也。外国
领界,约在其城之下节二迷当处。英国者曰紫竹林(Tz chu
lin),在河之南岸,中设有领事馆,外有码头,以便轮船起卸诸
货。英租界之下,四分迷当之一,乃关道衙署,是处亦有圆式
女墙,并深沟等,谓之三角林(Sang ko lin)(未详),其内有外洋
房居、海关、小礼拜堂、赛马场、坟地等。亦有一神庙,即一千
八百五十年和约署押处。中国政府于天津设军械厂二,皆外
洋人课之,一在于河之左岸,乃制火药及炮弹钢壳等,其一则

―――――――――――――

① 《中国江海险要图志》卷二十一,第 15a—b 页。

为鱼雷书院，有英国电学家一人董其事，生徒十四人，恒为训练。此中有电报德律风，通于天津总督衙署，以生徒司之。①

接下来，编者以约300字的篇幅介绍了天津在1892年的进出口数额，进口商船的数量（全年共649艘），棉布、绸缎、鸦片等进口的洋货和各种从上海转运来的土货②，并对天津的天气与邮政，提供了非常实用的信息："天津陆路之驿递，每拜二、拜四、拜六，午刻即发一次，由镇江行。若无大风雪所阻，则直达上海，计须十六日之程。亦有通于牛庄者。其至北京者，每一日一次。"③

从上面这些不厌其详的引文中，我们可以看出，即使在这部以军事、国防为主要目的的巨幅作品中，也充满了各种观察城市、港埠乃至日常生活的新鲜视野。在略去某些过于专门的条目后，全书的记述简扼、浅显，既提供了有趣的细节，同时又能勾勒出每座城市、岛屿、港湾的整体面貌。虽然描写的对象是中国而非钱恂所介绍的日本、欧洲等地，却同样能为中国读者带来新鲜的视野，在内容和形式上都符合百科全书的编写精神。

（三）留日学生

1903年（光绪二十九年）出版的《新尔雅》一书，只有176页，在规模上完全无法和马建忠、钱恂、陈寿彭的作品相比拟，但在内

---

① 《中国江海险要图志》卷二十一，第15b—16a页。
② 《中国江海险要图志》卷二十一，第16a页。
③ 《中国江海险要图志》卷二十一，第16b页。

容和形式上,已具备百科全书的架势。钟少华将之和《博物大辞典》《普通百科大辞典》及《外国地名人名辞典》等著作并列,归入"百科辞典型"。

《新尔雅》的编纂者共有两位:汪荣宝和叶澜。关于叶澜,目前还没有看到有系统的研究,我爱就数据所及,拼贴出一个大概的轮廓。1875 年出生的叶澜,和钱恂的女婿董鸿祎,同样是浙江仁和人,曾和兄长叶瀚一起赴上海格致书院就读。1876 年开院的格致书院,是培育中国近代新式知识分子的重镇,对西方科学知识的普及,也有极大贡献。[①] 在 1886 到 1894 年王韬掌院期间,格致书院周围聚集了三百名青年知识分子,"他们或者肄业于格致书院,广方言馆,或是初有功名,大多数则是府州县学的生员"[②]。叶瀚是仁和县学的增贡生,叶澜则是杭州府学的附贡生[③],都是转型期的地方精英。兄弟二人都是学院中表现优异的学生。书院每年春秋两次考课的命题、评阅由海关诸道、南北洋大臣承担。在这个近似西方人"Essay Contest"的论文竞赛中,叶瀚分别在 1892 和 1893 年名列优胜者之列,评阅人都是李鸿章。[④]

叶瀚、叶澜兄弟从格致书院毕业后,一度积极参与戊戌变法运

[①] 参见郝秉键、李志军:《19 世纪晚期中国民间知识分子的思想:以上海格致书院为例》,北京:中国人民大学出版社,2005,第 3—8 页;王尔敏:《上海格致书院志略》,香港:香港中文大学出版社,1980。

[②] 刘世龙:《清末上海格致书院与早期的改良思潮》,《华东师范大学学报》(哲学社会科学版)1983 年第 4 期。

[③] 郝秉键、李志军:《19 世纪晚期中国民间知识分子的思想:以上海格致书院为例》附录三《上海格致书院特课与季课历年优奖课生名表》,第 291 页。

[④] 郝秉键、李志军:《19 世纪晚期中国民间知识分子的思想:以上海格致书院为例》附录三《上海格致书院特课与季课历年优奖课生名表》,第 34—35、297、299 页。

动。就在陈季同、陈寿彭兄弟创办《求是报》的同时，叶瀚、叶澜也在同一年(1897)10 月 26 日，同样以兄弟档的形式，在上海创办了另一份维新派的期刊——《蒙学报》，由汪康年任总董，叶瀚为总撰述，叶澜为撰述兼删校。这份《蒙学报》由蒙学公会发行。蒙学公会由叶瀚、汪康年等人设立，宗旨是办书报、立学堂①，充分反映了1895 年之后，知识分子立学会、设学堂、办报纸的时代潮流。

1901 年，叶澜到日本留学②，进入早稻田大学，政治立场也日趋激烈，成为一个十足的革命党人。根据冯自由的记载，我们可以将叶澜留日期间的活动作一个简单的摘要：1902 年冬天，和董鸿祎、汪荣宝、张继及积极参与革命党活动的秦毓鎏等人，一起在东京成立"青年会"。发起人中除了上述诸人，还包括我们较熟悉的蒋百里、苏曼殊、冯自由等十余人。这个日本留学界中最早的革命团体，成员多半是早稻田大学的学生。③ 叶澜会和汪荣宝在 1903年合编《新尔雅》一书，显然和同为早稻田大学学生及革命党员有关。

1903 年春天，俄国进兵东三省，掀起了留日学生的民族主义热潮。钮永建欲发起拒俄义勇队，被留学生会馆的干事章宗祥、曹汝霖拒绝。叶澜闻讯，乃向秦毓鎏等人游说附和钮的主张，随即遍发传单，在神田锦辉馆召集了 500 多名各省的留学生举行大会。钮永建和叶澜等人在会中慷慨陈词，拒俄义勇队乃告成立。叶澜同

---

① 汤志钧：《戊戌时期的学会和报刊》，第 472—474 页。
② 刘世龙：《清末上海格致书院与早期的改良思潮》，《华东师范大学学报》(哲学社会科学版)，1983 年第 4 期。
③ 冯自由：《革命逸史 初集》，新北：台湾商务印书馆，1953，第 102 页。

时担任会议主席。①

　　同年夏天,拒俄义勇队被迫解散后,叶澜又和董鸿祎、秦毓鎏等人发起军国民教育会,从拒俄御侮转为革命排满。② 军国民教育会是一个人数不多,但组织严密的秘密团体。组成后不久,陈天华等人被派回国作运动员,运动各省的排满运动,董鸿祎则赴南洋群岛活动。③ 1903 年夏天,孙中山造访横滨,各省留学志士纷纷前往拜谒,叶澜和董鸿祎都在名单之列。④ 同年五月,《苏报》案发生,为了宣传需要,章士钊等人于十月在上海另外创立《国民日日报》,风行一时,被称为"《苏报》第二"。不久,报社内部发生争执,诉诸公堂。已经返回上海的叶澜一度介入,奔走协调。⑤ 从 1901 年赴日,到 1903 年返回上海,两年之内,年不满三十的叶澜已经从一位维新志士,变成积极献身革命的热血青年。

　　我在这里将叶澜归入留学生之列,而非革命党项下,有下面几点考虑。(一)叶澜除了献身革命,还一度是立宪派报刊的创办人。(二)和叶澜一起编纂《新尔雅》的汪荣宝,回国后积极参与立宪运动,被视为立宪派的代表人物。早稻田大学留学生的身份,乃成为两人共同具有的特点。(三)《新尔雅》一书虽然是 1903 年由革命

① 冯自由:《革命逸史 初集》,第 104、125 页。冯在此处有不同记载,说与会留学生逾千人。

② 冯自由:《革命逸史 初集》,第 109 页。

③ 冯自由:《革命逸史 初集》,第 112、124—125 页。

④ 冯自由:《革命逸史 初集》,第 132—133 页。

⑤ 冯自由:《革命逸史 初集》,第 135—136 页。

党在上海的机关团体国学社发行的①，但是两人在日本撰写，并在东京浅草的"东京并木活版所"印刷。② 和日本的关系极为密切，也反映了百科全书编纂者及知识来源的另一个趋向。

汪荣宝（1878—1933），江苏吴县人，比叶澜小两岁，同样在1901年赴日本。先后在东京政法速成学校、早稻田大学、庆应义塾大学等校学习政治、法律和史学。返国后任京师译学馆教员，1908年起在民政部担任数种职位，并在修订法律馆和宪政编查馆兼职。1910年任资政院敕选议员。1911年任协纂宪法大臣，还被指派为《法令全书》的总纂。他在宣统年间的北京政坛非常活跃③，积极鼓吹立宪政治，是清政府《钦定宪法草案》的主要起草者，也是立宪派的核心人物之一。民国初年任临时参政院议员、国会众议员。1915年为《中华民国宪法》的起草委员，后出任驻瑞士公使。1922至1931年担任中国驻日本公使。④

---

① 根据冯自由的记载，1903年军国民教育会成立后，推举同志返国分省起义。七月在上海成立的国学社，就是在革命党人回国分途活动的策略下出现的，既编译革命书籍，又兼为革命同志的运动机关。（见冯自由：《革命逸史 初集》，第125页）

② 见《新尔雅》（东京都立中央图书馆实藤文库藏1903年原刊本）一书后的版权页。根据这个藏本，此书由东京浅草的"东京并木活版所"印刷，于上海明权社发卖。详细的讨论，见沈国威：《'新尔雅'とその语汇：研究·索引·影印本付》，东京：白帝社，1995，第1页。我这里用的是沈云龙主编《近代中国史料丛刊续辑》收录的复制本。汪荣宝、叶澜：《新尔雅》，收入《近代中国史料丛刊续辑》（第44辑）第434种，台北：文海出版社，1977。但此复制本并无相关的印刷、发行资料。

③ 北京大学图书馆1987年出版的《汪荣宝日记》就详细记载了宣统元年（1909）至三年（1911）的局、事件和显要人物。（汪荣宝：《汪荣宝日记》，天津：天津古籍出版社，北京大学图书馆藏稿本丛书，1987）参见日记前的内容提要。

④ 本节数据取自王晓秋：《清末政坛变化的写照——宣统年间〈汪荣宝日记〉剖析》，《历史研究》1989年第1期。汪荣宝在日本攻读的学校，则见沈国威：《"新尔雅"とその语汇：研究·索引·影印本付》，第4页。

比钱恂晚了将近一个世代的汪荣宝,虽然也在人生的后半期攀登上仕途的高峰,出任先进大国的使节,而可归入外交官和上层士绅的范畴;但在二十三四岁时,出国读书,并参与激进的留学生组织,和许多 20 世纪初的年轻知识分子一样,在教育、生涯模式上,已经具备现代的风貌。

《新尔雅》一书篇幅短小,内容却涵盖了法政和科学的主要类别。全书以活字在日本印刷,虽然可能囿于经费,编排简朴,但已经和钱恂、陈寿彭以传统线装书装帧的形式迥然不同,而近于今日的书籍排印方式。书前目录栏中未列章节,简单地排列出全书的主要内容,分别是"释政、释法、释计、释教育、释群、释名、释几何、释天、释地、释格致、释化、释生理、释动物、释植物"等十四类。"释政"项下分三篇,分别是《释国家》《释政体》《释机关》。每篇之下又分若干条目。如《释政体》下分为"德意志之立宪君主政体""英吉利之立宪民主政体""日本之立宪君主政体""法兰西之立宪民主政体"等条目。每个条目约二三百字,虽然简略,却能充分掌握各国政体的特色:

英吉利者,为世袭君主统治之国,然实则民政发达最早,所谓立宪制度者,各国无不取法于英国。故英国政治之特色,在众议院有最高至强之权力。

日本乃纯然之君主国体也。其主权由天皇总揽,惟既立宪法开国会,与君主专制不同。

北美合众国者,为民主最完全之国也。其国家组织,自一七八七年制定联邦宪法始。当独立战争时,北美各州,已有由殖民地政为合众国之机。

　　法兰西者，现今为共和政体。溯十八世纪初，时为君主国，时为民主国。革命屡起，政体亦随之屡变。现今法国之宪法，乃一八七五年国会所承认者也。然其共和制度，与美国不同。盖美国之主权，在一般人民，法国则集于代表多数人民之议会。①

　　汪荣宝和叶澜编纂此书时如何分工合作，我们无从得知。但沈国威从二人留学前和留学时期的教育、专业背景，推测汪荣宝可能负责政治、法律，叶澜则负责地理、天文部分。这个推断有相当的根据。汪荣宝在留日期间，曾参与《译书汇编》一书的编纂，在其中分别编译了《论理学》《史学概论》《欧洲历史之新人种》等文章。叶澜则于留日前后编写过《天文地学歌略》，作为新式小学校的教科书。②《新尔雅》在编纂的过程中，极可能参考了当时东京可以找到的百科全书、教科书、辞典等论著。即便如此，以两人二十多岁的年纪，能在简短的篇幅中，抓住课题的核心，确实反映出二人

---

① 汪荣宝、叶澜：《新尔雅》，第 10—11 页。

② 沈国威写为《天文地理歌略》，见《"新尔雅"とその语汇》，第 4—7 页。不过根据省城学院前宝经堂藏版，叶澜原书的名称应为《天文地学歌略》，分为《天文歌略》《地学歌略》两个部分。二者都以四字韵言编成，类似《三字经》的格式。叶澜在《凡例》中说："是歌编写，四字一句，以便童蒙，易于上口。间有繁琐之理，不能编歌，即就各句下小注详述，庶读者更易明白。"《天文歌略》较短，只有一千多字，《地学歌略》则有四千余字。两者前分别附了天文图和地球图，包括了"八星绕日""地球绕日成四季""日月掩蚀"等图和颇为详备的东半球、西半球地图。(叶澜：《天文地学歌略》，"中央研究院"历史语言研究所傅斯年图书馆藏民国间广州宝经堂藏版)细读全文，可视为叶澜此前在格致书院所学西方天文、地理知识的总结。

的识见和学术训练。1896 年之后，中国留学生大量涌入日本，此后借由翻译书籍等途径引进的西方知识，成为中国知识分子重新建构其生活世界的"思想资源"和"概念工具"的重要来源。[①] 汪荣宝和叶澜的案例，为这个大的知识图像，做了具体的脚注。

(四) 新型文人

如果我们以科举考试作为衡量的标准，会发现大多数百科全书作者其实都只具备初阶的秀才身份。马建忠、钱恂如此，曾经大量翻译日本近代医书，全面又系统地引进日式西医知识与体系的丁福保（1874—1952）也是如此。[②] 钱恂得意仕途，马建忠受过完整的西方教育，回国后也颇能施展所长；丁福保则从 1908 年开始，在

[①] 参见王汎森：《"思想资源"与"概念工具"：戊戌前后的几种日本因素》，《中国近代思想与学术的系谱》，新北：联经出版公司，2003，第 181—194 页。

[②] 丁福保是江苏无锡人，光绪二十二年（1896）23 岁时，成为无锡县学的生员。1900年刊行的西医通俗读物《卫生学问答》，以简单的问答方式，系统地介绍医学、卫生知识，用本文的标准来看，已可归入百科全书的范畴。（丁福保：《卫生学问答》，上海图书馆藏清光绪二十六年文明书局印行本）这本书在东京印刷，由上海文明书局印行。光绪二十六年（1900）发行第一版，六年之内，增订了 11 版，可见其受欢迎的程度。我用的是上海图书馆的藏本，当时是作为"普通教科问答丛书"发行的。1901 年，丁福保进入盛宣怀在上海虹口创设的东文学堂，学习日语及医学。1909 年应两江总督端方及盛宣怀之命，赴日本考察医学及医疗机构，对日本医学改革的成果、日本医学与医疗技术的发展，有了第一手深刻的了解。翻译、出版日文西医书成为他丰富的人生事业中的一个主要方向，先后翻译或编译的医书有近百种。（参见牛亚华、冯立升：《丁福保与近代中日医学交流》，《中国科技史料》2004 年第 4 期；高毓秋：《丁福保年表》，《中华医史杂志》2003 年第 3 期）钟少华将丁福保译自恩田重信的《新万国药方》归为"专门百科全书型"（钟少华：《人类知识的新工具：中日近代百科全书研究》，第 71 页）。

上海行医达 23 年之久，其后还出任次子所创建的虹桥疗养院的董
事长等职位，是一位以专业见长的现代专业人士①，在他身上已经
完全看不出不第文人的色彩。相形之下，主编《普通百科新大辞
典》的黄人（1866—1913）②、主编《博物大辞典》的徐念慈③、编纂
《万国近政考略》的邹弢更切近我们对这类新型文人的想象。李仁
渊对包天笑所代表的这批新时代的江南士人的生涯模式，作了精
要的勾勒：

　　　　1900—1906 年间，包天笑从苏州到南京，从南京到上海，
　　从上海到青州，最后回到上海定居，一路上从事的都是与传播
　　"新学"相关的工作：到新学堂教书、办报纸期刊、翻译日文书、

---

① 参见高毓秋：《丁福保年表》。

② 黄人，字摩西，江苏常熟人。相关的研究，可参考陈平原：《晚清辞书与教科书视野
中的"文学"——以黄人的编纂活动为中心》，米列娜：《未完成的中西文化之
桥——一部近代中国的百科全书（1911）》；收入陈平原、米列娜主编：《近代中国
的百科辞书》，第 155—192 页。

③ 徐念慈，江苏常熟人，1875 年生，虽然鄙视帖括之学，但仍于 1895 年中秀才。1903
年，徐念慈和丁祖荫等设立中国教育会常熟支部，一方面体现了他在地方热心推
动新式教育的努力，一方面则因为他在同一年加入同盟会，想用此名目来掩护革
命活动。1906 年，为了和商务印书馆竞夺教科书的市场，徐念慈建议小说林社扩
充事务，出版教科书，并增设宏文馆，编辑印行辞典、地图。1907 年，《博物大辞典》
一书问世，除了徐念慈本人，编辑群中还包括了同样是秀才出身的新型文人包天
笑。参见时萌《中国近代文学论稿》中所附的《徐念慈年谱》，以及《博物大辞典》
一书的例言。（时萌：《中国近代文学论稿》，上海：上海古籍出版社，1986，第 247、
248、252、257 页；徐念慈：《博物大辞典》，上海：宏文馆，1907）包天笑晚年写的回
忆录中，也简略地提到小说林社和宏文馆编辑《博物大辞典》一事，但从他的语气
中，我们无法确定他是否真的参与了此书的编辑。（包天笑：《钏影楼回忆录》，收
入《近代中国史料丛刊续辑》（第 5 辑）第 48 种，台北：文海出版社，1974，第 323—
327 页）

组学会听演讲、写小说投稿、在报社任记者编辑。然而不过在十多年前，包天笑还在科场奋斗，5 岁入私塾，1890 年落榜，1893 年 18 岁时考上秀才。……但是在短短数年间，包天笑却全然转向新学，俨然成为地方上的新学领袖；反而是他在科举上表现杰出的母家亲戚，日后都没有特别的表现，抑郁而终。

从一个苏州的穷士子，到上海著名的小说家、报刊编辑与教育家，后来更被追溯为鸳鸯蝴蝶派的创始者之一，包天笑这几年的经历可说是部分江南士人的典型。[1]

就生涯模式而言，邹弢和包天笑所代表的这一批新型文人或江南士人，可以划入同一个范畴。但从出生的年代来看，邹弢比这群 19 世纪 60 至 70 年代出生的晚清士人更为年长，和 1845 年出生的马建忠及 1854 年出生的钱恂反倒属于同一年龄层。换一个角度看，邹弢虽然因为编纂《万国近政考略》而受到薛福成的赏识，似乎可以和马、钱一样，跻身西学家之列，但他的西学知识，没有为他在功名仕进、社会地位和经济收入上带来实质的帮助。更有意思的是，在他的传世作品和近代学界的研究中，首先映入眼帘的是一个落魄潦倒的艳情小说和骈文诗文作者的旧式文人形象。邹弢一方面出生得早，和马建忠、钱恂同属一个时代；一方面又活得够久，不幸目睹了"五四"新文化运动所造成的"国粹消沉，不学少年方迷信

---

[1] 李仁渊：《晚清的新式传播媒体与知识分子：以报刊出版为中心的讨论》，第 342—344 页。

语体，……令人欲呕而学界偏奉为程序潮流"①的群魔乱舞的现象，让邹弢的旧式文人形象更加突出。邹弢死后由友人集资出版的骈俪文集《三借庐集》，虽然让邹弢作为反动、守旧文人的那一个面向格外刺眼，但如果将他放在清末的时代脉络下来考虑，不但《万国近政考略》充满了"进步"的新气息，就连他的自传小说《海上尘天影》，也在旧的情节框架和叙事结构下，处处呈现着出人意表的时代性情节，部分叙事甚至可以看成《万国近政考略》的补编，可以当成百科全书的条目来阅读。

关于邹弢的生平，中国大陆的学者已经作了一些基本的考订，我这里根据这些资料和《三借庐集》中的记载勾勒如下。邹弢是江苏无锡人，生于道光三十年（1850），卒于1931年。号潇湘馆侍者、瘦鹤词人、司香旧尉。生平嗜酒，又自号酒丐，充分反映出旧式文人的性格。同治五年（1866）随父亲迁居苏州。光绪元年（1875）考上秀才，此后十试秋闱皆不中。光绪六年至上海，任申报馆记者、主笔，在这里结识了一批志趣相投的报人作家，②并投身王韬门下（见下文），大大拓宽了他的西学视野。光绪十四年，应山东巡抚之请，在淄川矿山供职。光绪十八年与风尘女子汪瑗相交，诗词唱和，恩爱非常。光绪二十年（1894）赴湖南为幕，开始写作《海上尘天影》。光绪二十一年，邹弢返回上海，汪瑗已经从良。从《三借庐

---

① 见吴荫培为《三借庐集》所写的序，收入邹弢：《三借庐集》，常熟：开文社印刷所，1932，第5页。

② 邹弢于光绪六年（1880）到上海，先后担任《申报》的记者、主笔，和黄式权、葛其龙、秦云等人是气味相投的朋友。王韬回到上海后，很快就成为这群《申报》报人作家的领袖，和邹弢、何桂笙、钱昕伯等文人名士诗酒往来。（见王学钧：《邹弢〈海上尘天影〉的中西比较意识》，《明清小说研究》2004年第2期）

集》中的诗文,我们知道邹返回上海后不久,就在徐家汇置屋住居。① 光绪二十六年成为天主教徒。光绪三十一年(1905)开始在启明女塾任教职。②

邹弢在启明女塾任职17年,所从事的工作包括编教科书、速成文诀、尺牍课选和课本精粹,颇能切乎20世纪初的时代需求,也反映了他作为新式文人的一面。但和徐念慈等人创办的宏文馆一样,这些维新、启蒙的事业不但不能带来稳定的收入,反而常常让投入这个新兴市场的文人、知识分子倾家荡产,失败以终。宏文馆如此,金粟斋如此,叶瀚的启智书局③和启明女塾亦复如此。根据邹弢自己的描述,他在启明编纂教科书、课本,基本上是义务性质,六年内焚膏继晷,耗尽精神,增进了学校的声誉,最后却被学校弃如敝屣。邹因而破产,1923年被迫返回无锡故里,出任图书馆的馆长。④ 邹弢破产后返回故里,生活顿成问题,他过去在启明女学的学生,几次发起募款活动,为他提供养老津贴。⑤ 邹弢在80岁和81岁时写的诗文中,都曾感慨系之地提起此事:"特为销愁沽酒去,最难养老送钱来。"⑥"八一衰年未倒翁,让乡僻处守孤穷,平生已悔

---

① 邹弢:《六十放言》,《三借庐集》,第107b页。
② 参见萧相恺:《邹弢》,《中国文言小说家评传》,郑州:中州古籍出版社,2004,第830页;以及黄毅为上海古籍出版社本的《海上尘天影》所写的前言。(邹弢:《海上尘天影》,收入《古本小说集成》编委会编:《古本小说集成》,上海:上海古籍出版社,1994,复旦大学图书馆藏清光绪三十年[1904]石印本影印)
③ 包天笑:《钏影楼回忆录》,收入《近代中国史料丛刊续辑》(第5辑),第237—247页。
④ 邹弢:《三借庐集》,第100a、101a、116b页。
⑤ 邹弢:《三借庐集》,第121a、123b—124a页。
⑥ 邹弢:《三借庐集》,第123b页。

虚名立,到死还亏实惠通。"①

邹弢在生命即将走到尽头之际,对自己一生徒具虚名,却不能转换成实惠的感叹,对一位从年轻时代就致力于经济有用之学的读书人来说,当然不无一丝反讽的意味。相对于本文中提到的多数百科全书的作者来说,邹弢毕生为贫穷所困的窘境似乎格外突显,孙乃德和薛福成为《万国近政考略》写的序文,更让我们体会到讲求时务的虚名无法转换为社会地位和经济资源的悲哀。邹弢晚年放弃洋务,转回到旧式文人"徒务虚文"的老路子上,和经世之学无法带来任何的实质利益应该有极大的关系。将孙乃德在光绪二十一年冬写的序文,放在这样的角度下来检视,我们看到一个发愤苦读新学,经济情况却未因之改善的有志之士立志读书、出版的过程。

孙乃德首先感慨从道光末年以来,虽然风气日渐开通,朝野士大夫也都以讲求洋务为尚,但几十年下来,功效不彰。究其原因,和士大夫考求不精、徒务虚文显然有极大的关系:"每岁考求洋务,而各国之山川地理、兵刑、风教,仍多未娴。岂稽考之未精欤?抑亦虚文之无当也?"相形之下,邹弢却是废寝忘食,全力投入洋务之学的编纂工作:

> 谱兄邹子翰飞,束发读书,不屑帖括章句之学,而于经济有用之书,切切参求,日手一编,竟忘寝馈。庚寅冬,有某大员重帑招致。时翰飞方闭户著书,辞而弗就。越二年,辑成《洋

① 邹弢:《三借庐集》,第 120b—121a 页。

务新书》四十二卷,中有十六卷名曰《万国近政考略》。余力劝付梓,以心力相连,不克如愿。今翰飞自湘中回,因请之于黄爱棠大令、浦鉴庭上舍,集赀附益之,始得付之铅印。此书一出,吾知士林中之喜论时务者,靡不争先快睹。岂但有益时务而已哉!①

文中的"庚寅冬,有某大员重帑招致",指的就是另一位为此书写序的薛福成。光绪十六年,薛福成奉朝廷命令,担任出使英、法、意、比大臣,在上海等船时,对携书求见的邹弢颇为赏识,劝他一起出洋。邹弢以亲老在不能远游婉拒了薛福成的好意。薛福成的序文中对邹弢的清寒孤傲和困窘的遭遇有深刻的记录,对书中考据的确切,也颇为嘉许:

> 同乡邹翰飞茂才,王紫诠先生高足弟子也。年少蜚英,喜习经济,常抱刘子元疑古之癖,怀王景略治国之才。顾起身蓬茅,有相如壁立之贫,无元礼登龙之引,而又意气睥傲,以求人苟就为羞。于是起灭风尘,闭门著作。将平日所得于中西人士者成书十六卷,曰《万国近政考略》,皆征之近闻,与耳食无凭者相去霄壤。……因嘱将书速付手民,以裨当世。按茂才于洋务颇有门径。惜处境多困,遭际艰难,今得是书以显之。坐而言者,何异起而行,请以余言,为后日之左券可乎?

---

① 孙乃德:《万国近政考略·序》,邹弢:《万国近政考略》,"中央研究院"近代史研究所郭廷以图书馆藏清光绪二十一年(1895)三借庐校印本。

薛序中的王紫诠即王韬，王韬在为《海上尘天影》写的序中，一开头也说本书是"门下士梁溪邹生"所作。① 邹弢这个在传统氛围和制度下成长的不第文人，靠着一腔孤愤、自己的刻苦求索，而能得到洋务大臣的赏识，可见本书用力之深。薛福成也显然希望这本书的出版，能为作者"处境多困""遭际艰难"的生活乃至日后的生涯发展带来帮助。但衡诸邹弢的后半生，这本中年出版的洋务专书，显然没有为他提供正途之外的另一种进身之阶。

不论是薛福成对本书"相去霄壤"的评价，还是孙乃德"此书一出，吾知士林中之喜论时务者，靡不争先快睹"的预言，都充分反映在日后的出版记录中。邹弢持书在上海请见薛福成是光绪十六年（1890），孙乃德的序文作于光绪二十一年（1895），可见书成之后，到获得资助出版，中间隔了好几年。上海图书馆收藏了本书的三个版本，分别是光绪二十三年（1897）明道堂版、二十七年（1901）三借庐本、二十八年（1902）上海书局版。"中央研究院"近代史研究所藏有光绪二十一年的版本，出版地不详，封面题为《泰西各国新

① 王韬：《海上尘天影·序》，邹弢：《海上尘天影》，收入《晚清艳情小说丛书》上册，南昌：百花洲文艺出版社，1993。王韬在光绪十年（1884），在丁日昌、马建忠、盛宣怀等人的奔走斡旋下，得到李鸿章的默许，全家人得以由香港返回上海。（见王学钧：《王韬》，萧相恺主编：《中国文言小说家评传》，郑州：中州古籍出版社，2004，第813页）但在此之前，在1882年他便曾回上海探路。邹弢就在这个时候登门探访："甫里王紫诠广文韬，又字仲弢，才大学博。……壬午（光绪八年，1882）春归自香海，往访之，一见如旧相识。"（邹弢：《三借庐笔谈》，收入《笔记小说大观》第7辑，第4册，上海：进步书局，出版年不详，第13b—14a页）王随即于1885年受聘为格致书院院长，见郝秉键、李志军：《19世纪晚期中国民间知识分子的思想》，第5页。邹弢显然不是王在格致书院的学生，而应该是王1882年回上海，受美查邀请参与《申报》时的学生。（见王学钧：《邹弢〈海上尘天影〉的中西比较意识》，《明清小说研究》2004年第2期）

政考》,内页题为《万国近政考略》,内容则完全相同。这些不同的
版本加在一起,我们可以推测此书在市场上显然有不错的需求,才
会有不同的出版者年复一年地刊行。

《万国近政考略》的出版,是在邹弢赴湖南短暂游幕,重返上海
定居之后。《海上尘天影》一书的删订完稿,也正在这一时期。《海
上尘天影》中之所以会出现大量有关时务的叙事,即王韬在序言所
说"且于时事一门,议论确切,如象纬、舆图、格致、韬略、算学、医
术、制造工作以及西国语言,无乎不备"①,实和邹弢此前长期关注、
投入洋务有密不可分的关系。王韬在序言的结尾中将此书的写作
和邹弢的经世实学放在同一个大的脉络下来考虑,一方面可以说
是一种夫子自道,有着强烈的自我投射和自我辩解的意味,一方面
却可以视为对邹弢半生著作和志业的最佳诠释:

> 余尝观此书,颇有经世实学寓乎其中,若以之问世,殊足
> 善风俗而导颛蒙,徒以说部视之,亦浅之乎测生矣。生近日所
> 著,如《万国近政考略》《洋务罪言》等,皆有用之书,原非徒呕
> 出心肝,为缘情绮靡之作者。②

事实上,如果撇开文学分析的角度,而从前此二十年间,邹弢
致力研读、搜集时务的脉络来看,我们甚至可以将《海上尘天影》中
的许多段落,视为《万国近政考略》的补编。

相较于当时许多鸿篇巨制的同类作品,四卷本,一百五十几页

---

① 王韬:《海上尘天影·序》,邹弢:《海上尘天影》,第2页。
② 王韬:《海上尘天影·序》,邹弢:《海上尘天影》,第3页。

(一页双面)的《万国近政考略》，实不算宏大之作。但其叙事精审简拒，且出版年代较绝大多数同类型的著作早，难怪会受到薛福成的赞许和市场的接受。在《凡例》中，邹弢自谓"是书之成，已二十年"①，如果我们完全相信他在此处的说法，则此书的成书年代应在光绪初年，编辑的年代也可能从同治末年即开始，比马建忠编纂《艺学统纂》，和钱恂在19世纪90年代随薛福成出使英法等国时，开始搜集《五洲各国政治考》的资料都要早很多年。这个时候，邹弢还没有来到上海，也没有与《申报》的报人作家群结识，但出于对"经济有用之学"的讲求，已开始着手撰写这本领先时代的新式洋务著作。

更大的一个可能是邹弢在进入上海申报馆供职后，随着交游圈的扩大和王韬的影响，在既有的基础上，不断对旧著进行修改。照他自己的说法，本书的资料主要取自下列三个途径：或得自师承；或采取教士之说；或从翻译之后，得其绪余，集腋成裘，累积成书。这个师承，显然就是王韬。而根据学者的研究，在这段时间，邹弢和西方来华人士有广泛的交往，并在光绪十五年(1889)加入了由美国传教士卜舫济(Francis Lister Hawks Pott)发起，旨在传播西方科学的"益智会"。② 所谓"采取教士之说"，究系何指，虽然目前还不能完全确定，但极有可能就是这批西方来华之士和传教士卜舫济。

除了文字，邹弢原来也制作了一本地图集，"详志道里"，但光

---

① 《万国近政考略〈凡例〉》。我用的是上海图书馆1901年《三借庐笔谈》的藏本，不过"中央研究院"近代史研究所1895年版的凡例和内容与1901年版相同。
② 王学钧：《邹弢〈海上尘天影〉的中西比较意识》，《明清小说研究》2004年第2期。

绪十七年(1891)往南京乡试时,这本放在行囊中的地图集,在下关轮船上被小偷偷走。所以邹弢特别建议读者在阅读本书的文字描述时,另外购买泰西新图一类的著作,与本书互为印证。① 邹弢对地图和图像的重视,在《万国近政考略》中虽然无法显现,在《海上尘天影》中倒是牛刀小试了一番。书中第15、16章,叙述主角秋鹤陪着一位家财万贯的广东大学生到欧洲各国游历,作者借着秋鹤之口,长篇累牍地叙述欧洲各地炮台的分布和装置。为了对比中国官员对西方科技的无知,秋鹤从弹道原理谈到克虏伯炮的射程,又为了方便随行官员、听众理解,当场画了三幅抛物线和射程远近计算图。② 虽然只有三幅图,但其立意和精神,和《泰西艺学通考》③等流行的百科全书相仿佛。

　　也许因为和上海的西方人有频繁的接触,再加上和王韬的师生关系,以及与传教士的交往,邹弢对《万国近政考略》书中译名的正确性,有着出人意料的信心:"书中人名、地名,系照西士口音译出,且或英或法,又各不同,阅者须当意会。"另一方面,他虽然自称"境地清寒,知识浅陋,管窥所及,安能进于高深",但对自己超越其他侈谈洋务者的考证功力,颇为自得:"余入世以来,每喜考论时务,……惟近来谈洋务者,非失之迂,即失之固。是书但尚考证,不

----

① 王学钧:《邹弢〈海上尘天影〉的中西比较意识》,《明清小说研究》2004年第2期。
② 邹弢:《海上尘天影》,第233—234页。下文中的《海上尘天影》引文,用的都是百花洲文艺出版社的版本。
③ 《泰西艺学通考》的性质和马建忠的《艺学统纂》类似,以介绍西方的声、光、化、电、天文学、力学、汽学等科技知识为主体。《泰西艺学通考》印刷较《艺学统纂》精良,最大的特色是全书有大量插图,有时一页就有好几幅图版,不过书中自然科学、动、植物学的专业性较强,一般读者恐怕不易了解。

尚论断。"①这种精于考证的特长，不但被薛福成认可："余见书中考据确切，读而嘉之。"也让邹弢觉得自己既超越了时人，也超越了前贤："《海国图志》《瀛寰志略》两书所载甚详，惟当时风气初开，洋务未悉，故偶有虚诞失实之处，兹书悉从西书译出，谅无是病。"②不过相较于前文中提到的陈季同对魏源的指责："魏默深广之为《海国图志》，其间繁略谬误之处姑无论，惟皆指摘他人疵瑕，不知自己疤症，明烛千里，不见眉睫，又安足用哉？"③邹弢这里的评论可说是点到为止，而且语多体谅。

作为中国近代第一部认识世界的系统性论著，《海国图志》的时代意义和它对 1850 年之后中国乃至日本知识界的影响，历来都有所论述④，但也不断有人对书中的谬误有所指陈。郭嵩焘在盛赞该书的成就和对明清以来的汉文西书"征引浩繁"之余，也不忘指出该书"有参差失实"之处。康有为一方面用《海国图志》《瀛寰志略》作为讲述西学的基础，一方面也对两本书的优劣之处作了比较："《瀛寰志略》其译音及地名最正，今制造局书皆本焉。《海国图

---

① 《万国近政考略〈凡例〉》，上海图书馆 1901 年《三借庐笔谈》藏本。
② 《万国近政考略〈凡例〉》，上海图书馆 1901 年《三借庐笔谈》藏本。
③ 《中国江海险要图志》卷首《陈季同序》，第 3a 页。
④ 邹振环对此有非常好的描述："《海国图志》与《瀛寰志略》是晚清地理学共同体成员之间产生联系，发生影响最大的两本书，19 世纪 40 至 50 年代主要在地理学共同体中流传，并首先在日本引起反响。1853 年《海国图志》六十卷本和《瀛寰志略》相继传入日本，有识之士如广濑旭庄、桥本佐田等对《海国图志》不断进行搜求和朱批；自 1853 年幕臣川路左卫门尉圣谟首命学者盐谷世弘训点翻刻开始，以后各种翻刻、训解、和解、校正本，几如雨后春笋，盛极一时。1854 年后的一两年间，《海国图志》的'训点翻刻本'与'邦刻本'等便有二十余种。《瀛寰志略》在日本也大受欢迎。"（邹振环：《晚清西方地理学在中国：以 1815 年至 1911 年西方地理学译著的传播与影响为中心》，上海：上海古籍出版社，2000，第 317 页）

志》多谬误,不可从。"①邹弢在《凡例》中特别标出这两本书,一方
面反衬出二者在邹弢编纂《万国近政考略》的同光之际持续不衰的
影响力②;一方面也显示在二书问世二三十年后,连一个地方型的
读书人,也有能力对外在世界作更细致、精确的呈现。西学的深入
和普及,于此可窥见端倪。

特别值得一提的是,1842 年发行的 50 卷本的《海国图志》,将
林则徐主持翻译的《四洲志》全文八万七千多字,全部重新分类收
入;而《四洲志》所从出的《世界地理大全》,原来的英文书名已用了
"百科全书"一词:The Encyclopedia of Geography。这本书由英国人
慕瑞编著,初版于 1834 年,在伦敦发行,此后又有多种增订本。原
书一千五百多页,介绍了亚洲、非洲、欧洲、南美洲、北美洲等地主
要国家的历史地理③,是一本名副其实的"百科全书"。虽然"百科
全书"作为一个中文词语,大概迟至 1897 年,才由康有为从日本引
进,但其作为一种知识类别,早在 1867 年,就已经引起主持江南制
造局翻译工作的徐寿的注意。④ 而在实际内容上,邹振环认为英国
传教士慕维廉(William Muirhead,1822—1900)1854 年在上海墨海
书馆出版的《地理全志》,实际上就是一本中文版的西方地理学百

---

① 邹振环:《晚清西方地理学在中国:以 1815 年至 1911 年西方地理学译著的传播与
   影响为中心》,第 318—319 页。
② 事实上,根据邹振环的摘述,我们可以看出这两本书,特别是《瀛寰志略》的影响
   力,持续到 19 世纪末乃至 20 世纪初叶。(邹振环:《晚清西方地理学在中国:以
   1815 年至 1911 年西方地理学译著的传播与影响为中心》,第 320—322 页)
③ 熊月之:《西学东渐与晚清社会》,第 223 页。
④ 邹振环:《近代最早百科全书的编译与清末文献中的狄德罗》,《复旦学报》(社会
   科学版)1998 年第 3 期。

科全书。① 但如果照前文的叙述，不论是就内容还是就标题来看，1841 年刊行的《四洲志》已经可以算是半个世纪后盛行的各种百科全书的鼻祖。

字数约当《四洲志》两倍的《万国近政考略》，共分 16 卷，除《天文考》《风俗考》《教派考》等卷外，剩下的《地舆考》《沿革考》《军政考》诸卷，基本上都沿用前人以各洲、各国为条目的方式撰写。对条目的安排顺序，邹弢也采用了很务实的原则："是书地舆、沿革、军政三门，所排各国次序，间有不同。盖地舆先亚洲而后他洲，其余以地大国强为先。"②这样的原则使我们大致可以看出当时人心目中的大国名单。

《万国近政考略》内文无标点，但条目清晰，每个条目约二三百字，"西班牙"一条六百多字，"美利坚"一条则长达二千字，是比较特殊的例子。邹弢对书中人名、地名的翻译显然甚为得意，特别说明是"照西士口音译出，且或英或法，又各不同，阅者须当意会"。不过对今天的读者来说，邹弢这些自矜标准的音译，读起来仍然充满诘屈聱牙的不驯之味，和《四洲志》《海国图志》的时代，似乎仍然相去不远：

> 美利坚亦名合众，俗名花旗。……明万历间，英人创浮及尼部，后三十年，荷兰人创纽约部。康熙初，地又归英。旋英民又开曼岁去塞部。天启间开牛海姆骇或名纽罕什尔部。荷

---

① 邹振环：《慕维廉与中文版西方地理学百科全书〈地理全志〉》，《复旦学报》（社会科学版）2000 年第 3 期。
② 《万国近政考略〈凡例〉》。

兰、瑞典国人，又次第占特拉回痕或名特拉华、牛久善或名牛执尔西等部。……逾十九年，英提督名宾有功国家，赐美洲新地居之，名曰宾西尔瓦尼亦名烹碎而浮泥部。雍正十年，又辟叫及也部亦名若尔治。

至乾隆三十八年，各部之桀黠者，又鼓动其间，民不能忍，咸有叛志，然尚未敢卒发也。又二年，暴政如故，民遂大会费拉特费，即非非勒代而非爷地方，公推华盛顿为将，力拒英人，而以曼岁去塞之保司登兵为首。又明年七月初四，檄告诸部，自立为邦，不归英廷管辖。①

初看这些文字，不论是诘屈聱牙的译名，以及"今国中共分部四十三，又分疆六部"等行政区划的术语，还是"各部之桀黠者""民不能忍，咸有叛志"之类的修辞，以及中国纪年的使用，都给人一种熟悉的陌生感，好像讲述的是新疆、蒙古等中国边疆的历史。但在这些看似熟悉或传统的叙事手法外，邹弢其实已在二千字内，从移民、独立到建国、内战，首尾俱足地勾勒出一个新兴强权的历史。条文中对推举总统、创建民主、设立议院、由奴隶制度引发的南北内战和林肯遇刺等重大事件，作了要言不烦的交代，呈现出一个在中国脉络中不曾存在过的新世界：

英廷无可如何，听其自立，且与之盟，此华盛顿之功也。国既立，创为民主，由各部推举总统自主之国，此为首创，他国

---

① 《万国近政考略》卷四《地舆考·美利坚》，第2a—b页。

未有。众念华功，遂名京城曰华盛顿。从此定制。每部自立
巡抚一人、副者一人，并设议院以佐之，均以四年为限。各部
又公举总统一人，裁主国事。京都上议院，每部例荐二员，一
任六年，分为三班，次第入院，二年一调。班次下院，无定额，
大约十七万人中选保一员。至一千八百六十一年，北方各省
见佣奴受虐，议禁贩买。时南方各省富人多以佣奴起家，深资
其力，闻议大哗，遂至本国南北交战。美王林肯力持前议，大
将格兰脱崛起，乱遂平。然虽南人心慑，愿订禁奴公约，而林
肯则被刺矣。[1]

除了对东岸大城纽约、波士顿的简挹描述："纽约埠在纽约部
东南，商民辐辏，帆船如云。其次为曼岁去塞之保司登，富庶之休，
盖堪颉颃。"[2]对华盛顿的宫阙之美、百官之盛和国会大厦的图书、
文物收藏的描绘，更足以显示 19 世纪末叶，一个乱世文人对世外
桃源般帝国都城的想象：

按华盛顿本为新都，嘉庆五年迁徙于此，楼台壮丽、风景
清华。铁路、电线、工程，甲于天下。军器厂、船政局、博物院、
观星台及各部官衙，尽在于是。总统宫阙，皆白石筑成，内有
大殿，为召见百官之所。宴舞殿、红绿蓝殿，为接见亲信大臣
与各国公使之所，规模雄巨。四面园亭，带清流、荫佳木，百花
繁缛，林树常青。居其中者有世外桃源之想。城中居民约十

---

[1]《万国近政考略》卷四《地舆考·美利坚》，第 2b 页。
[2]《万国近政考略》卷四《地舆考·美利坚》，第 3a 页。

五六万余名。城之正中有广厦一所,巍峨奇崛,中起圆楼,高十有八丈,内藏古今书籍、各国史记,约三十余万册。楼下悬挂各画,皆名人之笔,绘形绘神、惟妙惟肖,每幅值价数万金。楼左右为上下议政院,明窗净几,洁无纤尘。[1]

在美国之外,邹弢花了更长的篇幅,用4000字左右来介绍日本的沿革。不论是从篇幅还是从内容来看,都显示出他对这个积极向现代化迈进的邻国的重视。整篇文字从日本的开国神话开始,在朝代兴替、战乱叛逆之外,用了相当文字介绍汉语、儒学和佛教在日本的传布过程。对明朝之后,中、日、朝鲜的关系,也多所着墨:

时足利义满执政,遣僧人朝贡中国,书辞恭顺。明永乐帝封义满为日本国王。后小松王不许,罢其职。迨称光即位,上杉氏强夺镰仓之权,高丽王遣战舰一千三百余艘,攻对马岛,不胜。中国使至,请彼此通好,未允。彦仁立为后花园天王,遣使中国。明宣宗遣内官雷春往报,赠铜钱三十万缗。朝鲜王闻之,亦遣使与朝鲜立约互市。……自此商务相通,往来不绝,而将军义胜及义政当国,皆称臣于中国。[2]

不过这个以中、日、朝鲜为主轴的叙事架构,随着葡萄牙商船和天主教的到来,而顿然改变。在郑芝龙、程朱理学之外,荷兰人、

---

[1]《万国近政考略》卷四《地舆考·美利坚》,第3b页。
[2]《万国近政考略》卷九《沿革考·日本》,第9b页。

英国人、俄国人、美国人相继出现在长崎、下田等地的海岸。随之而来的则是明治元年开始的各种改革:"明治元年改江户曰东京,因国用不丰,命造纸币。二年罢警跸喝道,置议政院议员,以诸藩充之。定府藩县一制之例,废公卿诸侯之称。""四年遣外务大臣伊达宗城至中国,立商约。……遣使聘欧美各国,准民人随意散发、脱刀,……许僧人食肉娶妻,设邮政局,置裁判所,创银行及铁路,攘琉球于中国,为冲绳县。""七年,……设女子公塾,又遣使议台湾事,获偿款而还。八年废左右院,置元老院、大审院,冬夺柯太岛,与俄易俄之千岛。九年遣使责问高丽,高王谢罪,乃与立约。十年减地赋及各种额金,自是而后,变更无常,均以富国为要。"①

邹弢在《凡例》中特别强调自己知识浅陋,所以本书"但尚考证""不尚论断"。我们如果拿这里的叙事,和钱恂对日本创建铁路的用意所作的分析相比较,确实可以看出二人的差异所在。相较于钱恂对西学、洋务洞识全局的眼光,邹弢将自己定位为洋务考证家,而不敢涉入西学,也不敢妄下论断的态度,无疑是一种明智的抉择。不过邹弢在选择素材和开展叙事时,除了有着化繁为简的能耐,以及对细节的好奇和敏感度,也不是毫无目的和寄托。这段关于日本沿革的叙述,虽然跳出本书设定的叙事年限,而向下延伸到甲午朝鲜之乱、中日开战,以及"中国大受其创"的结局,但对明治维新内容、细节的摘叙,最终目的,还是要导出整个条目的下述结论:"按日本自行西法后,实事求是,心计极深,将来亚洲之中,当与俄国同称巨擘也!"②

① 《万国近政考略》卷九《沿革考·日本》,第 10b—11a 页。
② 《万国近政考略》卷九《沿革考·日本》,第 11a 页。

邹弢以4000字的篇幅,借着各种有趣的细节,将日本历史从开国神话、列强叩关,一路讲到明治变法维新,意趣盎然,可读性极高,让人领略到小说家的叙事本领。但更有意思的是,邹弢或许是对自己念兹在兹,辛勤搜罗所得的资料投入过深,无法忘情;或许是希望这些数据得到更大限度的利用,所以当光绪二十年,正筹措出版此书的同时,他又利用白话的形式,将类似乃至同样的数据,写入《海上尘天影》中。

小说的第14至16章,描写主角韩秋鹤在自己效命的经略因病亡故后,痛失知己,大哭而归,"雄心灰冷"①,随即展开了一段浪迹天涯的旅程。访问的国家除了前述的欧洲各国、俄国,还包括美国及日本,时间则约略为光绪十七到十九年。原来在《万国近政考略》中,用精扼的文言叙述的《地舆考》《沿革考》《军政考》和《洋务考》,如今透过亲身见闻的旅游形式,借着主角和海外华侨的对话,用更浅白延展的语言得到重新演绎。除了前述的炮台分布和弹道知识,这里可以就小说中对美国、日本的描绘,作更进一步的说明。

光绪十七年(1891)三月,秋鹤坐的轮船抵达美国"嘉厘丰尼亚省,在三佛昔司克登岸",随后借住在友人萧云处。萧云的父亲原来在旧金山贩运金沙,后因美国禁止华工,生意清淡,所以在日本开了一家新闻纸馆。秋鹤就靠着这层关系,分别在旧金山和长崎有了落脚的处所:

---

① 邹弢:《海上尘天影》,第200页。韩秋鹤就是作者邹弢的化身。书中偶尔出现的"酒丐"之名,实即邹弢的别号。(王学钧:《邹弢〈海上尘天影〉的中西比较意识》,《明清小说研究》2004年第2期)

是夕与萧云抵足谈心，论美国商务国政。萧云道："此国自华盛顿民主以来，国势蒸蒸日上。商务以制造、耕种两项为大宗。向来织布，往往用印度棉花，近五十年来，棉花反可运到列国。英吉利的织厂，大半购买美国的棉花呢！上年棉花出口，值价五千万元，你想国中富不富？"秋鹤道："弟向闻美国种田多用机器。粪壅之法，说用格致家的物料，又从秘鲁运来一种鸟粪，曰爪诺，所以一人可种数顷之田，或麦或棉，获利甚巨。前曾考究美国地舆志，说有四十二部，今看这等富庶，大约各处尽行开垦了。"萧云道："却不尽确，美国自乾隆四十一年七月初四叛英自立之后，只有十三部，曰浮及尼，曰曼岁去塞。……此后又渐增行部。至公历一千八百六十一年，又因拥奴一节，林肯为总统，南北交战，格兰脱平乱，更推广疆域。"①

接下来，萧云历数美国各州的州名，加在一起，正好是《万国近政考略》中的 43 部，而非小说中为了强化效果所说的 42 部。各州的名称，不论是烹碎而浮尼还是矮乌鸦、美恩、浮梦、牛海姆骇，则仍然如《山海经》中的地名一样荒诞、遥远。对火药、矿石等西方艺学情有独钟的秋鹤，还趁机炫耀了一下自己在这方面专门、古奥的知识。

这年年底，秋鹤从美国搭了一艘兵船回到香港，略事逗留，随即转往日本横滨、长崎等地。抵达横滨后，邹弢借着让秋鹤阅读

---

① 邹弢：《海上尘天影》，第 201 页。

《日本地舆形势考》的叙事安排,对日本的地理分布,元朝人对日本的攻战以及日本和朝鲜的交涉、和战,借题发挥了一番。

光绪十九年,秋鹤一行人从欧洲束装返国。此时因为日本出兵朝鲜,秋鹤的友人欲前往南洋筹饷招兵,秋鹤以中国进兵到日本所经区域的地图相赠。图中详细载明了日本的地理险要,"连—屋—门—树—石—涧—桥都记在上边",由中国到日本的水陆各道亦都注出。接下来六七百字的叙述,虽然简要,却有了一丝英国人写作《中国江海险要图志》的意味。而秋鹤于江边送别友人的赠言,和《沿革考·日本》的结语,相互呼应,反映出作者邹弢从未中断过的经世之心和对时局的关注:

> 弟此番已是倦游,就要回到家中,不再远出了。你去须见机而作,能够独当一面最好,切不可受人的节制。现今日本学习洋人的法子,实心整顿,比中国可强数倍,不可以轻敌的,况且他不过与高丽为难,我们只好同他合保高丽,立一个私约,保全亚洲的大局。若必要同他失和,胜败也不定呢。①

王韬说本书"颇有经世实学寓乎其中""徒以说部视之,亦浅之乎测生也",证诸前引各项关于西法、新学的描述,可说是对本书的微言大义,作了最同情的辩解。小说与百科全书两种文类互相参照的现象,既说明了清末百科全书在文类疆界上的开放、弹性,也反映出西学知识的无孔不入和作者的经世之心。

---

① 邹弢:《海上尘天影》,第238—242页。

结论

从上文的讨论和钟少华在《人类知识的新工具:中日近代百科全书研究》一书中胪列的数据来看,1895 年左右的政治局势,显然和百科全书这一新形态的知识类型的出现,有根本性的关联。1900 年以后,百科全书的出版更达到高潮。更进一步分析,我们发现,这一新形态的知识类型的出现,固然和甲午战争以后政局的演变有密切关系,却不是甲午战后突然出现的全新发展,而实与鸦片战争后,上层士大夫开始关注、引进西学有着不绝如缕的传承关系。华格纳教授(Rudolf Wagner)根据海德堡大学的百科全书数据库所作的一份初步统计,就显示从 1872 年以后,一些可以归诸百科全书这个类别的著述已陆续出现。[①] 我在本文中所分析的几本著作,也显示不少作者在出书前的洋务经验,和他们在 20 世纪 00 年代的著书出版有极大的关系。

像是钱恂,在 19 世纪 90 年代随薛福成留欧期间,就已在公余之隙,采问各国的政俗。而在此之前,从 1883 年起,钱就已经进入薛福成的幕府。[②] 马建忠在《艺学统纂》一书中对洋务和经世之学的见解,则和他 1880 年后成为李鸿章的幕僚,实际参与洋务运动的经历有密切关系。

邹弢的《万国近政考略》,让我们更进一步将 1895 年以后的百

---

① Rudolf Wagner,"A Preliminary List of Early Modern Chinese Encyclopaedias, 1894—1911,"未刊稿。我要特别谢谢华格纳教授惠赐这份资料。
② 邱巍:《吴兴钱氏家族研究》,第 34 页。

科全书和 19 世纪 40 年代林则徐、魏源、徐继畬等第一代介绍西学之士的论著，建立起系谱的关系。和陈季同、康有为一样，邹弢显然是以《海国图志》和《瀛寰志略》作为立论和著述的参考点。

在《四洲志》《海国图志》与《万国近政考略》这一条绵延不绝的西学译介系谱外，由传教士和清政府创办的学校、报纸、杂志，以及一些"混血性的机构"，像是 1843 年创建的墨海书院、1865 年创建的江南制造局及 1876 年成立的上海格致书院，显然也对 1895 年前西学在中国的深入、普及，有极大的影响。① 邹弢和叶瀚、叶澜兄弟就是很好的例子。前文曾提到，《万国近政考略》的资料来自三个途径：师承、教士和翻译。邹弢既是王韬的学生，又对教士之说和翻译文章相当熟悉，我们可以合理猜测，江南制造局翻译馆每年定期出刊的杂志《西国近事汇编》和格致书院出版的《格致汇编》，都可能是他的数据源。② 叶瀚、叶澜的经历、著作，更具体说明了格致书院在甲午战争前，已对转型期的知识分子带来什么样的影响。

---

① 费南山（Natascha Vittinghoff）对此作了很精要的概述，见"Social Actors in the Field of New Learning in Nineteenth Century China," in *Mapping Meanings：The Field of New Learning in Late Qing China*, ed. Michael Lackner and Natascha Vittinghoff（International Conference "Translating western knowledge into late Imperial China," Leiden：Brill, 2004）.

② 根据费南山的综述，江南制造局翻译馆在 1868 到 1912 年存在期间，大概有十位包括傅兰雅（John Fryer）在内的教员，以及二十位包括华蘅芳等人在内的译员，翻译部门则负责出版《西国近事汇编》。这份杂志只登录译自世界各地报刊，特别是伦敦《泰晤士报》的新闻，是中国士大夫获知世界重大事件的主要参考来源，康有为、梁启超都是其读者。格致书院则是以伦敦工艺技术学院（Polytechnic Institution）为其楷模。格致书院的英文名"Shanghai Polytechnic Institution and Reading Room"，就充分反映了其间的关联。书院内有教室、图书馆和展览厅，定期出版《格致汇编》，是有志西学者的重要社交俱乐部。（Vittinghoff, "Social Actors in the Field of New Learning in Nineteenth Century China," pp. 93—96）

1895 年之前,近半个世纪累积的西学知识,对此后大量出现的百科全书的影响,还可以从 19 世纪 60 年代以后不断出现的西洋游记著作中一窥端倪。这些著作——从斌椿于同治五年(1866)奉派游欧的《乘槎笔记》开始,到同文馆出身的张德彝从同治五年起,在多次随行、出使途中,陆陆续续写成的《航海述奇》《欧美环游记》①——虽然著述体例多为日记形式,与日后百科全书的体裁不同,但其中记载的各种地理知识、新兴事物、风土人情和典章制度、日用民生、城市景观,在内容上,已和日后的百科全书有许多类同之处。

在这个从 1860 年开始的西洋游记类型中,袁祖志的《谈瀛录》和王韬的《漫游随录》特别值得稍作分析,原因是这二人混杂着的江南文人和转型期知识分子的经历及其著作,都和本文所讨论的邹弢类似。二人又都以上海为主要的社交、著述场合,也都和邹弢有着或师或友的个人关系。

如前所述,邹弢西学知识的三个来源之一——得自师承——指的就是王韬。而王韬根据同治九至十二年(1870—1873)的游欧经验写成的《漫游随录》,从光绪十三年(1887)年开始,在《点石斋画报》上连载了两年,引起极大的反响。在此之前,王韬出版了《普法战纪》一书,此书成为介绍西方政治情势的第一批中文著作。②

---

① 这些游记,包括林针的《西海纪游草》、斌椿的《乘槎笔记》、志刚的《初使泰西记》、张德彝的《航海述奇》《欧美环游记》,都收在钟叔河主编的《走向世界丛书》(长沙:岳麓书社,1985)中。这套书第 1 辑共有 10 册,此处所提到的几本书,都收集在第 1 册。钟叔河也分别为这些书写了导言。

② 参见吕文翠:《晚清上海的跨文化行旅:谈王韬与袁祖志的〈泰西游记〉》,《中外文学》2006 年第 9 期。

这些著作,或是带有游记的性质,或是对西方的文化与政治发展有全面的介绍,和邹弢同时兼顾文学与西学的特色一致,也难怪王韬在为《海上尘天影》写序时,对全书的宗旨多所阐述。以出书的年代先后,和二人对师生关系的强调来推断,我们不难想象王对邹的影响,并可进一步推想王韬所代表的19世纪70年代及19世纪80年代的同光西学或西方认知,对此后20年百科全书的编纂所产生的影响。

和王韬的《漫游随录》相比,袁祖志的《谈瀛录》似乎未受到学者太多的重视,但不论就作者还是论著来看,都有值得一提之处。袁祖志是袁枚的孙子,咸丰时曾官县令、同知,后寓居上海。1876年出任上海第一份官方报纸《新报》的主笔,和以《申报》为中心的沪上文人何桂笙、钱昕伯等人交谊甚笃。① 光绪九年(1883)三月,上海轮船招商局总办唐廷枢奉李鸿章之命,前往欧洲各国考察招商局业务,袁祖志奉命同行,前后十个月内,考察了11个国家。回国后不久,将考察笔记结集成书,在光绪十年交由上海同文书局出版。② 在十个月的海外旅游中,袁祖志常常写诗题赠给沪上的政商名流和文化界名人,邹弢也赫然在列。③

从邹弢和葛元照、钱昕伯、何桂笙同列袁祖志的赠诗名单中,

---

① 吕文翠:《晚清上海的跨文化行旅:谈王韬与袁祖衣的〈泰西游记〉》,《中外文学》2006年第9期,脚注2。

② 吕文翠:《晚清上海的跨文化行旅:谈王韬与袁祖衣的〈泰西游记〉》,《中外文学》2006年第9期;唐廷枢:《谈瀛录·序》,袁祖志:《谈瀛录》,"中央研究院"近代史研究所郭廷以图书馆藏清光绪十年(1884)上海同文书局刊本。

③ 吕文翠:《晚清上海的跨文化行旅:谈王韬与袁祖衣的〈泰西游记〉》,《中外文学》2006年第9期。

可以想象二人的交谊显非泛泛。但过去对邹弢上海交游圈的讨论,对此或是一笔带过,或是略而不提。事实上,从《谈瀛录》中的资料来判断,邹弢和袁祖志的交谊大概超过我们过去的了解。《谈瀛录》共分6卷。前4卷是海外见闻杂记,卷五《海外吟》收集了前述袁祖志出洋考察途中题赠国内友人的诗作,大多数和域外景物并无太多干系,纯粹是感怀之作。① 卷六《海上吟》,则更和十个月的出洋考察全无关系,而是前此以上海冶游、逸乐为主题的记事诗。卷前有葛元照等人的题词,题词前复有两篇序文,其中第一篇序文,即是邹弢所写。这篇序写于光绪七年,全文古奥雕琢,颇符合邹弢"瘦鹤词人"的旧式文人风格。② 在这个19世纪80年代由上海报人/文人组成的社交圈中,袁祖志大概是少数既有科名,又有实际仕宦经历的功成名就者。他会请邹弢为自己的"上海记事诗"写序,既可能显示了两人交谊的深厚,也可能是因为邹弢在诗词创作上,确实已赢得同侪文人的肯定。但不论如何,以二人的交谊关系,我们可以合理推论,二人可能也同时在对时务实学的关注上,互相影响。

《谈瀛录》于光绪十年出版,比《万国近政考略》早了十几年。该书出版,似乎成为当时上海文化圈的一件大事,文人赋诗歌咏者不断。三年之后,另一家上海的书局"管可寿斋"重印此书。③ 出

---

① 吕文翠:《晚清上海的跨文化行旅:谈王韬与袁祖志的〈泰西游记〉》,《中外文学》2006年第9期。

② 见袁祖志:《谈瀛录》卷六《海上吟·序》,"中央研究院"近代史研究所郭廷以图书馆藏清光绪十年(1884)上海同文书局刊本。

③ 吕文翠:《晚清上海的跨文化行旅:谈王韬与袁祖志的〈泰西游记〉》,《中外文学》2006年第9期。

版的盛况，和《万国近政考略》可前后媲美。在《申报》上刊登的这些文人唱和之作，固然增加了这本游记的能见度，并达到促销的目的，但作品内容的引人入胜，可能是这本书受到欢迎的主要原因。和前述诸游记以日记体为主的形式不同，《谈瀛录》的某些章节已经有了以专题叙事的取向，虽然体例各章不一，无法做到《万国近政考略》和其他十九、二十世纪之交的百科全书那种纲举目张的程度，但每个标题下以几百字，乃至一百字上下不等的篇幅，勾勒出大致的轮廓，其精神已与日后的百科全书相仿佛。而对异国风俗和各国城市、生活的介绍，趣味盎然，又深深具备旅游文学叙事引人入胜的特征。

以卷一《瀛海采问》为例，该卷分别介绍了英、法、德、和（荷）等西方列强。每个国家条目下，先对其都城作概论的综览，然后对政令、民俗、武备、物产等各项做简要介绍。在"法巴黎"项下，作者如此描述：

> 法兰西之京师也，介居英德荷义之间，东西南朔，平壤居多，无甚高山大川，幅员不广，而称强海外，久树一帜。民生繁庶，土地肥沃，以首善之区而论，气局宏阔，市肆繁华，诚可首屈一指。然政令烦苛，物价昂贵，居大不易之叹，恐有甚于长安也。①

"政令"项下，则以简扼的叙述，切中政体的核心：

① 袁祖志：《谈瀛录》卷一《瀛海采问》，"中央研究院"近代史研究所郭廷以图书馆藏清光绪十年（1884）上海同文书局刊本，第8a页。

> 本为君王之国，自经德国挫败之后，改为民主之国。其主
> 四年一更，由民间公推，称为伯理玺天德。虚拥高位，毫无权
> 柄，一切国政，皆归议政院主持，议既成，但请伯理玺天德画诺
> 而已。一既退位，遂与齐民无异。[①]

如此简要叙述，和叶澜、汪荣宝在 1903 年编的《新尔雅》一书
中类似条目的呈现相仿佛，却多了一份游客和文人的悠游之趣。

文学性西方游记和百科全书的关系，显然是我们在讨论 19 世
纪下半叶的西学系谱时，不能忽略的课题。

在时间上，百科全书的大量出现，和前此的西学论述有着一脉
相承的关系，代表了西学知识的深入和普及，从林则徐、魏源、徐继
畬等开风气之先的上层士大夫，向下扩及许多在仕途上受挫的外
交官、拥有最低科名或没有任何科名的新型文人，以及像叶瀚、叶
澜兄弟一样，由生员转向留学生的知识分子。就空间分布而言，百
科全书的作者，我在前文中约略的讨论中初步统计，可看出，多集
中在江苏(马建忠、江荣宝、邹弢、丁福保、丁祖荫、徐念慈等)、浙江
(钱恂、董鸿祎、叶澜)，少数人像陈寿彭则来自福建。这份名单虽
然不全面，但和费南山对 1860 至 1911 年间，上百位广义的科学家、
翻译者和新闻工作人员所作的出生地分析，大致吻合。这些被费
南山称为进步的或有影响力的新学传递者，多数来自沿岸及江南
各省。这些地区，像是浙江、江苏、湖广，由于和通商口岸相联结，

---

① 袁祖志：《谈瀛录》卷一《瀛海采问》，"中央研究院"近代史研究所郭廷以图书馆藏
清光绪十年(1884)上海同文书局刊本，第 8a 页。

因此容易受到新思想的影响。①

　　这些来自同一区域的百科全书家,或是彼此相识,或是从事类似的文化事业,往往互相援引,在家乡或上海结成网络。有些人,像钱恂、董鸿祎,更因为血缘、姻亲关系,而先后致力于启蒙的事业。另外一些人,像叶澜、董鸿祎、汪荣宝,则因为留学日本,而建立了一个以早稻田大学为据点的激进革命基地。

　　就像我在这篇文章一开头所说的,从19世纪初叶到1895年间为止,西学的输入,有着一个从边缘到中央的演变过程。19世纪末、20世纪初的百科全书热潮,显然是对过去将近一个世纪西学输入成果的总验收。过去的研究,一方面忽略了鸦片战争之前,西方思想在中国边缘地区的传播;一方面也忽略了鸦片战争之后,甲午战争之前,半个世纪间,西学在中国内地逐渐传衍、流布的过程和影响。从百科全书这个据点切入,显然有助于我们对后面这个问题重新省思。其中特别值得一提的是:过去几十年间,学界对洋务运动的研究,或是集中于上层,或是集中于个别的建构、机制,对上层官僚士大夫的指导理念,透过江南制造局、格致书院、报纸、杂志、翻译书刊等建构、机制向下传布的流动过程,缺少关注。本文所分析的几个范畴的百科全书作者——外交官、维新派、留日学生、新型文人——恰好可以弥补这个西学传递、流通、绵延过程中的空缺。

　　和林则徐、魏源等人相比,这些百科全书的制作、编撰者的一

---

① Natascha Vittinghoff, "Social Actors in the Field of New Learning in Nineteenth Century China," p. 104.

个最大共同特色，就是他们绝大多数被摒弃于传统的科举仕进之途之外，在通过秀才这一个基本关口后，就被迫转向时务和西学所提供的另一条看起来也充满了可能性的进身之路。和鸦片战争前绝大多数无法在科举仕进之途攀爬的下层文人不同的是，他们可以不必只以塾师，地方仪式专家，教派领袖，幕友或戏曲、小说及淫词小曲的撰写者为主要的出路，而在出使、驻外、留学、新兴的启蒙事业或上海文化圈，找到另外一个性质迥然不同于传统文人出路的洞天。

就像百科全书在发展阶段，格式、内容游移而难以精确统一界定一样，百科全书的作者在这个转向新的进身之阶或谋生之道的过程中，对新的身份认同或自我感觉，也没有一致、统一的倾向。不论是从包天笑的夫子自道还是从费南山的分析当中，我们都不能说这些在科举仕进之路上挫败的文人士大夫，是 19 世纪下半叶中国社会的边缘人。但是，我们确实又看到像邹弢这样为贫穷所困，在新/旧、文学/时务、传统/现代中游移、摆荡的文人。相对于包天笑在上海所获得的声名和实质利益，邹弢的摆荡、游移，让我们在同一个新型文人的范畴下，看到更多的光影。这些大体上在传统举业受到挫折的士人，因为不同的际遇，而以不同的方式切近西学。切近西学的不同路径，也使得他们编纂的百科全书，呈现出不同的风貌。钱恂长期出使各国的经验，让他的作品比其他根据口耳之传或数据编纂所成的作品，既多了许多实时、生动的细节信息，也多了一份盱衡全貌的能力。马建忠长期投身洋务运动的经验，则让他在编纂《艺学统纂》时，更加注意坚船利炮和厚生、稼穑之学的技术性知识。相较之下，邹弢这位对传统词章、冶游和文学有更多迷恋的江南文人，在向时务、实学转进的同时，则多了一份落魄文人、骈俪诗文和艳情小说的俗艳之感，在整体取向上，更近乎《点石斋画报》新旧交杂的诗文、图像所营造出来的混杂气息。

这些人虽然在政治信念、专业训练和立身谋生的技能上各自不同，却共同为晚清的知识分子开辟了一片崭新而醒目的疆域，并借着一套新的书写类型，为近代中国开创了另一种可能的启蒙之道。他们充分掌握了时代动向和市场需求，一方面总结了此前的西学知识，一方面也为"五四"时代的科学、民主、男女平权、西方物质文明的优越性等新思潮，做了发凡奠基和潜移默化的工作。

第七章　胡适与白话文运动的再评估

从清末的白话文谈起

前言

　　1923 年,以评论文章见长的甲寅派领袖章士钊对新文化运动加以抨击,主要是对白话文的风行痛下"针砭"。对章氏来说,白话文运动的迅速进展显然到了让人惊心的地步,所谓"今之贤豪长者,图开文运,披沙拣金,百无所择,而惟白话文学是揭。如饮狂泉,举国若一,胥是道也"①。而造成这种举国若狂的现象的就是胡适。自从胡适祭起文学革命的旗帜后,跟随的人就"以适之为大帝,绩溪为上京""一味于《胡氏文存》中求文章义法,于《尝试集》中求诗歌律令……以致酿成今日的底他它吗呢吧唎之文变"②。从

---

① 章士钊:《评新文化运动》,收于《中国新文学大系》,上海:上海良友图书公司,1935,第 198—199 页。
② 章士钊:《评新文化运动》,收于《中国新文学大系》,第 197 页。

章氏生动的描述中,我们可以清楚地看出当时人对胡适与白话文运动的关系的看法,以及白话文风卷残云的态势。连反对者都不得不承认胡适在这场"文变"中扮演的角色,拥护白话文运动的人就不必说了。廖仲恺甚至对胡适说:"我辈对于先生鼓吹白话文学,于文章界兴一革命,使思想借文字之媒介,传于各级社会,以为所造福德,较孔孟大且十倍。"①即使是过去批判胡适不遗余力的某些学术领域在这几年的"翻案风"下,也开始比较客观全面地重估其思想,对他在白话文运动中的贡献加以肯定。②

胡适对白话文的贡献是毋庸置疑的。值得注意的是虽然白话文因为胡适这位知音而附庸蔚为大观,从此成为中国人抒情论理的主要工具,却并不意味着白话文运动一直到胡适的提倡才首开其端。就和"五四"运动的其他许多面相一样,我们必须在清末的历史中找寻其端源。史华兹教授曾经用一个很巧妙的比喻说明这个观点,他认为"五四"不是平原上突起的高峰,而是高山带上比较高的山脉。③ 这个比喻用来解释白话的发展同样恰当。事实上,胡适之前,白话并不是什么新鲜的说法,胡适本人就多次提到清末白话文的发展。④ 问题是过去有关清末白话文的讨论不仅低估或根

---

① 中国社会科学院近代史研究所中华民国史研究室编:《胡适来往书信选》,北京:中华书局,1979,第64页。

② 例如朱德发写的《五四文学初探》就详细地讨论了胡适的白话文学主张及其影响,并肯定了胡适在这方面的革命性贡献。朱德:《五四文学初探》,济南:山东人民出版社,1982,第126—192页。

③ Benjamin Schwartz ed., *Reflections on the May Fourth Movement*: *A Symposinm* (Cambridge: Harvard University,1972),p. 4.

④ 如胡适:《中国新文学运动小史》,台北:启明出版公司,1958,第7—15页;胡适:《胡适文存》,台北:远东图书公司,1983,第264页。

本忽视了这个时期白话作品的数量,也不曾对这项发展的意义作过适当评断。正因为我们对清末白话文运动的意义没有确切的了解,所以我们对胡适在这个运动中的贡献的真正性质,也势必无法完全掌握。本文的目的就在探讨清末白话发展的详情,分析其特质,然后再在这个历史的脉络下重新估量胡适在中国近代白话文运动中的地位与意义。

一、清末白话文的发展

李泽厚曾经用"启蒙"与"救亡"两个主题来解释"五四"运动及其后中国思想史的发展。① 事实上,这两个主题不仅可用来解释"五四",也同样可以用来分析清末的许多发展。1895 年,严复发表了著名的《原强》一文,利用斯宾塞(Herbert Spencer)"社会有机体"的理论,重新审视中国的问题,提出了"鼓民力""新民德""开民智"的主张。② 其中"开民智"的主张成为此后知识分子的新论域,"开民智"三个字也成为清末十年最流行的口头禅,其普及的程度绝不下于"五四"时代的"德先生"与"赛先生"。这种为了救亡而强调启蒙的重要性的思潮,在义和团之乱后达到最高潮,一般"有识之士"或所谓"志士"有感于"无知愚民"几乎招致亡国的惨

① 李泽厚:《启蒙与救亡的双重变奏》,收于《中国现代思想史论》,北京:东方出版社,1987,第7—49 页。
② 严复:《原强》,北京:中华书局,1986,第 13—15、27 页。这个议论在《原强修订稿》中有更进一步的发挥,二文俱收于王栻主编的《严复集》。斯宾塞及达尔文主义对严复的影响见 Benjamin Schwartz, *In Search of Wealth and Power*; *Yen Fu and West* (Cambridge: Belknap Press,1964),第 3 章,特别是第 56—59 页。

剧,纷纷设法从事各种开民智的工作。他们办阅报社、宣讲所;积极提倡演说;试验、推展各种新的字母、简字;为贫苦不识字的人办半日学堂、简字学堂;发起戏曲改良运动。凡此种种,都清楚地指出在清末的最后十年,在救亡的强烈危机意识下,中国的知识分子曾经如火如荼地展开一项空前的下层社会启蒙运动。① 就在这样的思潮和运动下,清末的白话文也有了长足的发展。

(一)清末的白话报刊

　　讨论清末的白话文运动,第一个值得重视的现象是白话报刊的蓬勃发展。根据一项统计,至少在 1897 年就已出现了两份白话报,从 1900 到 1911 年共出了 111 种白话报。② 而北京一地在辛亥革命后一年内就至少出了 16 种白话报③,从 1912 年到 1918 年又出了 27 种。④ 事实上,这份统计资料还不完全,我就在一些报纸和

---

① 笔者将另外作文讨论这项运动,此处略而不论。
② 蔡乐苏:《清末民初的一百七十余种白话报刊》,收于《辛亥革命时期期刊介绍》第 5 册,北京:人民出版社,1987,第 493—538 页。
③ 黄远庸:《北京之会党与报馆》,《远生遗著》上册(出版社未详),第 254—255 页。黄氏这篇文章写于民国元年(1912)十月二十二日,所列的报纸则是辛亥年十二月二十五日以后立案者。
④ 蔡乐苏:《清末民初的一百七十余种白话报刊》,收于《辛亥革命时期期刊介绍》第 5 册,第 539—544 页。

广告中另外辑出 20 份出版于 1900 到 1911 年间的白话报刊。① 我
想如果我们在各地的报纸数据中继续爬梳,一定还可以发现更多
在"五四"之前印行的白话报刊。

　　当然,这些报纸的寿命多半都不长,很多出了几期后就因为经
费不足而关门大吉。黄培林分别在 1908 年 8 月 12 日和 8 月 15 日
在北京出版《醒群白话报》和《醒群画报》②,但很快就停刊,可以说
是相当典型的例子。但更值得注意的是那些长年附刊白话的大报
和一些有影响力的纯白话报。日报中附设白话一门的设置,《天津
大公报》首开其例,自 1902 年创刊就经常性附有白话论说一栏。
1905 年 8 月 21 日起每日定期出版白话附张,称为"敝帚千金",免
费随报分送,也另外单张出售。③ 不久之后,这些白话附张又以同

---

① 这些报纸依年代排序分别是《童子世界白话报》、《江西俗话报》(又名《江西白话
　　报》或《青年爱》,每逢朔望出版)、《江西实业白话报》、《江西新新白话报》。以上
　　分见《警钟日报》1904 年 8 月 14 日、1904 年 9 月 15 日、1904 年 11 月 5 日、1904
　　年 11 月 12 日。1905 年有北京智化寺内出的《工艺白话选报》、练兵处出的《劝兵白
　　话报》,见《大公报》1905 年 7 月 3 日、1905 年 5 月 18 日。1906 年出的有留日学生
　　办的《鹃馨报》,以及在北京西观寺印行的新闻报社,分见《大公报》1906 年 3 月 21
　　日及《顺天时报》1906 年 10 月 5 日。1907 年出的有《中国妇人会小杂志》(每月出
　　两次)、《海城白话演说报》、山东曹州府总兵办的《白话报》、《官话北京时报》,以
　　及保定的《中州白话报》,分见《大公报》1907 年 3 月 8 日、1907 年 5 月 5 日、1907
　　年 11 月 12 日、1907 年 12 月 9 日,以及《顺天时报》1907 年 2 月 23 日。1908 年出
　　的有《吉林蒙文报》、北京的《醒群白话报》、山西汾阳的《白话报》,见《大公报》
　　1908 年 6 月 6 日、1908 年 8 月 9 日、1908 年 11 月 19 日。1910 年则有天津《晨钟白
　　话报》、安徽《安庆通俗日报》、《北京新报》、《白话简报》,见《大公报》1910 年 3 月
　　23 日、1910 年 12 月 16 日、1910 年 11 月 1 日。
② 《顺天时报》1908 年 8 月 12 日、1908 年 8 月 15 日。
③ 《大公报》1905 年 8 月 20 日。

样的名字结集出版，到 1906 年 3 月就已经出了 10 本①，到 1908 年
初出到 30 册。② 这个时候，《大公报》认为风气已开，北方的白话报
纸日渐增多，不需要再"蹛事增华""每日晓晓陈言"③，所以停掉每
天的白话附张，改为不定期刊登白话专栏。刚开始时，有时七八天
甚至十几天才出一次，但不久后，又恢复经常性出刊。

　　自从《大公报》附设官话一门后，"因为其说理平浅，最易开下
等人之知识，故各报从而效之者日众"④。这种为了开启下层社会
人民的智识而使用白话的做法，很显然地已经成为一代风潮。以
北方另一份主要的日报《顺天时报》为例，该报也从 1905 年的 6 月
29 日起出版白话附张，从 7 月 14 日起开始经常性见报，有很长一
段时间，每天都有白话论说或记事。在南方，1900 年创刊的革命党
的第一份机关报《中国日报》也有白话专栏，更值得注意的是用白
话或广东方言写的各种戏曲，如粤讴、龙舟歌、南音、班本、杂曲等。
这种刊载戏曲文词的做法明显地反映出清末改良戏曲开通民智的
思潮，只不过被革命党进一步用来宣传革命。革命党的另一个机
关报《民立报》（创刊于 1910 年），也辟有杂录部，每天刊载白话小
说故事。《民立报》在清末的影响相当大，巅峰时期的销售量高达
两万份⑤，毛泽东读的第一份报纸就是《民立报》，读后还激动
不已。⑥

---

① 《大公报》1906 年 3 月 14 日。
② 《大公报》1908 年 2 月 7 日。
③ 《大公报》1908 年 2 月 7 日。
④ 《大公报》1905 年 8 月 20 日。
⑤ 戈公振：《中国报学史》，台北：台湾学生书局，1976，第 213 页。
⑥ Edgar Snow, *Red Star over China* (New York：Grove Press，1977)，pp. 139—140.

就纯白话报而言，影响最大的首推《京话日报》。这份报纸在1904年8月创刊于北京，1906年9月因创办人入狱而被迫停刊。创办人彭仲翼出身官宦世家，自己也作过小官，八国联军侵占北京期间，他一度衣食无着，"被迫流落在社会底层"，对下层社会的生活有深切的了解。① 庚子以后，他开始办报。首先在儿女亲家梁济的资助下，于1902年出版了一份以童蒙为对象的启蒙画报，以白话配合图片。根据梁漱溟的记载，梁济资助彭仲翼办报，是因为"经拳匪之祸，公深痛国人之愚昧无知，决然以开民智为急"②。这段典型的记述很明确地指出拳乱与清末开民智运动的关系。彭为了达到开民智的目的，在1904年进一步办《京话日报》。这份报纸出版后，大受欢迎，流布北方各省，东到奉黑，西及陕甘。"凡言维新爱国者莫不响应传播，而都下商家百姓于《京话日报》则尤人手一纸，家有其书，虽妇孺无不知有彭先生。"③该报销售量最高的时候达到一万份，成为北京第一个销售量超过一万份的报纸，也是当时北京销路最大、影响最广、声誉最隆的报纸。④《大公报》发行人英敛之对该报也赞誉有加，说"北京报界之享大名者，要推《京话日报》为第一"⑤。1906年，该报因得罪当道停刊后，到1910年为止，北京出的白话报至少有十几种。这些报纸不论是在篇幅、格式还是秩序

---

① 《京话日报》原报未见，对该报比较详细的介绍可以看《辛亥革命时期期刊介绍》第5册，第57—69页，方汉奇对此处有详细叙述。
② 梁焕鼐、梁焕鼎：《桂林梁先生遗著》，收入《中华文史丛书(37)》，台北：华文出版社，第37页。
③ 梁焕鼐、梁焕鼎：《桂林梁先生遗著》，收入《中华文史丛书(37)》，第42页。
④ 《京话日报》，收于《辛亥革命时期期刊介绍》第5册，第57—69页。
⑤ 《大公报》1907年11月26日。

上,全都模仿《京话日报》,"不敢稍有更张"①,可以想见《京话日报》的魅力和影响力。

　　除了《京话日报》,这里还要特别提到《安徽俗话报》和《竞业旬报》。《安徽俗话报》发行于 1904 年,是半月刊,共出了 22 期,到 1905 年停刊。② 这种维持一两年就停刊的情形和《杭州白话报》《中国白话报》《苏州白话报》《宁波白话报》《绍兴白话报》等当时通行的白话小报差不多。③ 对我们来说,这份报纸特别值得一提的是它的主编是和胡适一起搞文学革命的陈独秀。陈独秀不仅是该报的主编,同时也是主要的撰稿人。④ 在 1904 年 8 月第 11 期中,陈以"三爱"的笔名发表《论戏曲》一文,认为"戏馆子是众人的大学堂,戏子是众人大教师"⑤,把戏曲、演员的地位推上史无前例的高峰;此外,他还在文章中提出戏曲的兴革之道,此文是清末戏曲改良运动中的重要文献。事实上,《俗话报》中绝大多数论说都是陈以"三爱"的笔名发表,陈在"五四"时期的思想,有一部分已可在此窥见端倪,这点下文还要继续讨论。

　　《竞业旬报》对我们之所以重要,则是因为胡适在上面发表了不少文章。这份报纸于 1906 年 10 月在上海创刊,以后陆陆续续发

---

① 《大公报》1907 年 11 月 27 日、1910 年 10 月 12 日。

② 见《安徽俗话报》影印者说明,影印者为(北京)人民出版社,1983。

③ 《安徽俗话报》,收于《辛亥革命时期期刊介绍》第 2 册,北京:人民出版社,1982,第 167 页。

④ 《安徽俗话报》,收于《辛亥革命时期期刊介绍》第 2 册,第 163—164 页。

⑤ 《安徽俗话报》1904 年 8 月第 11 期,第 1—2 页。

行,直到 1909 年 6 月出到第 41 期为止。① 胡适在第 1 期就以"期自胜生"的笔名,发表了一篇通俗的《地理学》,这个时候他还不满15 岁。后来胡适对这篇文章有所评述,认为"这段文字已充分表现出我的文章的长处和短处了。我的长处是明白清楚,短处是浅显"②。从第 24 期开始,胡适负起旬报的编辑工作,一直到第 38期。这个时期他写了不少文章,有时候全期的文字,从论说到时闻,差不多都是他作的。③ 他日后的一些思想主张,也同样可以在这些文字中找到根源。这几十期的《竞业旬报》,照胡适自己的说法,"不但给了我一个发表思想和整理思想的机会,还给了我一年多作白话文的训练""我不知道我那几十篇文字在当时有什么影响,但我知道这一年多的训练给了我自己绝大的好处。白话文从此形成了我的一种工具"。④ 这一年多的训练对胡适、对中国的白话文运动到底有什么意义,在下文中会详加分析,此处暂时不论。

上面曾经提到清末白话文和白话报,是在对下层社会进行启蒙以救危亡的思潮下发展出来的,这里打算对白话报理念和实际上的阅读者作进一步的探讨。在理念层次上,白话报的对象以下层社会为主体,是毫无疑问的。上举《大公报》官话一门"最易开下等人之知识"是一显例,《顺天时报》在 1905 年添设白话专栏,目的也在"开发下等社会"⑤。参与编纂 1901 年出版的《杭州白话报》,

① 《竞业旬报》,收于《辛亥革命时期期刊介绍》第 3 册,北京:人民出版社,1983,第272 页。
② 胡适:《四十自述》,台北:远东图书公司,1954,第 62 页。
③ 胡适:《四十自述》,第 63 页。
④ 胡适:《四十自述》,第 67—68 页。
⑤ 《大公报》1905 年 6 月 4 日。

自号"白话道人"的林獬（又名少泉，后改名白水），1903 年在上海
创办《中国白话报》。在发刊词里，他激切地说道："现在中国的读
书人没有什么可望了，可望的都在我们几位种田的、做手艺的、做
买卖的、当兵的以及那十几岁小孩子阿哥、姑娘们。"问题是这些希
望所寄的人既没有钱读书，又看不懂"那种奇离古怪的文章，奇离
古怪的字眼"。林和朋友商量之后，决定为了这些人办白话
报。① 1905 年在北京出版的《工艺白话选报》，也同样立志为下层
社会说法。② 此外，前述《京话日报》停刊之后，在北京出现的十几
种仿《京话日报》的白话报，根据记载，目的也在开智下等社
会。③ 又如广东顺德何某人，也在 1904 年募集股本，打算办一份粤
声报，用俗话戏曲来开发下层社会。④ 而在一篇论说国语统一方法
的文章中，一位作者提到当时的志士，"皆以中国文字太深，汲汲谋
编辑白话书报以开通下流社会"⑤，可以看出当时的风向所趋。

　　但值得注意的是，所谓"下流社会"或"下等社会"并不一定是
不识字的人，他们很可能是粗通文字的"种田的、做手艺的、做买卖
的、当兵的"以及十几岁的小孩子、姑娘们或林琴南说的"都下引车
卖浆之徒"⑥。一篇在 1902 年发表，讲述开民智之法的论说里，就
主张多设白话报馆，"俾粗识字者皆得从此而知政要，庶不致再如

---

① 原报未见，此处引文俱见《中国白话报》，收于《辛亥革命时期期刊介绍》第 1 册，北
　京：人民出版社，1982，第 442—443 页。

② 《大公报》1905 年 7 月 31 日。

③ 《大公报》1905 年 10 月 12 日。

④ 《警钟日报》1904 年 8 月 21 日。

⑤ 《大公报》1904 年 10 月 30 日。

⑥ 林纾：《畏庐三集〈致蔡鹤卿太史书〉》，收于《近代中国史料丛刊》，台北：文海出版
　社，第 672 页。

睡梦矣"①。北京志士所办的《京津白话报》,就是为了便利粗识文字的人。②《安徽俗话报》在发刊词里对这一点说得更清楚:"现在各种日报旬报,虽然出得不少,却都是深文奥意,满纸的'之乎也者矣焉哉'字眼,没有多读书的人,那里能够看得懂呢?……所以各省做好事的人,可怜他们同乡不能够多多识字读书的,难以学点学问,通些时事,就做出俗话报,给他们的同乡亲戚朋友看看。"③《大公报》在二千号的纪念征文中,有一个题目是"论推行强迫教育之法",其中一篇得奖之作就主张多设白话报社,将国家政治要闻、地方的疾苦利弊、工艺商业之发明,以及社会学问的进步,编为白话列入报纸,以使粗识文字的人深知世界状况,并增长其知识。④

当时的人所谓"下流社会"或"下等社会"是一种约定俗成的说法,并没有十分严格的界定,不过从上面举的例子,我们大概可以知道他们包括哪些人。基本上,这个阶层的人包括绝大多数不识字的人⑤和那些粗通文字的人。而白话报所针对的"下流社会",大体上指的还是粗通文字的人。这一方面固然是因为这个阶层的人数量相当可观,亟待开发,也比较容易用白话开发;一方面也是

---

① 津门清醒居士:《开民智法》,《大公报》1902 年 7 月 21 日。
② 《大公报》1905 年 6 月 7 日。
③ 《安徽俗话报》,收于《辛亥革命时期期刊介绍》第 2 册,第 1—2 页。
④ 仲玉:《强迫教育先从天津试办之方法》,《大公报》1908 年 2 月 10 日。
⑤ 这里必须要强调的是识字与否并不是决定一个人社会地位的唯一因素,譬如官宦之家的妇女就可能不识字。David Johnson 认为个人在社会的统治力的位阶(the hierarchy of dominance,例如有人有优越的地位,有人自给自足,有人则必须仰人鼻息),是另外一个要考虑的因素。"Communication, Class, and Consciousness in Late Imperial China"收于 David Johnson 等人编的 *Popular Culture in Late Imperial China* (Berkeley: Univeristy of California Press, 1985),pp. 55—57。

因为白话再容易，对不识字的人来说，还是起不了什么作用。关于前者，近人的一项研究，也许可以帮助我们了解。根据罗友枝（Evelyn Rawski）的估计，在 18、19 世纪时，中国人粗通文字（functional literacy 或 basic literacy）的，男性大约有百分之三十到百分之四十五，女性则约当百分之二到百分之十。① 至于后者，当时多数从事启蒙运动的知识分子对各种媒体的对象都有相当清楚的了解。他们对文字的局限深有所知，所以提倡戏曲，重视演说、宣讲，试行字母、简字，创设简字学堂、字母报纸，针对的都是不识字的人。

　　至于白话对不识字者的作用，则主要是透过讲报体现。例如 1905 年，北京一个名叫卜广海的医师就把东四牌楼一带一家说书用的茶楼，改为讲报处，逐日讲说《京话日报》。② 过不了几天，就有人起而效仿，讲的也是《京话日报》。③ 20 世纪 00 年代，各大城市流行设立阅报处，以广开民智。但当时就有人表示，阅报处对认得字而无余款买报者有益，对不识字的人没有功用，所以主张多设讲报处，择录一些白话报，讲给工艺人听，再由这些人在喝茶闲聊时传说给其他的人。④ 这种在阅报社附设宣讲所或讲报处的情形在当时非常普遍，讲的内容不一定只限于白话报，但白话报无疑是重要的材料。根据报道，北京的进化阅报社每天晚上讲报章时事，并配合自制的电影（应该是幻灯片之类的设施），痛论高丽和印度

---

① Evelyn Sakakida Rawski, *Education and Puplar Literacy in Ch'ing China* (Ann Arbor: The University of Michigan Press, 1979), pp. 22—23, 82.
② 《大公报》1905 年 5 月 15 日。
③ 《大公报》1905 年 6 月 2 日。
④ 《大公报》1905 年 6 月 6 日。

亡国的情形,听者日以千百计。① 这个例子中,听讲的人数也许高于一般的宣讲处所,讲报的做法却是相当典型的。另外在天津河东一带,一个名叫杜学义的穷教书匠在一所育英学馆教书,为了订阅报纸,不惜典当自己的衣物。因为有感于讲报的好处,一天他突然心血来潮,买了一个玻璃灯,在学馆门外开起讲报处来。讲的主要就是白话报和"敝帚千金"等。刚开始,听的人只有十几个,都来自附近;不到十天,听众就增加到四五十人,还有远道而来的。杜氏照顾不来,特别找了四五个志同道合的人来帮忙。② 这个具体而微的故事,不但使我们更深入地了解当时开民智的风潮,怎么样影响到一般默默无闻的有志之士,也有助于说明白话报的阅读对象和传达到社会底层的方式。《大公报》1905 年一篇白话的论说,也提到中国在庚子以后渐渐开通,其中值得注意的是,在 1905 年上半年,京津一带出现了许多阅报处及讲报者。③ 这些讲报者讲的不一定都是白话报,但与白话报相似的内容包括在讲材中应该是不用怀疑的。原因之一是当时写作的白话,很多不仅是用来看的,也是用来说的,像"今日天气不早了,改天再谈吧!""你们大家看看,我说这段白话是不是呢?"④一类的表述,很明显地还有说书的意味在里面。经常以"竹园道人"为笔名,在《大公报》上写白话的丁国瑞(子良),在《竹园劝善白话并序》一文的标题下,就自加批注说"宜

---

① 《大公报》1905 年 5 月 4 日。
② 《大公报》1905 年 7 月 13 日。
③ 《大公报》1905 年 7 月 22 日。
④ 分见《大公报》1908 年 9 月 1 日及 1908 年 11 月 21 日的《白话论说》。

讲与苦人及游手听"①。另外一个原因是宣讲白话报在当时已经是许多人共同的看法。在一篇题为《论小说有益于社会》的文言论说中,作者认为中国问题的解决,必自开民智始,而"欲开普通之民智,必自设宣讲所,演白话报始"②。有鉴于报纸对人心的影响最快,北京的警部还特地在1906年通饬各省设白话官报,并在各州县的宣讲所照官报演说。③

虽然白话报多半以"开发下流社会"为宗旨,但有些报纸设定的读者群,不局限于下层社会,而涵盖了各个阶层。如1902年在四川成都发行的《启蒙通俗报》,就是要"为中下等人说法"④。1907年出版的官话《北京时报》,其对象包括士庶绅商。⑤ 前述的《安徽俗话报》面向的对象更广,除了种田的、做手艺的、做生意的、当兵的和女人、小孩子,还包括了教书的和做官的。⑥

而各种白话报的实际阅读对象也遍及各个层面。其中,《京话日报》大概是最受一般民众欢迎的报纸。前引梁漱溟的话,说"都下商家百姓于《京话日报》则尤人手一纸,家有其书,虽妇孺无不知有彭先生"⑦,证诸其他的记载,并不算太夸张。当时的报道就说《京话日报》在北京的劳动界颇为风行,"担夫走卒居然有坐阶石读

---

① 《大公报》1904年7月1日。

② 《大公报》1905年12月30日。

③ 《大公报》1906年4月15日。我会另外作文讨论阅报社和宣讲、讲报的情形,此处兹不赘述。

④ 《大公报》1903年5月9日。

⑤ 《大公报》1907年12月9日。

⑥ 《安徽俗话报》,第3—4页,收于《辛亥革命时期期刊介绍》第2册。

⑦ 梁焕鼐、梁焕鼎:《桂林梁先生遗著》,收入《中华文史丛书(37)》,第42页。

报者"①。《京话日报》常常登载读者的来稿,根据分析,这些投稿的人除了职员、蒙师、书办、学生,还包括了识字不多的小业主、小商贩、小店员、手工业工人、家奴、差役、士兵、家庭妇女、优伶及一部分堕落风尘的妓女。很显然地,这份报纸和中下层社会的关系是相当密切。②《大公报》的白话栏及"敝帚千金",显然也有很大的影响。不但其他的报纸纷纷仿行,还有人用为讲本。前面述及的津门清醒居士在提到白话报的好处时,特别举了一个例子,说曾看到粗识字的人,专挑《大公报》的白话附件来读,并且高声朗诵,眉宇间露出得意之态。③ 林獬办的《中国白话报》虽然目的在开通下层社会,但根据他们自己作的广告,购买的人多半是学生。不过值得注意的是,很多学生买报是为了家乡的"妇孺盲塞",像湖南的学生就曾集资每月买几百份报纸分给自己的乡人。④《安徽俗话报》开始的时候印一千份,半年后发行到第 12 期时,已增加到三千份,有时还要再版或三版,声誉和《杭州白话报》相埒。它的读者多半是当时所谓思想前进的学生,还有一些教师也以此作教本。绩溪县知事还出告示,鼓励群众阅读,并且"捐廉购办,随同官报发行,听人采取"⑤。浙江湖州埭溪的革命党人蔡绿农办了一家书店,叫作"摆渡船",又名"普渡书社",专购白话报及小说借人阅读,对象则是各地的贫穷志士⑥,这些志士也不一定是下等社会的人。

---

① 《警钟日报》1904 年 11 月 17 日。
② 《京话日报》,收于《辛亥革命时期期刊介绍》第 5 册,第 67 页。
③ 《大公报》1902 年 7 月 21 日。
④ 《警钟日报》1904 年 4 月 22 日。
⑤ 《安徽俗话报》,收于《辛亥革命时期期刊介绍》第 2 册,第 166 页。
⑥ 《警钟日报》1904 年 10 月 22 日。

　　至于白话报的内容,则以破除迷信、劝诫鸦片、劝诫妇女缠足为主,还有一些劝善惩恶的道德文字和一些介绍新知的作品。以"敝帚千金"为例,第一本包含的作品分五大类:开智、辟邪、合群、劝诫缠足和寓言。① 虽然不少作品,特别是那些劝善惩恶的道德文字,在内容思想上和传统的善书之类的刊物并没有什么差别②,但形式的变化不可避免地会影响到所载的道。多数白话报固然是站在上对下的地位,对不识字的愚夫愚妇施以教化,但也有像彭仲翼这样深知民间疾苦之人,秉持正义的原则,站在人民的立场,对滥用权势者痛加抨击。譬如对郡王府活埋侍妾的事件,除了零星的报道,共写了五篇有系统的论述。其他类似这种揭露官府黑暗面的报道也不少。③ 这种作风使《京话日报》在某些方面表现出反既存秩序的激烈倾向。该报三番两次声明:"我们这《京话日报》是一个胆大妄言、不知忌讳、毫无依傍,一定要作完全国民的报""凡各衙门的弊病,明说暗说、毫不容情""应该争论的,刀放在脖子上还是要说"。④ 在传统的政权下,这样激烈的言辞是非常突出的。我认为这和采用白话有不小的关系,虽然采用白话不一定就表示和人民认同一致,但因为使用了一般人的语言而进一步站在他们的立场说话,在情理上是完全说得通的。

　　至于革命报刊如《中国日报》,其所登载的白话方言戏曲,则多

---

① 《大公报》1904 年 4 月 27 日。
② 包天笑就提到,和他一同办《苏州白话报》的表兄尤子青,本来就打算把报纸像善书一样免费送人。
③ 包笑天:《钏影楼回忆》,收入《近代中国史料丛刊续辑》(第 5 辑),第 169 页。有这样想法的人也许不是少数。
④ 《京话日报》,收于《辛亥革命时期期刊介绍》第 5 册,第 63 页。

半以时事作文章，对清朝政府或保皇党加以嘲笑、抨击。譬如南音《裴景福拜月》就是根据广东某县知县畏罪潜逃的时事加以改编，对裴的逢迎、贪腐、潜逃、就捕有非常生动、讥讽意味明显的描写。① 班本《何化龙叹监》，讲的是广西生员何化龙，原为康有为的弟子，后来热心功名，改变志节，作《驳革命军》一书，为清贵室所赏识，夤缘直上，后来却因招摇撞骗而系狱的故事。② 还有一些粤讴等歌谣则对武备学堂冷嘲热讽。③ 另外一篇用白话写的《种界》，则提倡种族主义。④

就白话文的内容来分析，除了上述的激烈作风和言辞值得注意，对本文的论旨来说，更值得重视的现象是，很多文章的对象非常明显地并不局限于下层社会的人，或者根本就不是针对"下等人"的。我们可以把 1908 年 8 月 31 日到 9 月 26 日陆续在《大公报》连载的《违警律白话释义问答》，看成当时主政者或知识分子意欲将新的法律知识普及给一般社会大众的苦心，但像《说政治》⑤之类的文章很难说成是只为下等社会而发。像《劝学说》⑥（劝一般私塾教师学新学）、《私塾改良说》⑦、《讲训蒙当改用善政》

---

① 《中国日报》1904 年 4 月 4 日、1904 年 4 月 5 日，对裴景福一案的报道则见 1904 年 4 月 18 日—1904 年 4 月 20 日。
② 《中国日报》，1904 年 4 月 23 日。何化龙事件的实际报道，则见该报 4 月 21 日。
③ 如杂曲《武备学生谣》、粤讴《一百零五日》《笑》，分见《中国日报》1904 年 4 月 1 日、1904 年 4 月 5 日、1904 年 4 月 8 日。
④ 《中国日报》1904 年 4 月 12 日—1904 年 4 月 15 日。
⑤ 《大公报》1909 年 3 月 12 日。
⑥ 《大公报》1908 年 4 月 6 日。
⑦ 《大公报》1908 年 4 月 26 日。

针对的是教师及其他有能力改革的人；《敬告我直绅》①《劝士》②
《对于怀柔高等小学生劝学白话》③《为福寿全事忠告京津一商会
诸公》④都有明确的对象；《敬劝直省人民父老莫放弃了选举
权》⑤《天津县城选民注意》⑥，固然可以看出当时推行宪政的努力，
但有选举权的都不是下层社会的人。又如《为什么必得求外部出
禁人公文》，目的在呼吁外务部速出公文，禁止英国输入鸦片，以配
合英国国内归还中国禁烟主权的努力。⑦《论顺直国民禁烟会举代
表赴京》，标题下注明国民请注意、政界大佬请注意、外务部诸公请
更要注意。⑧《劝立同志会》是希望大家组织起来，要求速开国会，
这和《再忠告国会请愿诸代表》⑨一样不是以一般人为主要吁求对
象。而像《卖烟卖酒的应当有个抵制办法》⑩，虽然和贩夫走卒有
关，但显然是写给官府看的。类似的例子还很多，这里就不赘
举了。

---

① 《大公报》1908 年 7 月 6 日。
② 《大公报》1909 年 2 月 8 日。
③ 《大公报》1908 年 12 月 2 日。本文是直隶视学陈恩荣所写，显然是对怀柔一地学
　生的演说稿。
④ 《大公报》1908 年 5 月 19 日。
⑤ 《大公报》1908 年 12 月 9 日。
⑥ 《大公报》1911 年 4 月 21 日。
⑦ 《大公报》1911 年 4 月 10 日—1911 年 4 月 11 日。
⑧ 《大公报》1911 年 3 月 23 日。
⑨ 《大公报》1910 年 7 月 4 日。
⑩ 《大公报》1910 年 9 月 19 日。

(二) 其他类型的白话文

讨论清末的白话文运动,除了白话报纸的蓬勃发展,也不能忽视其他类型的白话。这些白话有相当大的比例是各级政府的文告、宣传,另外一部分则是私人写的宣传或告诫性的文字,或是单张,或是以小册子的形式。

讲到当时的白话官方文告,第一个该提到的就是岑春煊。岑在 1903 年作四川总督的时候,出了一份劝诫缠足的白话告示。[1] 此后很多人就以此为榜样。岑的这张告示主要是为了响应光绪二十七年十二月二十三日劝诫缠足的谕旨。根据当时人的看法,"谕旨者仅可及于上流社会,若下流社会则不能普",岑则是第一个将谕旨的意思写为白话以为下层社会说法者。由于这份白话告示在公布以后流传得非常广,因此四川人停止缠足的也比其他省多。《大公报》的一位作者因此主张各官府应该仿效岑的办法。[2] 另外一位作者也主张仿照岑出白话告示的例子,并且,除了把告示贴在通衢大道,还应该贴在茶社等人烟稠密的地方,以达到实际的效果。[3] 在一篇比较广泛地讨论开民智之道的文章里,作者主张把小学教科书和官府对下等社会和中等社会的告示,全部改用白话。[4] 一个京官认为官府出的告示常常过于深奥,一般人不但

[1] 《大公报》1903 年 4 月 2 日—1903 年 4 月 5 日。
[2] 《大公报》1903 年 7 月 29 日。
[3] 《大公报》1903 年 12 月 1 日。
[4] 《开通民智的三要策》,《大公报》1904 年 3 月 26 日—1904 年 3 月 28 日。

不懂,反而经常误解其义,所以上了一个条陈给某京堂,建议以后大小衙门的告示都用白话。①

　　类似这样的看法,可能对官府产生了相当的影响。以缠足为例,浙江宣平县的县令在1903年出浅白韵示,告诫妇女。② 山东青州太守在1904年出过半白话的告示。③ 两江总督周馥在山东巡抚任内曾出过不缠足的浅说,移节江南后也如法炮制。④ 顺天府的房山县令毕承绂在1905年出了一份白话告示,劝诫缠足,他还特地命令把这些告示裱糊在木板上,悬挂在避雨的地方,以期长久保存。⑤ 民政部也共襄盛举,示谕一般民众改良风俗。⑥ 1909年时作两江总督的端方也出过六言的白话告示劝诫缠足,以为中下层社会说法,后来又进一步令江南自治局将"天足说"演成白话,刊印数万张,发给各州县自治会广为演说。⑦ 吉林省当道和川督赵尔巽则都为禁烟出过告示。⑧ 北京警局等衙门为了禁鸦片和烟照的问题,也采用同样的办法。⑨

　　官府的告示内容相当广,不限于禁烟和禁缠足。除了一般的内政,为了推广新政或解决新政带来的问题,各级政府都觉得有必要用白话周告众知。1904年,川督出了一张告示给"精强力壮"的

① 《大公报》1905年6月11日。

② 《大公报》1903年7月24日。

③ 《大公报》1904年11月18日。

④ 《大公报》1905年1月16日、1905年3月17日。

⑤ 《大公报》1905年6月12日—6月13日。

⑥ 《顺天时报》1907年3月19日。

⑦ 《大公报》1909年1月9日、1909年3月4日、1909年6月6日。

⑧ 《大公报》1909年3月30日、1908年4月30日;《顺天时报》1909年1月27日。

⑨ 《大公报》1907年1月7日、1908年10月7日。

男子和年轻妇女,要他们不要仰仗粥厂、暖厂一类政府慈善机构的救济,而应该自食其力。男子可以进劝工局,妇女可以进女工厂,以期学得一技之长。① 湖北常备军的统领对所属谆谆告诫,要他们遵守营规,不要私自外出作出不法的勾当,他还命令各营的营官和哨官,要常常将这些悬挂在营门的规条念给士兵听。② 河北清苑县县令为了防止军队行军操演时与一般民众发生冲突,特地出告示晓谕百姓。③ 兴办新式学堂是当时厉行的新政之一,为了达到招生的目的,天津的官立学堂出过这样的告示:"众位呀! 现时又快到年底了,河北老铁桥、东药王庙两等官小学堂,又招考学生了。众位家里子弟,有愿意上学堂的,或八九岁,或十三四岁,念过几年书的,全可以到我们学堂里报名……。众位呀! 快来报名罢! 快来报名罢! 别太晚了才好呢!"④内务府也将学堂的招生广告写成白话遍贴各处。⑤ 吉林巡抚为了改良警政和私塾,特别写了白话告示,分发各处张贴。⑥ 河北密云县则凡是晓谕百姓的事,在正式的告示后都会附加一段白话演说,所以"街上俗人",都乐于传述,有人曾经从店中的伙计处抄到劝种树的白话一张⑦,可以想见这类的白话大概传布得非常广。另一个报道则说从古北口到密云县一百余里的大道两旁,栽满了杨柳。⑧ 密云县的做法似乎收到

---

① 《大公报》1904 年 4 月 8 日。
② 《大公报》1904 年 4 月 9 日。
③ 《大公报》1905 年 8 月 15 日。
④ 《大公报》1906 年 1 月 7 日。
⑤ 《大公报》1907 年 3 月 2 日。
⑥ 《大公报》1908 年 6 月 16 日、1908 年 6 月 26 日。
⑦ 《大公报》1904 年 5 月 12 日。
⑧ 《大公报》1904 年 5 月 13 日。

不少成效。

　　巡警局由于和一般人的日常生活息息相关,再加上新政的推行,有特别多的白话告示。从我们现在搜集到的资料看,天津和北京在这一方面表现得特别突出。北京外城巡警局的告示从1906年起一律改成白话。① (北京工巡局的告示则已在前一年一律改为白话②)内容则从禁止买卖春药到失火时巡警应如何应变,无所不包。③ 兹举数例如下。1905年10月,天津巡警总局公布了一则劝谕,大意是说这几年实行各种开民智的举措后,天津的风气已经改善了很多,但是烧冥纸的"陋俗"依然如故。这种习俗不仅本身没有意义,还常常让消防队误认为有火警而徒劳往返。为了改革陋俗和维护安全,希望民众停止这种行为。④ 另外一个告示则为澄清事实:河间一带不久要实施新兵操演,并且请了各国官员前往观阅,不料"愚民无知",一传十、十传百,到最后居然传出六国要跟中国开战,不少人听后恐慌而打算搬家逃离。巡警局为了安定人心,特出告示,并希望各地士绅四处演讲,把实情告诉民众。⑤ 天津在1906年已经通行电车,对一般人来说,这还是相当新鲜的事,常常有大人小孩跟着车子跑,非常危险。巡警局为此不止一次地出白话文告,除了对上述的行为严加禁止,还要求家里的父兄对自己的孩子多多管教。同时对乘客也加以约束,禁止在车子停妥前跳车;

---

① 《大公报》1906年2月3日。
② 《大公报》1906年2月3日。
③ 《顺天时报》1905年9月27日;《大公报》1905年5月13日。
④ 《大公报》1905年10月11日。
⑤ 《大公报》1905年10月16日。

又由于拉洋车的很容易和电车相撞,还对车夫作了一些限制。① 北京的警部则对各地的警兵出告谕,要求他们改正违背警章的行为。② 有时对一些芝麻蒜皮之类的小事,像各店铺的门灯高低不齐,形式互异,他们也不放弃"明白晓谕"一番。③ 而为了推行地方自治,并让一般人对地方自治包括的一些日常行事有所了解,北京警局也四处广贴告示。④ 除此之外,由警局贴出的白话告示还包括规定养狗的人家在晚上十二点以后要把狗关在家里,以免成群嚷闹,扰人清梦,也可以防止路人和巡警被咬伤;⑤卖水和饮水的人都必须讲求卫生,以防止恶疾;⑥禁止烧香、盂兰盆会等迷信;⑦禁止赤身裸体;⑧要求民众清扫街道,维护公共卫生以防止瘟疫⑨,以及如何防止火灾、如何保持健康等。⑩

由官厅发布的白话,也有很多不是以单张的告示形式出现的。像1903年,四川的警察局就刊印了一种教学用的白话课诀,共印行了5万本之多。⑪ 同一年,江西的警察总办又因为警察兵的日渐腐

① 《大公报》1906 年 2 月 21 日、1906 年 10 月 15 日。

② 《大公报》1906 年 4 月 15 日。

③ 《大公报》1906 年 8 月 5 日。

④ 《大公报》1907 年 4 月 22 日。

⑤ 《大公报》1907 年 5 月 29 日。

⑥ 《大公报》1907 年 6 月 6 日。

⑦ 《大公报》1908 年 5 月 12 日、1908 年 8 月 10 日、1907 年 8 月 19 日、1909 年 2 月 1 日。

⑧ 《大公报》1907 年 7 月 20 日。

⑨ 《大公报》1905 年 9 月 6 日。

⑩ 《大公报》1908 年 6 月 9 日、1908 年 8 月 12 日。

⑪ 《大公报》1903 年 5 月 4 日。

败,而刊行训诫一本,编成白话,发给每个警兵。① 1904 年,四川盐
亭县的一位县令刊刻了一本浅白的《广蚕桑说》,散发给乡农,让他
们知道选种改良的方法。② 直隶学务处则曾公开征求用浅白文字
写的教科书供小学堂的学生使用③,这次征求的结果如何,我们不
得而知,但直隶学务处的做法绝非特例。御史杜彤就曾经奏请学
部,把中国历史及各种时务写成通俗白话,颁发给各省蒙小学堂作
为教科书。④ 也有大臣建议学部编纂立宪白话讲义,令各地宣
讲。⑤ 学部本身为了推广通俗教育,在 1908 年颁布的《宣讲用书章
程》中,也鼓励用白话和小说体裁的讲本。⑥ 此外,奉天将军为了改
善边地的教育,开启民智,也曾饬令学务处编撰白话讲义,颁发各
处,令地方官派员宣讲。⑦ 北京的练兵处为了增加兵士的知识,让
他们熟悉军律,就打算把古今战士效命疆场的事迹和各国的战史,
编成一本白话,名曰《行军要义》,颁发给各营队,每天演说给兵士
听。⑧ 湖北提学司则令人将咸同光三朝政要编成白话通俗讲本,给
各地宣讲所的讲员作演说时的依据。⑨ 京师劝学局为了推广教育,
特别编了一本《劝谕父兄浅说》,分送各学区广为传布。⑩ 北京的

----

① 《大公报》1903 年 11 月 24 日。
② 《大公报》1904 年 11 月 9 日。
③ 《大公报》1905 年 4 月 30 日。
④ 《大公报》1906 年 3 月 26 日。
⑤ 《大公报》1906 年 9 月 11 日。
⑥ 《大公报》1908 年 3 月 12 日。
⑦ 《大公报》1905 年 12 月 10 日。
⑧ 《大公报》1906 年 3 月 15 日。
⑨ 《大公报》1908 年 12 月 17 日。
⑩ 《大公报》1909 年 10 月 23 日。

巡警总厅则为了地方自治,在 1910 年编了一份《选举浅说》,挨户分送给选民。① 这些例子虽然对象有别,但用意、精神是一样的。

私人写的传单、讲本之类的白话作品,在内容上也很广,这里只举几个代表性的例子。和官府的告示一样,诫缠足也是一个重要的议题。如上海的天足会为了让一般人深切地了解缠足的弊害,特别制作图说,在各处街道张贴。图说上半部画图,下半部是白话,观看的人有的把全篇撕去,有的撕上半截的图画,有的则用铅笔抄下半截的白话。② 天津一个叫刘孟扬的寒士组织了一个公益天足社,并且写了一篇《劝诫缠足说》,印成传单分送;刘还将别人送他的一些劝诫缠足的文字,包括上述岑春煊的《示谕》、张之洞的《戒缠足会章程序文》、袁世凯的《劝不缠足文小册》和一些不知作者的宣传像《救弊良言》《去恶俗说》《劝放足论》《缠足两说演义》等,供人翻印。③ 四川成都图书局的傅樵村则作了一篇《劝诫缠足俗歌》,刊印分送。④

1905 年美国禁止华工的条约公开后,在中国各地引起了轩然大波。很多地方都发起抵制美货运动。北京各学堂的学生在六月初的时候就印制了传单,列举美货的名单,劝人拒买。⑤ 保定有三个志士写了一篇《禁买美货约》,上面横写了"快看"两个大字,贴在各胡同口,围观的人非常多,还有不识字的要求别人讲说。一些天津和山东的爱国商人则写了一篇《中国爱国的商民请看》,准备印

① 《大公报》1910 年 6 月 22 日。
② 《大公报》1903 年 5 月 10 日。
③ 《大公报》1904 年 1 月 5 日、1905 年 5 月 31 日。
④ 《大公报》1904 年 5 月 28 日。
⑤ 《大公报》1905 年 6 月 7 日。

一万张送人。① 北京一商会则把《京话日报》上抵制美禁华工的演说印了一万份，分送给各商号。② 天津东门外则有一个人挨家挨户分送传单，标题是"敬劝同胞不买美货"，东马路上也贴着这份传单，引起一大堆人围观。③ 广东宁阳的几位志士则公议把美约的要件印成白话，托轮渡的旅客四处散发。④

　　此外，一些突发的事件，像 1907 年的江北大水灾，也会带来白话宣传的高潮。北京中国妇人会的英淑仲就为此印了几万张附有难民图的启事，到处散发。⑤ 地方上的银行、善会、志士也纷纷印发传单劝募。⑥ 而像国民捐款的劝募⑦，民立学堂、工厂的招生广告⑧，介绍地方自治，请求速开国会等宪政事宜⑨，也透过白话引起了更大的注意。

二、重新看胡适在中国近代白话运动史上的地位

　　从上面的叙述，我们可以很清楚地看出白话文的发展，在清末已经成为一个重要的思想、文化与社会运动。这当然不是说白话

---

① 《大公报》1905 年 6 月 11 日。

② 《大公报》1905 年 6 月 19 日。

③ 《大公报》1905 年 6 月 21 日。

④ 《大公报》1905 年 7 月 9 日。

⑤ 《大公报》1907 年 3 月 23 日。

⑥ 《大公报》1907 年 2 月 8 日、1907 年 8 月 2 日、1907 年 2 月 20 日、1907 年 2 月 23 日。

⑦ 《大公报》1905 年 11 月 22 日。

⑧ 《大公报》1906 年 1 月 3 日、1906 年 1 月 30 日。

⑨ 《大公报》1910 年 2 月 3 日、1910 年 5 月 16 日、1910 年 10 月 2 日、1910 年 11 月 15 日、1910 年 12 月 29 日。

已经取得绝对的优势,成为当时中国各地普遍使用的书写工具。毫无疑问,白话的使用基本上还是在一些大城市里比较风行。事实上,这跟整个中国的现代化的趋向若合符节。最近萧邦奇(Keith Schoppa)对浙江的研究就指出明显的区域性差异。他根据人口、财政等几个因素,把浙江分成内、外核心与边陲等四个区域。内核心(inner core)区的现代化发展最见成效,其他依次递减。① 20 世纪初期,清政府鼓励各地设立议会等各种自治机构,以及商会、农会、教育会等职业性的团体;这些团体成为当时各项改革和新政的主要推动组织。② 而不论是这些团体的数目还是推行的新政,都是越核心的地区越多,也越见成果。核心区的领袖对变革有敏锐的感触,致力于参与政治和公共事务,积极提倡教育、经济方面的改革;边陲地区则变革迟缓,传统的势力依然有着强大的影响力。③ 就现代式的新闻事业而言,到 20 世纪 20 年代为止,就只存在于内核心区。④

准此而论,白话文在大城市的特别风行,毋宁是非常自然的。当然这也不是没有例外。像以写鸳鸯蝴蝶派小说著称的包天笑,年轻时也在家乡办过《苏州白话报》。报纸出刊后,他们并不向城市里销售,反而发往乡村城镇,并且特地派人到乡间去贴报纸。这份每册只有八页的旬报,第一期共计售出七八百份,都是由各乡镇

---

① Keith Schoppa, *Chinese Elites and Political Changes*: *Zhejiang Province in the Early Twentieth Century* (Cambridge: Harvard University Press, 1982) , pp. 17—22.

② 同上,pp. 6—7.

③ 同上,pp. 100, 103, 113—114, 118—122, 126—130.

④ 同上,p. 71.

的小航船带去卖的,许多市镇的小杂货店也代为寄卖。[①] 而上文举的一些告示等宣传品,特别是各县政府印行的,很有可能传布到乡间。类似的例子不多见,也不会影响到本文的论旨。因为这里我要特别强调的是,过去我们对清末白话文的发展,多半都忽略掉了,更没有人把这项发展放在清末开民智的思潮和运动中去估量其意义。事实上,即使仅是清末白话文在数量上的统计数据(像上文中提到的白话报的数目、《京话日报》的销售量、某些传单印发的张数等),也足以让我们思考它们在质量上可能造成的转变和意义。进一步看,整个清末的下层社会启蒙运动和白话文运动在思想、文化和社会史上的重要性,在于它们为日后中国历史发展上的一些重大动向(这些动向如果用一句话来概括,可以说是共产党和非共的知识分子在思想、文化、社会的层面走向人民的各种运动),开启了具有实质意义的源头。史华兹教授认为康有为、严复、梁启超、谭嗣同、章炳麟、王国维那一代是中国近代史上真正突破的一代,这可以说是一个有洞烛力的论断。[②] 就白话文而言,我们也可以说清末最后十年的发展是中国近代白话运动史真正的开端。"五四"的白话文运动绝不是一个突如其来的异物,而是清末白话发展的延伸和强化。换句话说,清末的白话和"五四"的白话并不是两个互不相干的发展,而是同一个延续的、不曾断绝的新的历史动向的产物。

我们说"五四"白话和清末的白话属于同一个不曾断绝的传

---

① 包天笑:《钏影楼回忆录》,收于《近代中国史料丛刊续辑》(第5辑),第169页。

② Benjamin Schwartz ed. , *Reflections on the May Fourth Movement* (Cambridge: Harvard University,1973) ,p. 4.

统,最直接的证据是领导 20 世纪 10 年代白话文运动的两个台
柱——胡适和陈独秀——都在 20 世纪 00 年代的主要白话刊物上
写过大量的文字,而且其中的一些主张成为 20 世纪 10 年代启蒙运
动中新思想的要素。像陈独秀在《安徽俗话报》中连载了好几期的
《恶俗篇》,就对传统的婚姻制度大加抨击。对陈来说,传统婚姻制
度的最大问题是"不合情理",他特别为这种制度下受到迫害的女
性,大发不平之鸣。他还举了安徽"等儿媳"的风俗来说明。在这
个习俗下,没有儿子的人家常常先娶了媳妇,等儿子出生。如果不
幸这户人家一直没有子嗣,先娶过门的媳妇也要等到二十多岁才
可以另外择配。即使这户人家有了儿子,也总是"十八岁大姐周岁
郎""那媳妇也少不得守十几年青春活寡,才能够成亲婚配""你道
这是天地间何等不合情理的惨事哩!"[1]陈独秀这种质疑的口气和
态势,已经颇有"五四"时期鲁迅反抗所谓"吃人的礼教"的味道。
陈在讨论了其他一些不合理的婚姻习俗后,对男女平等之义再三
阐述,并提出女性应该有自由离婚的权利,有不守节改嫁的权
利。[2] 他还对女子为了取悦男人而装扮自己的做法冷嘲热讽,认为
是对囚犯的刑罚,女子的种种饰物就像是脚镣、手铐、枷锁一样。
他因此要妇女们反省:"受了许多苦处,装扮得似蝴蝶儿一般,到底
是要给他人看呢? 还是自己看呢?"分析到最后,妇女努力装扮自
己的现象背后所透露的讯息不过是"混账的男人,拿女子来当作玩
弄的器具"[3]。这句话和胡适后来写《易卜生主义》,大力推销娜拉

---

[1] 《安徽俗话报》,第1—4页,收于《辛亥革命时期期刊介绍》第 3 册。
[2] 同上。
[3] 同上。

时,说娜拉的先生最大的错处,"在他把娜拉当作'玩意儿'看待"①,几乎如出一辙。陈独秀要女人自省,不要作男人的囚犯,主张女人有离婚的权利,虽然不像后来娜拉为了对自己的责任,为发展个人的自由意志而离家出走那么的戏剧化②,也没有像胡适那样全面而深入地点出个人主义的题旨。但在本质上已经强烈地显现出"五四"的启蒙精神。他对西洋婚姻的羡慕③,在当时就已经得到回响,在他主编的《安徽俗话报》上不久就出现了主张婚姻自由的议论。④ 虽然我们不知道这篇《再论婚姻》的真正作者是谁,但这一点也不影响我们前述的论断:清末的白话和"五四"的白话在本质精神上有许多一脉相承之处,即使前者在论证或演绎上不及后者周延、深入,在立场上也不及后者那么激烈或极端,但发展的脉络和痕迹历历可见。

　　这个发展的过程在胡适的夫子自道中看得格外清楚,上文中胡适说他在《竞业旬报》上写的几十篇文字,"不但给了我一个发表思想和整理思想的机会,还给了我一年多作白话文的训练"⑤,就是一个最好的说明。这一年多的训练不仅使白话从此成了他的一种工具,也预示了他日后文章的风格("长处和短处")。另外一个值得重视的地方是胡适日后思想的一些要素,在此已可以看出它们的活水源头,用胡适自己的话来说:"有一些思想后来成为我的重

----

① 胡适:《易卜生主义》,《胡适文存》,第 644 页。
② 胡适:《易卜生主义》,《胡适文存》,第 643—644 页。
③ 胡适:《易卜生主义》,《胡适文存》,第 157 页。
④ 雪聪:《再论婚姻》,《辛亥革命时期期刊介绍》第 3 册《安徽俗话报》第 16 期,第 1 页。
⑤ 胡适:《四十自述》,第 67—68 页。

要出发点的,在那十七八岁的时期已有了很明白的倾向了。"① 举例来说,他从《旬报》的第 3 期起开始连载一部长篇小说,题目叫"真如岛",目的在"破除迷信,开通民智"。写到第八回时,胡适借主角孙绍武之口,大谈起因果问题来,说:"譬如窗外这一树花儿,枝枝朵朵都是一样,何曾有什么好歹善恶的分别? 不多一会,起了一阵狂风,把一树花吹一个'花落花飞飞满天',那许多花朵,有的吹上帘栊,落在锦茵之上;有的吹出墙外,落在粪溷之中。这落花的好歹不同,难道说这是这几枝花的善恶报应不成?"② 这大概是范缜的"神灭论"第一次被人用这么浅近的白话翻译出来。用范缜的反驳因果关系的思想来宣扬无神的观念,并攻击宗教信仰中的种种迷信,在不到十七岁的胡适的思想中已经牢牢地生根,并成为他一生的基本信念。后来到美国留学期间,他又对神灭神不灭的问题作进一步的探讨,并回忆自己这个见解的发展过程。他说在十二岁时读《通鉴》:"见范缜此譬,以为精辟无伦,遂持无鬼之论,以此为中坚。十七岁为《竞业旬报》作《无鬼语》,亦首揭此则。"到了美国后,因为"稍读书治科学",才知道范缜在某些地方用类推法作比喻,在论理上有瑕疵。③ 不过这并未影响到他对鬼神之说的立场,反而更足以说明他对这个问题的持久关注。在 1919 年第一次发表的名著《不朽——我的宗教》一文中,胡适又再度引用"神灭论"来说明他的观点。④ 一直到 1945 年 55 岁的时候,他还是对范缜不能

---

① 胡适:《四十自述》,第 66 页。
② 胡适:《四十自述》,第 63—64 页。
③ 胡适:《胡适留学日记》(二),新北:台湾商务印书馆,1980,第 360—361 页。
④ 见胡适:《胡适文存》,第 693—702 页。

忘情，在英国康桥修正写定了《考范缜发表"神灭论"在梁天监六年》一文。①

胡适另外一个不要儿子的理论，也在"五四"时期反孔非孝的辩论中掀起过漫天波澜，而这种思想的核心也同样见于他此时的言论。在 1908 年于上海发刊的《安徽白话报》的创刊号上，胡适写了一篇《论继承之不近人情》（这篇文章后来被转载在《竞业旬报》第 29 期）。在文章中，他用激烈的口气批评"把兄弟的儿子承继做儿子"这件事，认为是一件"最伤天害理，最背伦理岂有此理的风俗"，"是一种剥夺人权的野蛮制度"。② 他由此更进一步，不但反对承继儿子，并且从根本上发出疑问为什么一定要儿子。在这篇文章的最后，他提供了一套崭新的看法："我如今要荐一个极孝顺的儿子给我们中国四万万同胞。这个儿子是谁呢？便是'社会'。"这番议论，后来因为留美期间读了培根的论文，而得到进一步的发挥，成了胡适有名的"无后主义"。③ 据胡适日记的记载，他是看了培根的《婚娶与独处论》及《父子论》而深有所感。培根在文章中说道："天下最大事功为公众而作者，必皆出于不婚或无子之人，其人虽不婚无后，然实已以社会为妻子矣！""吾人行见最伟大之事功皆出于无子之人耳。其人虽不能以形体传后，然其心思精神则已传矣！故唯无后者，乃最能传后者也。"胡适"以社会为儿子"的独特见解，培根在这里用更具煽动性的言辞表达出来。胡适虽然对培

---

① 胡颂平编著：《胡适之先生年谱长编初稿》第 5 册，台北，联经出版社，1984，第 1902—1906 页。

② 这段引文转引自陈匡时的论评，参看《安徽俗话报》，收于《辛亥革命时期期刊介绍》第 3 册，第 499 页。

③ 胡适：《四十自述》，第 66—67 页。

根的人品颇有微词,但对这番议论则大表佩服,不断夸奖其魄力、见地,甚至说出"吾尝疑吾国二千年来无论文学、哲学、科学、政治,皆无有出类拔萃之人物,其最大原因,得毋为'不孝有三,无后为大'一言欤"之类的话。他因此提出"无后"之说,要人人"知后之不足重,而无后之不足忧"。① 上文提到的《不朽——我的宗教》一文,也是由此演变而来。② 此外像《我的儿子》等文章,基本上也是这个观点的引申。③

陈独秀和胡适在"五四"时的一些思想可以追溯到 20 世纪 00 年代发表的白话作品中,胡适一些有关白话文学的独到见解,在此之前也有人提出过。1904 年发表的一篇提倡白话报的文章中,就提出了"文学进化"的观点。这篇文章开宗明义"白话报者,文明普及之本也",接下来就讨论文学由文言到白话的演化。作者引用涩江保写的《希腊罗马文学史》,认为中国文学的进化和罗马文学的发展相同,都是韵文完备后有散文,史诗工善后有戏曲。宋以下,"文词益浅,而儒家语录以兴。元代以来,复盛行词曲,此皆语言文字合一之渐也,故小说之体即由是而兴"。作者并认为《水浒传》《三国演义》等书,实在是白话报和历史传记的先导。这种一步一步的演变,正是"进化之公理"。④ 这些看法和胡适在《历史的文学观念论》中的议论相比,已经可以说是规模粗具了。

而在另一篇文章中,作者有感于官话报既不普及,又不易了

---

① 胡适:《四十自述》,第 392—393 页。
② 胡适:《四十自述》,第 67 页。
③ 胡适:《胡适文存》(一),第 687—692 页。
④ 《论白话报与中国前途之关系》,《警钟日报》1904 年 4 月 25 日。

解,而提出了"国文"与"国语"统一的要求。① 这篇文章在这方面的论述虽然笼统、简略,但说它已经有了一点"国语的文学,文学的国语"的意思,应不为过。

除了这些例子,前文中提到的许多白话报激烈抨击当政者的作风和他们的启蒙性格,以及许多白话论述中强烈批评传统习俗的文字,也已经和"五四"反宗教、反传统、反权威与提倡启蒙的几个重要主旨前后辉映。

上面的论述,应该已经把"五四"和清末白话的传承、延续关系阐释得相当清楚。但这里必须特别强调的是,说"五四"白话和清末白话有明晰可察的传承、延续关系,并不表示这两个时期的白话运动是相同的。我们如果把清末的白话比成树苗,"五四"的白话文就应该是枝叶扶疏的大树了。虽大树由树苗衍生出来,却不表示大树和树苗是一个东西。事实上,"五四"的白话文运动和清末的白话发展有着重大的差异。胡适,正是造成这种差异的主要因素之一。

这篇文章的开头,曾经提到胡适对清末白话文的发展有相当的了解。但基本上,他认为这个时候的白话运动有两个重大的缺点。一是"白话的采用,仍旧是无意的、随便的,并不是有意的"。相形之下,民国六年(1917)的文学革命则是一种有意的主张。② 在另外一个地方,他对这种看法稍加修正,认为前此提倡白话文的人,是"有意的主张白话",但不曾"有意的主张白话文学"。③ 第二

---

① 《祝京津各日报》,《大公报》1910 年 5 月 9 日。
② 胡适:《胡适文存》(二),第 183 页。
③ 胡适:《胡适文存》(二),第 246 页。

个缺点是清末提倡白话的人，还存有"我们""他们"的心理。① "他们"应该用白话，我们则继续作古文古诗。"我们不妨仍旧吃肉，但他们下等社会不配吃肉，只好抛块骨头给他们吃去罢了！"②上等的士大夫明知道白话文可以作"开通民智"的工具，自己却瞧不起白话文，认为白话只能用于无知的百姓，而不可用于上流社会。他们依然"迷恋着古文字的残骸"，继续认汉字、念八股、作古文，而另外作一些白话、字母、拼音文字给下等人使用。③

胡适所指陈的这两个缺点，大体上指出了清末白话文运动的特色或不足之处，这里打算进一步加以引申。如前所述，清末提倡白话最主要是为了启蒙救亡，对象则以下层社会为准。也有一些人主张借白话来开发"中下等社会"，但基本上，仍然以下等人为最大的诉求对象。这从当时白话文在风格上与传统的说书或是善书、圣谕广训之类的文字有许多类同之处可以看出。④ 不过，前面已提到，这个时候也有不少文章有意无意地以上等社会或受过不少教育的人为对象，而它们实际的读者中也有不少是思想先进的

---

① 胡适：《中国新文学运动小史》，第15页。
② 胡适：《胡适文存》（二），第246页。
③ 胡适：《中国新文学运动小史》，第16—17页。
④ 有关明末善书的流行和明中叶以后白话写成的各种对太祖"圣谕六言"的解释及清代白话圣谕的各种版本流通情形，见酒井忠夫：《中国善书の研究》，东京：国书刊行会，1973，第45—57页。

学生、老师一类的知识分子。① 很显然地，某些白话报刊已经成为宣传新思想、新知识的主要媒介。由这里我们可以明显地看出清末白话的过渡性质。这种过渡不仅显现在它的内容、风格和表现手法上，也表现在读者的身份上。胡适说这个时期的白话作者仍然存在着"我们""他们"的分别，固然大体不差，但我们也要注意到清末白话逐渐向"中等社会"乃至"上等社会"移动的现象，特别是对有新视野的知识分子的影响，更值得重视。

就第二点而言，胡适说清末文人在白话的使用上依旧是无意的、随便的，而缺少"有意的主张"，可以说是大错特错。但他又说他们只是"有意的主张白话"而不曾"有意的主张白话文学"，则是值得玩味的解释。清末白话因为以下等人为主要对象，目的在为他们"说法""开智"，所以多半只是想怎么样用最简单的表达方式把意思传达清楚。为了迁就对象、为了达到他们的目的，这些文字往往"质胜于文"，流入说书或传统劝诫文字的窠臼中。用这种未经刻意琢磨、修饰、精炼的文字而赢得讲求诗章、长久接受文字训练的传统读书人的青睐，在科举没有废除，传统的秩序仍然没有完全解体的年代，其困难是可以想象的。要他们为下等人写一些俚俗的宣传文字当然可以，但要他们"尽废古书，行用土语为文

---

① 这些思想先进的知识分子喜欢读白话报刊，当然和这些报刊的"开明""进步"作风有关。有一个报道说 1904 年某处会试，出了一道美禁华工的题目，某号中全号的举子都不知出处。刚好在考试前，有人分送《绍兴白话报》，而其中刚好有此事的报道，一个应试者于是将自己携带的那份报纸拿出来供全号的人索观。这个有趣的插曲就很典型地说明了白话报的进步性。见《警钟日报》1904 年 5 月 18 日。

字"①却是抵死难从。林琴南在清末的时候写了不少白话文②,对胡适等人的文学革命主张却声嘶力竭地痛加挞伐,可以说是最戏剧性地透露出个中症结。

胡适提出的革命十字真言"国语的文学,文学的国语",乍看之下,实在模糊难解,但如果放在这样的脉络下,就可以很容易地看出他的命意所在。清末的白话讲求的只是把文字作为载道的工具,胡适却知道,只载道而不对文字本身加以精炼,是无法取得上层社会认同的。他在介绍欧洲的文艺复兴时,特别提到各国国语复兴的过程,本来"中古之欧洲,各国皆有其土语,而无有文学",一直等到但丁等人用意大利文创造了一些伟大的文学作品,本来是地方方言的意大利文才取代了拉丁文,成为通行的国语。其他各国的情形也类似。③ 而在中国,《水浒传》《西游记》《红楼梦》《儒林外史》等和但丁等人用土语、方言创造出的伟大文学作品一样,是白话成为新的中国语的过程中,必不可缺的宝藏。清末的白话用来载道固不成问题,要用来言志、表达复杂的人生感情,却是力有未逮。这就是提倡白话文学的原因了。

对白话必须加以"锻炼",让它足以用来创造文学作品,这样白话才能够成为众人皆爱的文字(国语)。这一层意思,在胡适1916年7月写给梅光迪的一首白话诗中已经可以窥见端倪。这首诗是这么写的:④

---

① 林纾:《畏庐三集〈致蔡鹤卿太史书〉》,收于《近代中国史料丛刊》,第672页。
② 包天笑:《钏影楼回忆录》,《近代中国史料丛刊续辑》(第5辑),第168页。
③ 胡适:《胡适留学日记》(四),第1152—1155页。
④ 胡适:《胡适留学日记》(四),第973页。

今我苦口哓舌,算来却是为何?

正要求今日的文学大家,

把那些活活泼泼的白话,

拿来"锻炼"……拿来琢磨,

拿来作文演说,作曲作歌——

出几个白话的嚣俄,和几个白话的东坡

　　而他在用白话写小说、作词曲、办演说的主张得到论敌梅光迪、任叔永的大致认可后①,还紧追不舍,坚持要用白话作诗,以抢夺下白话文学这场战争中的最大壁垒。归根到底,还是因为诗毕竟是文字最精纯的结晶,是文学艺术的极致表现,把诗这个用以言志的战场攻下,白话文的成功才可以得到终极的保障。

　　所以胡适对"五四"白话文运动的最大贡献,就在他把清末已经蓬勃发展的白话文重新定位,将它的对象从下等社会或中下等社会,扩及每个层面;将它的使用者从"都下引车卖浆之徒"提升到大学教授和文学、艺术殿堂的守卫者。用他自己的话来说,"白话并不单是'开通民智'的工具,白话乃是创造中国文学的唯一工具。白话不是只配抛给狗吃的一块骨头,乃是我们全国人都该赏识的一件好宝贝"②。清末仍然带有泥土味的白话在胡适的往复辩难和大力提倡下,终于升堂入室,发展到一个新的境界。从这个角度来看,胡适在他晚年的自述中说,对"五四"时期的"新文化运动"或

① 胡适:《中国新文学运动小史》,第60—61页。
② 胡适:《胡适文存》(二),第246页。

"新思想运动"，他宁愿用"文艺复兴"这个名词来指称，是完全可以理解的。虽然他知道文艺复兴的含义甚广，带来了"新文学、新文艺、新科学、新宗教"，但他更重视的毋宁是"文艺"这两个字一般性和最明显的意思：文学与艺术。他在提到"新潮社"的成员可能受到他的影响，而把整个"五四"运动叫作"文艺复兴"之后，接着说：①

　　更具体地说，他们都清晰地看到欧洲文艺复兴时期对新语言、新文字、新（文化交通）工具——也就是新的自我表达的工具之需要，虽然当时中国的（新文化）运动尚未涉及艺术，而文学革命对这批成熟的北大学生来说，也已经是双方极其相同之点的一环了。这实在是彻头彻尾的文艺复兴运动，是一项对一千多年来所逐渐发展的白话故事、小说、戏剧、歌曲等活文学之提倡和复兴的有意识的认可。

　　这段晚年的自白，确切无疑地说明了胡适如何看他所领导的"五四"白话文运动。②

① 唐德刚：《胡适口述自传》，台北：传记文学出版社，1983，第174—175 页。
② 胡适在留美时期，对文艺复兴的看法则与这一时期不太相同，认为"文艺复兴"几个字并不足以道尽欧洲 15、16 世纪历史的精神和发展，因此他主张用"再生时代"来代替，见《胡适留学日记》（四），第 1151 页。格里德（Grieder）教授对这个"再生"的意义特别强调，并对五四时期"再生"一词的含义有相当精辟的分析。他还对"文艺复兴""启蒙运动"这两个词在中国和欧洲所代表的意义的"异同"有详尽的讨论，见 Jerome B. Grieder, *Hu Shih and the Chinese Renaissance: Liberalism in the Chinese Revolution 1917—1937* (Cambridge: Harvard University Press, 1970), pp. 314—319.

一方面，"时势造英雄，英雄造时势"这个成语用在胡适与白话文运动的关系上，是再恰当不过了。如果没有 20 世纪 00 年代开始的白话文运动，如果不是因为在他提出"文学革命"口号的前十几年，白话文已经有长足的发展，使一般人的心理上已经有了相当程度的准备、了解，我们很难想象胡适的主张能一举中的，并让他"暴得大名"。更重要地，如果不是因为白话已经渐渐成为当时先进、有变革意愿的知识分子实行变革的工具（虽然只是工具之一），如果不是有这股强烈的启蒙风潮让胡适、陈独秀等未来的"文变"领袖在其中浸淫、成长，如果不是有那么多的园地，可以让他们来试炼这个工具，那么不用说这个工具是不是会在不断试炼后渐趋锋利，我们甚至根本怀疑胡适会不会生出用白话写文章的念头，更不用说"文学革命"了。换句话说，如果不是在清末这个特殊的环境、土壤中成长，并身与其役，我们怀疑胡适白话文学的念头是否会有萌芽、茁壮的可能。

另一方面，如果不是因为胡适思想个性中有一种"一视同仁"的激进倾向，那么即使有废除科举、推翻帝制这些客观因素的助力①，我们也很难想象白话文运动会在"五四"时期取得那么重大的成就。"一视同仁"的态度加上他"截断众流"的勇气等因素，使他写的《中国哲学史大纲》在当时的学术界引起了强烈震撼，并为中国的学术思想研究建立了新的典范。② 同样一种"一视同仁"的

① 胡适对这几个原因和文学革命成功的关系，有所分析，见《中国新文学运动小史》，第 19—20 页。

② 详细的讨论见余英时：《〈中国哲学史大纲〉与史学革命》，收于《中国近代思想史上的胡适》，新北：联经出版公司，1984，第 77—91 页。

态度，使他无视于当时学术界围绕今古文的激烈争辩，把它们和一个字、一首歌同样当成历史的史料和国学研究的一部分，因而为"新史学"的出现，做了奠基铺路的工作。① 也是这种"一视同仁"的态度，让他把清末以来的白话文运动逼上了梁山，上等社会用的文字和下等社会用的文字的区别，因此而泯灭。同样，俗文学和庙堂文学的差异也是不该存在的。工具只有一种，就是白话。文学革命的目的，一言以蔽之，就是要"把白话建立为一切文学的唯一工具"②。

余英时先生认为胡适的声名和他在中国思想史上的地位之所以能够确立，除了他在西学和白话文学上的成就，他在国故学、考据学等上层文化研究中的表现和引发的冲击，也同样重要。虽然文学革命的主张让胡适"暴得大名"，但如果他的成就只及于通俗文化层次的白话文，他的影响力将是相当有限的。③ 这个透彻有力的分析，可以说是一针见血。事实上，这套雅俗、上下的观念用来解释胡适在白话运动中的贡献，也同样有效力。在他的努力下，白话再也不是判断雅俗、上下的准绳。一些传统的白话小说被奉为"文学正宗"，通俗文化被提升到和上层文化等同的地位；④一个崭新的文学世界也于焉诞生。

---

① 参见拙著：《胡适与整理国政——兼论胡适对中国传统的态度》，《食货月刊》卷15，1985 年第 5—6 期，第 69—70 页。

② 胡适：《中国新文学运动小史》，第 12 页。

③ 余英时：《〈中国哲学史大纲〉与史学革命》，《中国近代思想史上的胡适》，第29—42 页。

④ 余英时：《〈中国哲学史大纲〉与史学革命》，《中国近代思想史上的胡适》，第30 页。

"大学问"品牌书目一览

"大学问"是广西师范大学出版社旗下的学术图书出版品牌。品牌以"始于问而终于明"为理念,以"守望学术的视界"为宗旨,致力于原创+引进的人文社会科学领域的学术图书出版。倡导以问题意识为核心,弘扬学术情怀、人文精神和探究意识,展现学术的时代性、思想性和思辨色彩。

截至目前,大学问品牌已推出《现代中国的形成(1600—1949)》《中华帝国晚期的性、法律与社会》等70多种图书,涵盖思想、文化、历史、政治、法学、社会、经济等人文社会科学领域的学术作品,力图在普及大众的同时,保证其文化内蕴。

"大学问"品牌书目

大学问·学术名家作品系列

朱孝远 《学史之道》

朱孝远 《宗教改革与德国近代化道路》

池田知久 《问道:〈老子〉思想细读》

赵冬梅 《大宋之变,1063—1086》

黄宗智 《中国的新型正义体系:实践与理论》

黄宗智 《中国的新型小农经济:实践与理论》

黄宗智 《中国的新型非正规经济:实践与理论》

夏明方 《文明的"双相":灾害与历史的缠绕》

王向远 《宏观比较文学19讲》

张闻玉 《铜器历日研究》

张闻玉 《西周王年论稿》

谢天佑 《专制主义统治下的臣民心理》

王向远 《比较文学系谱学》

王向远 《比较文学构造论》

刘彦君 廖奔 《中外戏剧史(第三版)》

干春松 《儒学的近代转型》

王瑞来 《士人走向民间:宋元变革与社会转型》

大学问·国文名师课系列

龚鹏程 《文心雕龙讲记》

张闻玉 《古代天文历法讲座》

刘　强 《四书通讲》

刘　强 《论语新识》

王兆鹏 《唐宋词小讲》

徐晋如 《国文课:中国文脉十五讲》

胡大雷 《岁月忽已晚:古诗十九首里的东汉世情》

大学问·明清以来文史研究系列

周绚隆 《易代:侯岐曾和他的亲友们(修订本)》

巫仁恕 《劫后"天堂":抗战沦陷后的苏州城市生活》

台静农 《亡明讲史》

张艺曦 《结社的艺术:16—18 世纪东亚世界的文人社集》

何冠彪 《生与死:明季士大夫的抉择》

李孝悌 《恋恋红尘:明清江南的城市、欲望和生活》

孙竞昊 《经营地方:明清时期济宁的士绅与社会》

范金民 《明清江南商业的发展》

方志远 《明代国家权力机构及运行机制》

李孝悌 《琐言赘语:明清以来的文化、城市与启蒙》

大学问·哲思系列

罗伯特·S.韦斯特曼　《哥白尼问题:占星预言、怀疑主义与天体秩序(上)》

罗伯特·斯特恩　《黑格尔的〈精神现象学〉》

A. D.史密斯　《胡塞尔与〈笛卡尔式的沉思〉》

约翰·利皮特　《克尔凯郭尔的〈恐惧与颤栗〉》

迈克尔·莫里斯　《维特根斯坦与〈逻辑哲学论〉》

M.麦金　《维特根斯坦的〈哲学研究〉》

G·哈特费尔德　《笛卡尔的〈第一哲学的沉思〉》

罗杰·F.库克　《后电影视觉:运动影像媒介与观众的共同进化》

苏珊·沃尔夫　《生活中的意义》

大学问·名人传记与思想系列

孙德鹏　《乡下人:沈从文与近代中国(1902—1947)》

黄克武　《笔醒山河:中国近代启蒙人严复》

黄克武　《文字奇功:梁启超与中国学术思想的现代诠释》

王　锐　《革命儒生:章太炎传》

保罗·约翰逊　《苏格拉底:我们的同时代人》

方志远　《何处不归鸿:苏轼传》

大学问·实践社会科学系列

胡宗绮　《意欲何为:清代以来刑事法律中的意图谱系》

黄宗智　《实践社会科学研究指南》

黄宗智　《国家与社会的二元合一》

黄宗智　《华北的小农经济与社会变迁》

黄宗智　《长江三角洲的小农家庭与乡村发展》

白德瑞　《爪牙:清代县衙的书吏与差役》

赵刘洋　《妇女、家庭与法律实践:清代以来的法律社会史》

李怀印　《现代中国的形成(1600—1949)》

苏成捷 《中华帝国晚期的性、法律与社会》

黄宗智 《实践社会科学的方法、理论与前瞻》

黄宗智 周黎安 《黄宗智对话周黎安：实践社会科学》

大学问·雅理系列

拉里·西登托普 《发明个体：人在古典时代与中世纪的地位》

玛吉·伯格等 《慢教授》

菲利普·范·帕里斯等 《全民基本收入：实现自由社会与健全经济的方案》

田 雷 《继往以为序章：中国宪法的制度展开》

寺田浩明 《清代传统法秩序》

大学问·桂子山史学丛书

张固也 《先秦诸子与简帛研究》

田 彤 《生产关系、社会结构与阶级：民国时期劳资关系研究》

承红磊 《"社会"的发现：晚清民初"社会"概念研究》

其他重点单品

郑荣华 《城市的兴衰：基于经济、社会、制度的逻辑》

王 锐 《中国现代思想史十讲》

简·赫斯菲尔德 《十扇窗：伟大的诗歌如何改变世界》

北鬼三郎 《大清宪法案》

屈小玲 《晚清西南社会与近代变迁：法国人来华考察笔记研究（1892—1910）》

徐鼎鼎 《春秋时期齐、卫、晋、秦交通路线考论》

苏俊林 《身份与秩序：走马楼吴简中的孙吴基层社会》

周玉波 《庶民之声：近现代民歌与社会文化嬗递》

蔡万进等 《里耶秦简编年考证（第一卷）》

蔡斐 《1903：上海苏报案与清末司法转型》

张城 《文明与革命：中国道路的内生性逻辑》